파이썬 자료구조

파이썬과 파이썬으로 파이썬의 자료구조

Data Structures with Python, in Python, and Python

| 김병호 지음 |

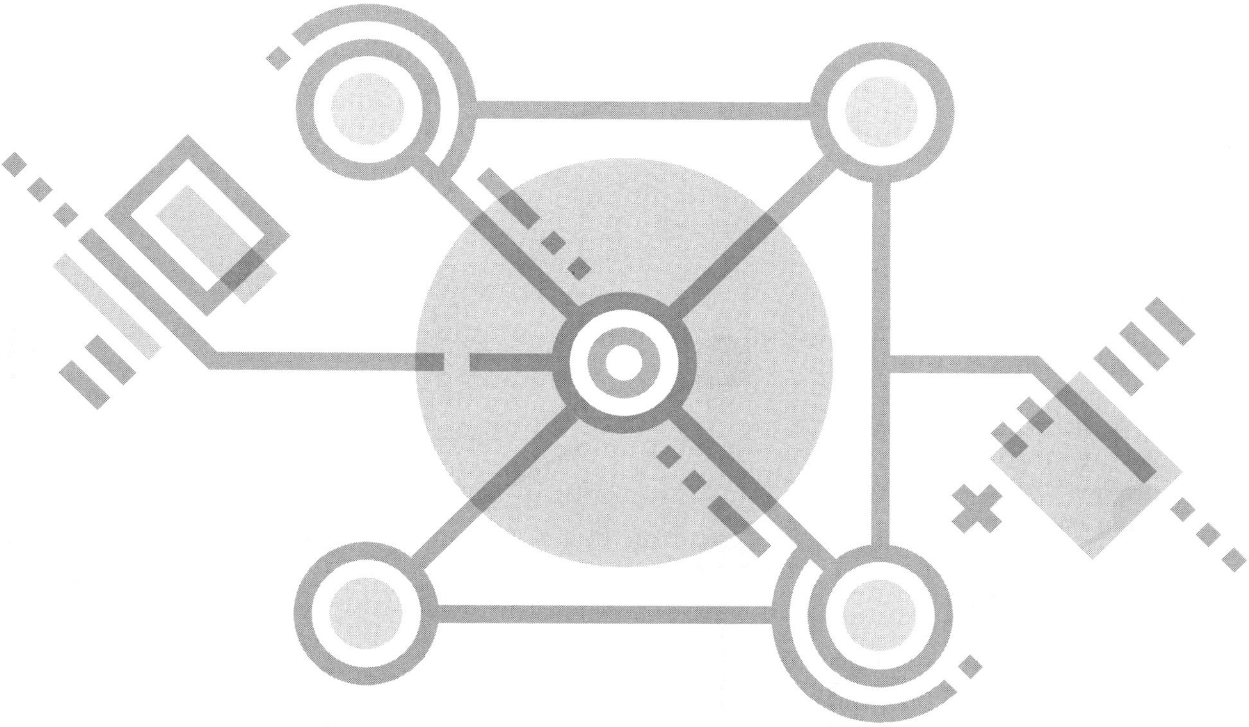

도서출판 홍릉

저자소개

김병호 (tilopa@gmail.com)

연세대학교 전산과학과 학사

KAIST 전산학과 석박사

경성대학교 소프트웨어학과 교수

세상의 모든 교재: classbook.co.kr

파이썬 자료구조

파이썬과 파이썬으로 파이썬의 자료구조

인　쇄: 2021년 7월 16일 초판 1쇄
발　행: 2021년 7월 23일 초판 1쇄

저　자: 김병호
발행인: 송 준
발행처: 도서출판 홍릉
주　소: 01093 서울시 강북구 인수봉로 50길 10
등　록: 1976년 10월 21일 제5-66호

전　화: 02-999-2274~5, 903-7037
팩　스: 02-905-6729
e-mail: hongpub@hongpub.co.kr
http://www.hongpub.co.kr
ISBN: 979-11-5600-872-9(93000)

정　가: 15,000원

머리말

도대체 이 책의 주제는 뭐지? 파이썬이야, 자료구조야. 여러분의 의문을 퀴즈로 풀어볼까요.

[1] 다음 중 이 책의 주제는 무엇인가?
① 파이썬과 자료구조
② 파이썬으로 자료구조
③ 파이썬의 자료구조
④ 위 세 가지 모두

프로그램이 다루는 대상은 데이터입니다. 데이터 규모가 커지면 데이터를 어떻게 저장하고 어떻게 관리하는 것이 더 좋을지, 즉 자료구조에 대한 고민은 필연입니다. 자료구조는 다시 프로그래밍 언어를 통해 프로그램으로 구현되어야 효과가 나타납니다. 마치 칸트의 말처럼 프로그래밍 없는 자료구조는 공허하고 자료구조 없는 프로그래밍은 맹목입니다.

이 책은 자료구조와 프로그래밍이 서로 불가분의 관계라는 관점에서 자료구조를 다루려고 합니다. 책에 나오는 모든 자료구조를 파이썬 클래스로 직접 구현해보는 자료구조 측면과 파이썬 언어가 선택한 자료구조를 비교해보는 프로그래밍 언어 입장을 입체적으로 살펴볼 것입니다.

이 책은 파이썬을 전혀 몰라도, 프로그래밍 언어를 배워본 적이 없어도 자료구조와 파이썬, 두 마리 토끼를 모두 잡을 수 있도록 다음과 같이 세 영역으로 구성되어 있습니다.

Part I　파이썬 프로그래밍
Part II　자료구조
Part III　파이썬의 자료구조

Part I에서는 파이썬 언어를 배웁니다. 특히 자료구조 구현에 필요한 변수, 객체, 클래스에 대해 집중적으로 살펴봅니다. Part II는 제목 그대로 자료구조입니다. 당연히 모든 자료구조들을 파이썬으로 구현합니다. Part III에서는 파이썬 언어에 들어있는, 즉 파이썬이 선택한 자료구조에 대하여 알아봅니다.

앗, 위 퀴즈의 답은 4번입니다.

사용설명서

자료구조와 프로그래밍 언어를 동시에

작가는 글로 책을 쓰고 프로그래머는 프로그래밍 언어로 프로그램을 만든다. 글의 출발이 인간에 대한 관심이라면 프로그래밍의 시작은 컴퓨터과학에 대한 호기심이다. 컴퓨터과학 전공의 주요 교과과정을 보면 이산수학, 자료구조, 알고리즘, 프로그래밍 언어, 컴퓨터구조, 운영체제, 컴퓨터네트워크 등이 있다. 그 중에서 프로그래밍과 가장 밀접하게 관련된 과목을 꼽으라면 당근 프로그래밍 언어와 자료구조이다.

프로그래밍 언어 과목은, 빠르면 초등학교 때부터 배우기도 하지만 대학에서는 1학년 1학기, 자료구조는 2학년 1학기에 배운다. 자료구조를 좀 알아야 제대로 프로그래밍을 할 수 있을 텐데, 그렇다고 프로그래밍 언어도 배우기 전에 자료구조를 공부하는 것은 더욱 어렵다.

프로그래밍 언어와 자료구조 중 무엇이 우선인지 가늠하기 어렵다면 둘을 동시에 배우면 어떨까. 바로 이 책의 출발점이다. 프로그래밍 언어를 한 번도 배워 본 적이 없어도 이 책을 통해 자료구조와 프로그래밍 언어, 둘을 동시에 섭렵할 수 있다. 이 책을 공부하는데 필요한 사전 지식은 아래 문장이 이상한 산술식이 아니라 프로그램 코드로 보인다면 그것으로 충분하다.

```
x = x + 1
```

그렇다고 파이썬 키워드는 무엇인지, 사칙연산은 어떻게 하는지, 파이썬 언어의 기초를 처음부터 다루지는 않는다. 이에 대해서는 다른 수많은 파이썬 책이나 웹을 통해 쉽게 찾아볼 수 있을 것이다. 오히려 변수, 함수, 객체, 클래스 등 자료구조 구현과 관련된 개념을 집중적으로 살펴본다.

이 책을 통해 자료구조에 대한 이해는 물론 덤으로 고급 파이썬 프로그래밍 역량까지 기를 수 있을 것이다.

자료구조에 대한 신박한 해석

자료구조 과목은 복잡하고 어렵다고? 아니라고 증명할 수 있는 두 가지 이유가 여기 있다.

첫째, 자료구조들은 수도 없이 많아 보이지만 핵심 자료구조는 오직 네 개뿐이다. 이를 4대 자료구조라 하자.

1. 배열
2. 링크드 리스트
3. 트리
4. 해시 테이블

둘째, 심지어 각 자료구조의 내부 구성은 똑같다. 자료구조마다 메소드들이 수도 없이 많아 보이지만 핵심 메소드는 오직 세 개뿐이다. 이를 3대 기본 연산이라 하자.

1. 넣기
2. 빼기
3. 찾기

따라서 어떤 자료구조를 배운다는 것은 아래 3단계 과정을 이해하는 것이다.

1. 자료구조의 정의
2. 3대 기본 연산의 구현
3. 시간복잡도 분석

그렇다고 이 책에서 다루는 자료구조가 오로지 네 개뿐 만은 아니다. 또한 각 자료구조에서 넣기, 빼기, 찾기 메소드만 구현하는 것도 물론 아니다. 핵심이 그렇다는 얘기다.

4대 자료구조 외에 그래프, 스택, 큐 자료구조도 배우고, 3대 기본 연산 외에도 여러 유용한 메소드들도 구현하고 테스트 코드도 만들어볼 것이다.

자료구조가 결코 어렵지 않다고 외치는 근거는 위의 두 가지 이유처럼 모든 자료구조마다 공통적인 기본 틀이 있으니 하나를 알면 열을 알 수 있기 때문이다.

둘러보기

이 책은 세 영역으로 구성되어 있다.

Part I　파이썬 프로그래밍
Part II　자료구조
Part III　파이썬의 자료구조

1부에서는 파이썬 언어를 배운다. 2부에서 다루는 자료구조들을 클래스로 직접 구현할 수 있을 정도의 수준으로. 방법은 탑다운 학습이다. 처음부터 바로 완성된 프로그램을 만들어 보고 이어서 클래스 작성에 필요한 변수와 자료형, 객체와 클래스 등 자료구조 관련 개념을 집중적으로 다룬다.

2부는 자료구조이다. 목차만 보면 다른 자료구조 책과 별반 다르게 보이지 않는다. 그러나 분명한 차이점은 자료구조에 대한, 그야말로 신박한 해석에 입각한 알기 쉽고 명쾌한 설명이다. 즉 4대 자료구조와 3대 기본 연산! 그리고 그 3대 기본 연산의 시간복잡도 분석까지. 시간복잡도는 주로 알고리즘 과목에서 다루는 주제이지만 개별 자료구조의 성능을 판단할 수 있는 중요한 기준이기 때문에 이 책에서는 비교적 상세하게 다룬다.

3부에서는 프로그래밍 언어 입장에서 보는 자료구조란 무엇인지, 또한 어떤 자료구조들이 프로그래밍 언어에 포함되어 있는지 살펴본다.

교재로써 이 책의 활용방안

주차별 학습 내용을 정리하면 아래와 같다.

주차	목차	
1	1. 탑다운 학습	1.1 컴퓨터 프로그램이 하는 일 1.2 구구단 프로그램 1.3 함수
2	2. 변수와 객체	2.1 변수와 자료형 2.2 객체와 클래스
3	3. 자료구조 분석	3.1 자료구조의 기본 연산 3.2 자료구조의 분석
4	4. 배열	4.1 기본 배열 자료구조 4.2 정렬된 배열 자료구조
5, 6	5. 링크드 리스트	5.1 싱글 링크드 리스트 5.2 더블 링크드 리스트 5.3 원형 링크드 리스트
7, 8	6. 스택과 큐	6.1 스택 6.2 스택의 응용 6.3 큐
9	7. 트리	7.1 트리 개요 7.2 이진트리 7.3 이진 힙
10, 11	8. 이진탐색트리	8.1 이진탐색 8.2 이진탐색트리 8.3 AVL 트리
12, 13	9. 그래프	9.1 그래프 개요 9.2 그래프 연산 9.3 그래프 알고리즘
14	10. 해시 테이블	10.1 직접 주소 테이블 10.2 해시 테이블
15	11. 파이썬의 자료구조	11.1 자바 컬렉션 11.2 C 언어 라이브러리 11.3 파이썬 표준 라이브러리 11.4 파이썬의 자료구조

목차

Part I

파이썬 프로그래밍

CHAPTER

01 탑다운 학습

외국어를 빨리 습득하는 방법의 하나는 처음부터 자주 사용하는 문장을 통째로 외우는 방법이다. 프로그래밍 언어도 다르지 않다. 보통은 키워드를 익히고, 사칙연산은 어떻게 하는지, 지정문, 반복문, 제어문 등 문법을 차례로 배운 후에 제대로 된 프로그램을 작성하는 순서로 프로그래밍 언어를 공부하지만 여기서는 마치 외국어를 배울 때 완성된 문장부터 시작하듯 처음부터 온전한 파이썬 프로그램을 작성해보고 그때그때 필요한 문법이나 지식들을 익혀갈 것이다. 이러한 접근 방법을 위에서 아래로, 탑다운 학습이라 한다.

1장에서는 파이썬 프로그램의 기본 구조, 입력과 출력, 함수와 모듈을 살펴본다. 또한 같은 일을 하는 프로그램이더라도 어떤 코드가 더 좋은 코드인지 그 판단 기준에 대해서도 알아본다.

1.1 컴퓨터 프로그램이 하는 일

컴퓨터 프로그램은 계획된 작업을 수행하는 명령어들의 나열이다.[1] 작업의 대상은 입력, 즉 미리 준비된 또는 앞으로 발생할 데이터이고 작업의 결과는 출력이다. 아래는 간단하지만 입력, 계획된 작업, 출력이 있는 온전한 파이썬 프로그램이다.

```
name = input()
print(name, "안녕~")
```

파이썬 프로그래밍 언어를, 아니 어떤 프로그래밍 언어도 배워본 적이 없다 하더라도 위의 프로그램이 어떻게 동작할지 예상해보는 일은 어렵지 않을 것이다. 입력, 계획된 작업, 출력이라는 프로그램의 기본 요소에 따라 위 프로그램을 분석해보자.

입력

입력은 말 그대로 컴퓨터에 데이터를 넣는 일이다. 입력 장치에는 키보드, 마우스, 마이크, 카메라, 인터넷 등이 있다. 위 코드의 input( ) 함수는 키보드로부터의 입력을 처리하는 함수이다. 함수란 일련의 코드를 하나의 묶음으로 포장한 것으로 필요할 때 호출하여 재사용할 수 있다. 함수에 대해서는 잠시 뒤에 자세히 살펴본다. 함수의 사용, 즉 함수 호출 방법은 함수 이름 뒤에 괄호 여닫기를 붙이는 것이다. 문법적으로도 어떤 명칭 뒤에 괄호가 붙어 있으면 그 명칭은 함수라는 점을 기억하자.

계획된 작업

input( ) 함수를 통해 키보드로부터 입력된 데이터는 name이라는 변수에 저장된다. 변수에 대한 설명은 2장에서 자세히 알아본다. 이 프로그램이 하는 작업은 입력된 이름을 출력하기 위해 이름을 단지 저장하는 일이다.

문법적으로 함수와 변수의 구분은, 함수 이름 뒤에는 괄호가 있고 변수 이름 뒤에는 괄호가 없다.

1) 출처: 위키피디어, https://en.wikipedia.org/wiki/Computer_program

출력

출력은 컴퓨터에 저장된 데이터를 밖으로 내보내는 일이다. 출력 장치에는 모니터, 프린터, 하드디스크, USB 메모리, 인터넷 등이 있다. print( ) 함수는 모니터로 출력하는 함수이다. print( ) 함수의 괄호 안에 들어있는 name과 "안녕~"은 출력할 대상이다. 함수의 괄호 안에 있는 것을 파라미터라고 하며 파라미터의 값은 호출되는 함수로 전달된다. 둘 이상의 파라미터들은 콤마로 구분한다.

프로그램 실행

파이썬 프로그램 개발환경을 설치하고 프로그램을 실행해보자.

> **파이썬 프로그램 개발 환경**
> 프로그램 코드를 편집하고 실행시켜볼 수 있는 소프트웨어를 프로그램 개발 환경이라 한다. 코드 편집은 메모장 프로그램은 물론 어떤 편집기에서도 할 수 있지만 개발 환경 소프트웨어를 사용하면 해당 프로그래밍 언어의 문법과 오류 체크, 자동 들여쓰기 등 여러 유용한 기능을 활용할 수 있다. 파이썬의 기본 개발 환경은 파이썬 IDLE이고[2] python.org에서 다운로드 할 수 있다. 그 외에 PTVS(Python Tools Visual Studio), PyDev, 파이참(PyCharm) 등이 있지만 이 책에서는 파이썬 IDLE를 사용한다.

파이썬 IDLE를 실행하면 아래와 같이 파이썬 쉘 프로그램이 나타난다. 파이썬 쉘은 파이썬 코드나 프로그램 실행에 관련된 명령을 직접 처리하는 프로그램이다. 파이썬 쉘의 마우스 커서가 위치한 ">>>"를 프롬프트라고 하며 이는 IDLE 시스템이 명령어를 받아들일 준비가 되었다는 표시이기도 하다. 파이썬 명령어나 프로그래밍을 모르더라도 직관적으로 명령어를 입력해보자. 예를 들어 "3 + 4"를 입력하고 엔터키를 치면 계산된 결과가 나온다.

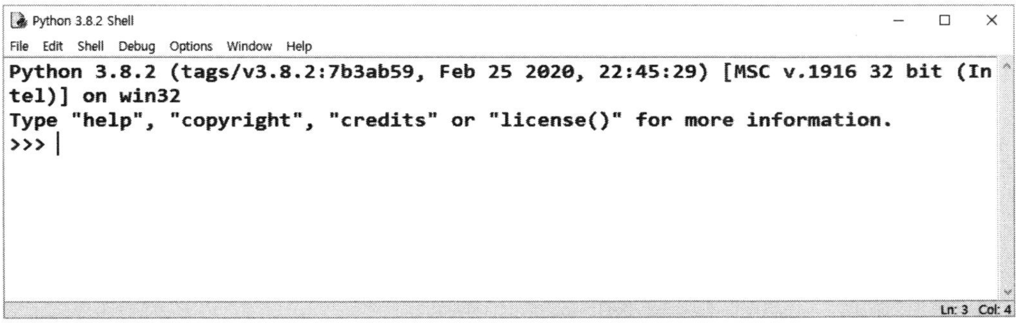

2) IDLE는 통합개발환경으로 Integrated Development and Learning Environment의 약자이다. 일반적으로는 IDE(Integrated Development Environment)라고 한다.

일반적인 문서 편집기에서처럼 파이썬 코드를 파일로 저장하고 작성하려면 별도의 편집기를 열어야 한다. File 메뉴의 새 파일 메뉴, 또는 단축키 Ctrl-N으로 파이썬 프로그램 편집기를 열 수 있다. 편집기에 아래와 같이 두 줄의 코드를 입력하자.

```
name = input()
print(name, "안녕~")
```

파이썬 언어는 인터프리터 방식의 프로그래밍 언어이다. 즉 위에서 아래로, 코드 순서대로 한 줄씩 실행된다. 위의 프로그램이 어떻게 실행될지 예상해보자. 제일 먼저 첫 번째 줄의 input( ) 함수가 실행된다. input( ) 함수는 키보드로부터 문자가 입력될 때까지, 즉 엔터키가 입력될 때까지 타이핑된 문자들을 읽어 그 결과를 name 변수에 저장한다. 두 번째 줄의 print( ) 함수는 name 변수에 저장된 값과 “안녕~” 문자열을 모니터에 출력한다.

이제 프로그램을 실행시켜보자. Run 메뉴의 Run Module 메뉴, 또는 F5 키를 누르면 실행된다. 실행은 편집기 창이 아니라 파이썬 쉘에서 실행된다. 파이썬 쉘에서 키보드로 이름을 입력해보자. “수연”을 입력하고 엔터키를 치면 아래와 같이 “수연” 뒤에 “안녕~”이 추가된 문자열이 출력되는 것을 볼 수 있다.

```
Python 3.8.2 (tags/v3.8.2:7b3ab59, Feb 25 2020, 22:45:29) [MSC v.1916 32 bit (In
tel)] on win32
Type "help", "copyright", "credits" or "license()" for more information.
>>>
======================= RESTART: D:/Python/1.1.name.py ========================
수연
수연 안녕~
>>>
```

1.2 구구단 프로그램

구구단 프로그램을 만들어보자. 현재 우리가 파이썬에 대해 아는 것이라고는 input( ) 함수와 print( ) 함수뿐이지만 아홉 줄의 의미있는 결과를 만들어내는 프로그램, 예를 들어 구구단 5단이라면 아래와 같이 출력되는 작지만 완성된 프로그램을 만들어보자. 바로 탑다운 학습이다.

결과가 같더라도 과정은 다를 수 있다. 프로그래밍이야말로 더욱 그러하다. 같은 일을 하는 프로그램이라도 그 코드는 그야말로 천차만별이다. 이번 절에서는 다양한 방법으로 구구단 프로그램을 만들어보고 그때그때 필요한 파이썬 문법과 프로그래밍 기법을 알아본다.

```
Python 3.8.2 Shell
File Edit Shell Debug Options Window Help
Python 3.8.2 (tags/v3.8.2:7b3ab59, Feb 25 2020, 22:45:29) [MSC v.1916 32 bit (In
tel)] on win32
Type "help", "copyright", "credits" or "license()" for more information.
>>>
======================= RESTART: D:/Python/1.1.gugudan.py ======================
5 x 1 = 5
5 x 2 = 10
5 x 3 = 15
5 x 4 = 20
5 x 5 = 25
5 x 6 = 30
5 x 7 = 35
5 x 8 = 40
5 x 9 = 45
>>> |
Ln: 14 Col: 4
```

문자열 구구단

앞에서 사용한 print( ) 함수를 사용하면 되지 않을까. 즉 “5 x 1 = 5”를 단순히 5라는 글자, 영문자 x, 등호 문자, 그리고 숫자 5가 나열된 문자열로 보는 것이다. 문자열이란 문자들의 나열로써 이를 표현하는 문법은 그 문자열을 따옴표로 묶는 것이다.[3] 글자가 따옴표 안에 들어있으면 파이썬 시스템은 글자를 있는 그대로 저장할 뿐 그것이 숫자인지 곱셈 기호

3) 쌍따옴표, 홑따옴표, 세겹따옴표 모두 사용할 수 있다. 단 시작 따옴표와 마침 따옴표 짝은 맞아야 한다.

인지 해석하지 않는다. 완성된 프로그램은 아래와 같다.[4)]

```
print("5 x 1 = 5")
print("5 x 2 = 10")
print("5 x 3 = 15")
print("5 x 4 = 20")
print("5 x 5 = 25")
print("5 x 6 = 30")
print("5 x 7 = 35")
print("5 x 8 = 40")
print("5 x 9 = 45")
```

숫자 구구단

하지만 구구단의 숫자는 문자가 아니라 말 그대로 숫자이므로 print( ) 함수에게 숫자를 출력하라고 하는 것이 좀 더 맞지 않을까? 프로그램을 조금 수정해보자. 5와 1을 따옴표 밖으로 빼내면 문자열이 아니라 숫자가 된다. print( ) 함수로 둘 이상의 항목을 출력할 때는 각 항목을 콤마(,)로 구분한다. 예를 들어 print(5, "x", 1, "=", 5*2) 코드는 숫자 5, 문자 x, 숫자 1, 문자 =, 5*2의 결과인 숫자 10을 순서대로 출력한다. 숫자는 연산자에 의해 계산될 수 있다. 즉 5*1은 5, 5*2는 10으로 계산된다. 수정한 코드는 아래와 같다.

```
print(5, "x", 1, "=", 5*1)
print(5, "x", 2, "=", 5*2)
print(5, "x", 3, "=", 5*3)
print(5, "x", 4, "=", 5*4)
print(5, "x", 5, "=", 5*5)
print(5, "x", 6, "=", 5*6)
print(5, "x", 7, "=", 5*7)
print(5, "x", 8, "=", 5*8)
print(5, "x", 9, "=", 5*9)
```

---

4) 파이썬의 대표적인 내장함수인 print( ) 함수의 사용법은 단순히 따옴표로 묶은 문자열 출력 외에도 변수값 출력하기, 문자열과 변수값을 섞어서 출력하기, 출력 서식 꾸미기, 줄바꾸기 지정 등 아주 다양하다. 이들을 미리 다 공부할 필요는 없다. 현재는 문자열과 변수는 어떻게 출력하는지, 그리고 두 개 이상을 출력할 때는 콤마로 구분한다는 것만 알면 충분하다.

반복문 구구단

프로그램의 목적은 컴퓨터에게 일을 시키는 것인데 앞의 프로그램처럼 일은 사람이 다하고 컴퓨터에게는 단지 출력 작업만 시킨다면 좋은 프로그램이라 할 수 없다. 코드는 작을수록, 컴퓨터가 하는 일은 많을수록 좋다. 따라서 프로그래밍 세계에서는 위의 print( ) 문처럼 같은 코드가 반복되는 것을 좋아하지 않는다. 어떤 방법이 있을까, 바로 반복문이다.

컴퓨터가 하는 일의 대상은 데이터이다. 다수의 데이터[5]에 대해 컴퓨터가 하는 일은 평균을 구하거나, 최소값 또는 최대값을 찾거나, 순서대로 정렬을 하는 일 등인데 그러기 위해서는 모든 데이터들을 일일이 읽어보아야 한다. 바로 반복문의 역할이다. 먼저 대표적인 반복문인 for-in문을 보자. for-in문의 문법은 아래와 같다.

```
for 반복변수 in 반복대상:
    코드
```

for와 in은 파이썬 키워드이다. in 뒤에는 반복 대상, 즉 다수 개의 데이터[6]이고, for와 in 사이의 변수는 그 다수 개의 데이터들을 하나씩 방문할 변수이다. 코드는 반복적으로 실행되며 각각의 반복에서 반복변수가 지칭하는 데이터는 반복대상에 들어있는 개별 데이터로써 모든 데이터들을 한번씩, 빠짐없이 모두 방문할 때까지 반복된다.

둘째 줄, 코드 부분의 들여쓰기에 주목하자. 파이썬에서 들여쓰기는 코드 블록을 구분하는 중요한 문법이다.[7] 그 코드 블록을 규정하는 코드, 바로 윗줄의 for-in 문장 뒤에는 반드시 콜론을 붙여야 한다.

다른 반복문으로 while문이 있다. while문의 문법은 아래와 같이 while 키워드를 쓰고 뒤에 반복 조건을 쓴다. 역시 while문 아래의 코드도 하나의 코드 블록이므로 들여쓰기를 하고 while 문장 뒤에는 반드시 콜론을 붙인다.

```
while 조건:
    코드
```

---

5) 일반적으로 데이터라 하면, data라는 단어 자체가 단수형이 아니라 복수형이듯이 다수를 의미하지만, 여기서는 문맥에 따라 다수의 데이터는 물론 개별 데이터의 의미로도 사용한다.
6) 다수 개의 데이터를 저장하는 변수를 컬렉션이라고 한다. 컬렉션에 대해서는 3부에서 상세히 다룬다.
7) C나 자바 프로그래밍 언어에서는 코드 블록의 범위를 표시하기 위해 중괄호, 즉 {와 }를 사용한다.

while문과 for-in문, 둘 다 같은 반복문이지만 반복 횟수가 미리 정해져 있다면 for-in문을, 반복 횟수가 정해져 있지 않다면 while문을 주로 사용한다.

이제 구구단 코드를 다시 살펴보자. 아홉 줄의 print( )문은 거의 동일하게 반복되고 있으며 변하는 것은 "5 x " 뒤에 곱해지는 숫자로써 1부터 9까지, 1씩 증가한다. 반복 횟수가 9회로 정해져 있으니 while문과 for-in문, 두 반복문 중에 for-in문을 사용하자. 반복 대상은 1에서 9까지의 숫자 데이터이다. 이 아홉 개의 숫자 데이터는 어떻게 만들까?

이처럼 규칙적인 다수 개의 숫자 데이터, 즉 반복대상을 만들어주는 함수가 있는데 바로 range( ) 함수이다. range( ) 함수의 사용법은 아래와 같다. 만들어지는 숫자는 정수로써 시작숫자부터 종료조건 이전까지, 간격은 스텝이다. 파라미터가 두 개이면 스텝이 생략된 것으로 간주하고 이때 스텝은 1이다. 파라미터가 한 개이면 시작숫자도 생략된 것으로 보고 이때 시작 숫자는 0이다.

```
range(시작숫자, 종료조건, 스텝)
range(시작숫자, 종료조건)
range(종료조건)
```

for-in 반복문을 사용한 구구단 프로그램은 아래와 같다. 변수 i는 index의 약자로써 관행적으로 for-in 반복문의 반복변수 이름으로 주로 사용된다.

```
for i in range(1, 10):          # for 반복문: 시작 숫자 1, 종료 숫자 9[8], 간격 1
    print(5, "x", i, "=", 5*i)
```

8) range(1, 10) 함수의 종료조건이 10이므로 종료숫자는 10 이전인 9이다.

파이썬 for-in 반복문과 객체지향 프로그래밍

컴퓨터 프로그램이 다루는 대상은 데이터이고 나아가 그 대부분은 다수의 데이터이다. 스마트폰 앱의 사용자 데이터, 전 국민의 주민등록 데이터, 통장의 입금 및 지출 내역, 웹 검색 결과까지, 데이터는 곧 데이터들의 나열이다.

컴퓨터과학에서 객체는 하나의 변수로 지칭가능한 모든 것을 뜻하는데 대표적인 예가 바로 다수의 데이터를 한 꾸러미로 간주하여 하나의 변수로 저장하는 것이다. 다수의 데이터가 들어있는 꾸러미, 즉 다수의 데이터가 저장되어 있는 객체에 대해 할 수 있는 가장 기본적인 일은 그 객체에 들어있는 개별 데이터를 하나씩 접근하는 일이다. 프로그래밍 언어에서 이러한 일을 처리하는 문법이 바로 반복문이다.

파이썬의 for-in 반복문은, 그 반복의 필요성이 객체에 들어있는 개별 데이터를 하나씩 방문하기 위함이라는 기본적인 사실에 가장 적합하게 설계된 문법이다. 즉 in 키워드 다음에는 다수의 데이터가 들어있는 객체를, for 키워드 다음에는 그 객체에 들어있는 개별 데이터를 명시하도록 했기 때문이다.

예를 들어 앞의 구구단을 아래와 같은 코드로도 만들 수 있다.

```
numbers = (1, 2, 3, 4, 5, 6, 7, 8, 9)
for i in numbers:
    print(5, "x", i, "=", 5*i)
```

numbers는 9개의 숫자 데이터를 하나의 꾸러미에 저장한 객체이고 변수 i는 numbers 객체에 들어있는 개별 데이터이다. 반복 횟수는 당연히 numbers 객체에 들어있는 개별 데이터 개수 만큼이다.

파이썬에서 다수의 데이터를 하나의 객체로 묶는 방법은 아주 다양하다. 위의 코드에서 numbers를 아래와 같이 작성할 수도 있다.

```
numbers = [1, 2, 3, 4, 5, 6, 7, 8, 9]
```

또는,

```
numbers = {1, 2, 3, 4, 5, 6, 7, 8, 9}
```

파이썬 range( ) 함수는, numbers에 들어있는 데이터처럼 일련의, 연속적이고 순차적인 정수 데이터들의 객체를 간편하게 즉석에서 만들어주는 함수이다.

1.3 함수

앞의 구구단 프로그램을 좀 더 확장해보자. 5단과 함께 6단과 7단도 출력하는 프로그램을 만들어보자.

```
for i in range(1, 10):
    print(5, "x", i, "=", 5*i)                # 구구단 5단9)
for i in range(1, 10):
    print(6, "x", i, "=", 6*i)                # 구구단 6단
for i in range(1, 10):
    print(7, "x", i, "=", 7*i)                # 구구단 7단
```

별로 어렵지 않게 완성한 코드는 위와 같다. 코드 길이도 6줄로써 간단하다. 하지만 자세히 보면 거의 똑같은 3개의 for-in 반복문 코드가 중복되는 것을 알 수 있다. 즉 코드의 중복을 최소화하라는 좋은 프로그램을 만드는 첫 번째 원칙에도 맞지 않다.

좋은 프로그램을 만드는 습관 #1

코드의 중복을 최소화하자.

어떻게 하면 될까. 중복되는 코드는 하나만 남기자. 마치 print( ) 함수, range( ) 함수를 불러 사용한 것처럼 중복되는 코드, 즉 자주 사용하는 코드를 함수로 만들어 놓고 필요할 때마다 불러서 사용하는 것이다. 함수[10]를 만드는 문법, 즉 함수의 정의는 아래와 같다.

```
def 함수이름(파라미터1, 파라미터2, ...):
    코드
```

---

9) "# 구구단 5단"처럼 "#" 문자로 시작되는 문장을 주석이라고 한다. 주석은 코드가 아니므로 프로그램 실행에 아무 영향을 주지 않으며 코드를 설명하는 용도로 쓰인다.

10) 프로그래밍 언어의 함수는 수학의 함수와 같다. 예를 들어 f(x) = 3x + 4라는 함수를 보자. 함수의 내용, 즉 "3x + 4"는 프로그래밍 언어의 함수의 "코드"에 해당된다. 수학에서 y = f(x)는 프로그래밍 언어에서 f( )라는 이름의 함수를 호출하고 그 결과를 변수 y에 저장하는 것과 같다.

함수를 정의하는 키워드는 def이다. def 뒤에는 함수 이름을 쓴다. 함수 이름 뒤에는 반드시 괄호가 있어야 한다. 파라미터가 있을 경우 괄호 안에 파라미터 변수들을 콤마로 구분하여 나열한다. 괄호 뒤에는 콜론을 붙이고 함수이름 아래 코드는 그 함수이름으로 규정된 코드 블록이므로 들여쓰기를 한다.

구구단 함수

구구단의 임의의 단을 출력하는 코드를 함수로 만들어 보자. 앞의 3개의 for-in 문의 코드를 비교해보면 다른 점은 오직 몇 단을 나타내는 숫자뿐이다. 그 숫자를, 변하는 수, 즉 변수, 곧 파라미터 변수로 바꾸면 된다. 완성된 구구단 함수는 아래와 같다. 함수 이름은 간단히 gugudan이다.

```
def gugudan(dan):                # 구구단 dan 단을 출력하는 함수
    for i in range(1, 10):
        print(dan, "x", i, "=", dan*i)
```

실행해볼까? 아무런 결과가 없다. 위 코드는 def 키워드로 gugudan이라는 이름의 함수를 정의한 것일 뿐 저절로 실행되지는 않는다. print( ) 함수도 호출을 해야 실행되는 것처럼 gugudan( ) 함수도 호출을 해야 실행된다. 따라서 호출 코드를 추가한, 구구단 5단에서 7단까지 출력하는 프로그램을 완성하면 아래와 같다.

```
def gugudan(dan):              # 구구단 dan 단을 출력하는 함수
    for i in range(1, 10):
        print(dan, "x", i, "=", dan*i)

for i in range(5, 8):
    gugudan(i)                 # gugudan() 함수 호출, i는 5부터 7까지 세 번 반복 호출
```

결과값이 있는 함수

input( ) 함수처럼 함수의 실행 결과를 돌려받으려면 어떻게 할까. 예를 들어 두 수를 더하는 함수를 만들어 덧셈을 해보자. 아래 코드처럼 함수에서 어떤 값을 되돌려주는, 즉 반환할 때 사용하는 문법은 return 키워드이다.

```
def add(a, b):
    c = a + b
    return c                    # 변수 c의 값을 리턴11)

result = add(3, 4)              # add() 함수 실행 후 리턴된 값을 result 변수에 저장
print(result)
```

위 코드를 좀 더 간단히 해보자. add( ) 함수에서 두 수를 더한 결과를 저장하는 변수 c는 return문외에는 사용되지 않으므로 빼도 된다. 마찬가지로 네 번째 줄, add( ) 함수의 호출 결과를 저장하는 변수 result 역시 print( ) 함수 외에는 사용되지 않으므로 별도의 저장 과정 없이 바로 사용해도 된다. 수정한 프로그램은 아래와 같다.

```
def add(a, b):
    return a + b

print(add(3, 4))            # add() 함수 호출 결과를 print() 함수에 파라미터로 전달
```

함수 사용법

결과는 같더라도 만드는 사람에 따라 코드는 그야말로 각양각색이다. 어떤 코드가 더 좋은 코드일까. 정해진 원칙은 없지만 이왕이면 실행 속도가 빠르고 간결하고 다른 사람이 이해하기 쉬운 코드가 좋은 코드라고 할 수 있다. 실행 속도가 비슷하다면 남는 것은 간결함과 이해하기 쉬움이다.

프로그래밍 세계에서 코드의 수정은 흔한 일이다. 해야 할 일이 추가되거나 변경될 때마다 코드 수정은 필요하다. 코드 수정은 내가 할 수도 있고 다른 사람이 할 수도 있다. 수정을 하려면 일단 코드를 알아야 하므로 알기 쉬운 코드가 수정도 쉽다고 할 수 있다. 이해하기 쉬운 코드를 만드는 구체적인 방법의 하나는 일들을 보다 작은 단위로 나누는 것이다, 즉 각각의 일을 함수로 만들고 각 함수는 세분된 한 가지 일만 처리하도록. 좋은 프로그램을 만드는 두 번째 원칙은 바로 한 함수에 한 가지 일만 시키는 것이다.

11) return을 우리말로는 반환이라 쓰기도 하지만 이 책에서는 리턴으로 표기한다.

좋은 프로그램을 만드는 습관 #2
한 함수에 한 가지 일만 시킨다.

구구단 프로그램을 수정해보자. 출력할 단을 키보드로 입력하고 그 단의 구구단을 출력하는 프로그램을 만들어보자. 일을 세분해보면 1) 키보드로 단 입력하기, 2) 구구단을 출력하기로 나누어볼 수 있다. 완성된 프로그램은 아래와 같다. 작업 1)은 inputDan( ) 함수로, 작업 2)는 gugudan( ) 함수로 만들었다.

다섯 번째 줄에서, input( ) 함수는 키보드로부터 입력된 글자를 문자로 취급하기 때문에 int( ) 함수를 사용하여 문자를 숫자 자료형인 정수로 변환했다.[12)]

```
def gugudan(dan):                             # 작업 2) 구구단 dan 단을 출력하는 함수
    for i in range(1, 10):
        print(dan, "x", i, "=", dan*i)

def inputDan():                               # 작업 1) 원하는 단을 키보드로 입력받는 함수
    dan = int(input("단을 입력하세요: "))     # int() 함수는 문자열을 숫자로 변환
    gugudan(dan)

### 메인 실행 코드
inputDan()                                    # 함수 호출
```

비교문

위 프로그램의 gugudan( ) 함수에서 파라미터 dan에 9보다 큰 수가 전달되면 어떻게 할까. 물론 dan이 100이나 200이더라도 100단, 200단으로 출력할 수 있다. 하지만 보통 구구단은 9단까지이니 dan이 정상 범위에 있는지 미리 체크하면 더 좋지 않을까. 바로 비교문이다. 비교문 문법은 아래와 같다.

```
if 조건:
    코드
```

12) 참고로 문자열을 부동소수점 실수 숫자로 바꾸는 함수는 float( ) 함수이다.

비교문 문법의 키워드는 if이다. if 뒤의 조건이 참이면 코드를 실행하고 그렇지 않으면 실행하지 않는다. 조건이 참이 아닐 때 별도의 코드 실행이 필요하면 else 키워드를 사용한다. 아래와 같이 if 뒤의 조건이 참이면 코드_1이, 거짓이면 else 뒤의 코드_2가 수행된다.

```
if 조건:
    코드_1
else:
    코드_2
```

여러 경우를 비교할 때는 elif 키워드를 사용한다.[13] 사용법은 아래와 같다.

```
if 조건_1:
    코드_1
elif 조건_2:
    코드_2
elif 조건_3:
    코드_3
```

비교문을 통해 2단에서 9단까지만 출력하는 gugudan( ) 함수를 만들어보면 아래와 같다.

```
def gugudan(dan):
    if dan > 9:          # 단이 9단보다 크면 출력하지 않고 return문으로 바로 함수를 마침
        print("단은 9단까지만 입력하세요.")
        return
    elif dan < 2:        # 단이 2단보다 작으면 출력하지 않고 return문으로 바로 함수를 마침
        print("단은 2단부터 입력하세요.")
        return
    else:                # 단이 2에서 9 사이이므로 구구단을 출력
        for i in range(1, 10):
            print(dan, "x", i, "=", dan*i)
```

13) elif는 "else if"의 줄임말

파이썬 내장함수

지금까지 함수란 무엇이고 어떻게 만들어 사용하는지 살펴보았다. 그렇다면 함수 정의없이 사용한 input( ) 함수나 print( ) 함수와 우리가 직접 만든 gugudan( ) 함수의 차이는 무엇일까. input( ) 함수와 print( ) 함수는 어디에 있는 것일까. 이러한 함수들을 내장함수(built-in function)라고 한다. 내장함수는 말 그대로 파이썬 시스템 자체에 내장되어 있는 함수로써 공통적으로 자주 사용되는 함수들을 미리 만들어 놓은 것이다. 아래 표는 파이썬 시스템 3.9.0[14)]에 포함되어 있는 내장함수들의 목록이다.[15)]

파이썬 내장함수					
abs( )	compile( )	frozenset( )	iter( )	ord( )	staticmethod( )
all( )	complex( )	getattr( )	len( )	pow( )	str( )
any( )	delattr( )	globals( )	list( )	print( )	sum( )
ascii( )	dict( )	hasattr( )	locals( )	property( )	super( )
bin( )	dir( )	hash( )	map( )	range( )	tuple( )
bool( )	divmod( )	help( )	max( )	repr( )	type( )
breakpoint( )	enumerate( )	hex( )	memoryview( )	rerversed( )	vars( )
bytearray( )	eval( )	id( )	min( )	round( )	zip( )
bytes( )	exec( )	input( )	next( )	set( )	__import__( )
callable( )	filter( )	int( )	object( )	setattr( )	
chr( )	float( )	isinstance( )	oct( )	slice( )	
classmethod( )	format( )	issubclass( )	open( )	sorted( )	

파이썬 라이브러리

내장함수가 있으니 외장함수도 있지 않을까? 있다. 대신 라이브러리라고 부른다.[16)] 파이썬의 라이브러리는 두 종류로 구분할 수 있다. 즉 파이썬 표준 라이브러리와 외부 라이브러리들이다.

---

14) 파이썬 내장함수의 최근 변화는, 버전 3.6에서 3.7로 변경될 때 breakpoint( ) 함수가 추가되었다.
15) 모든 내장함수들을 미리 알고 있어야할 필요는 없다. 필요할 때 찾아보는 것으로 충분하다.
16) 라이브러리(library)는 프로그램 개발에 사용되는 여러 자원들을 통칭하는 용어로써 좁게는 운영체제에서 제공되는 서비스를 의미하고 넓게는 프로그램 개발에 사용되는 모든 소프트웨어 자원들을 의미한다.

파이썬 표준 라이브러리[17]는 파이썬 시스템에 포함되어 있는 자원들로써 파이썬 시스템을 설치할 때 자동으로 설치된다.

외부 라이브러리는 누구든지 만들어 배포할 수 있고, 공개된 라이브러리는 누구나 가져다 사용할 수 있다. 외부 라이브러리는 수천 개에 달하며 지금도 끊임없이 개발되고 있다.

모듈

그렇다면 이렇게 많은 라이브러리들과 또 각 라이브러리에 포함된 수많은 함수들을 어떻게 구분할까. 바로 모듈이다. 모듈은 같은 용도의 함수들을 모아 놓은 것으로써 라이브러리를 구분하는 단위이며 배포와 사용을 위한 단위이기도 하다.

예를 들어 표준 라이브러리 중에 난수, 즉 랜덤 숫자를 생성하는 모듈을 한번 사용해보자. 모듈을 사용하기 위해서는 먼저 사용할 모듈을 가져와야 한다. 모듈을 가져오는 키워드는 import이다.

```
import random                     # random 모듈 가져오기

n = random.random()               # random 모듈에 들어있는 random() 함수 호출
print(n)
```

위의 코드는 랜덤 숫자를 생성하고 출력하는 프로그램이다. random 모듈 사용을 위해 첫째 줄과 같이 해당 모듈을 가져온다. 랜덤 숫자를 생성하는 함수는 random( ) 함수로써 0과 1 사이의 랜덤 숫자를 생성한다. random( ) 함수는 input( ) 함수나 print( ) 함수처럼 내장 함수가 아니기 때문에 random( )이라는 함수가 어디서 왔는지 그 소속, 즉 모듈을 명시해야 한다. 모듈에 들어있는 함수를 호출하는 문법은 점(.)이다. 즉 어떤 모듈 이름 뒤에 점을 쓰면 그 모듈 안에 들어있는 여러 함수들 중 하나를 사용하겠다는 의미이다.

random 모듈에는 random( ) 함수 외에도 여러 함수들이 있다.[18] 예를 들어 랜덤 숫자들의 범위를 지정할 수 있는 randrange( ) 함수도 있다. randrange( ) 함수를 통해 1에서 6 사이의 주사위 숫자를 출력하는 프로그램을 만들어보면 아래와 같다.

---

17) 파이썬 표준 라이브러리 목록은 파이썬 공식 사이트인 https://docs.python.org/3.9/library/index.html 에서 확인할 수 있다.

18) random 모듈에 대한 자세한 사항은 https://docs.python.org/3.9/library/random.html 참고.

```
import random                    # random 모듈 가져오기

n = random.randrange(1, 7)       # 1에서 7 미만, 즉 1에서 6 사이의 랜덤 정수 생성
print(n)
```

외부 라이브러리는 어떻게 사용할까. 사용법은 표준 라이브러리와 같다. 다만 표준 라이브러리는 파이썬을 설치할 때 자동으로 설치되는 반면 외부 라이브러리는 그렇지 않으므로 외부 라이브러리를 사용하려면 먼저 사용할 외부 라이브러리를 내 컴퓨터에 설치해야 한다.

모듈 만들기

프로그램을 개발할 때 모든 코드를 하나의 파일로 작성하는 것은 코드가 길어질수록 관리도 어렵고 수정도 쉽지 않다. 따라서 기능별로 구분하여 별도의 파일로 만들어 현재 개발하고 있는 코드와 분리하는 것이 좋다. 그렇다면 별도의 파일로 만들어놓은 코드는 어떻게 사용할까. 역시 모듈이다.

형식적으로 모듈과 일반 파이썬 프로그램은 구분이 없다. 차이점은, 모듈은 당장 수행하는 코드가 아니라 그야말로 함수들을 모아 놓은 것이기 때문에 일반적으로 모듈 안에는 바로 실행되는 코드, 즉 블록으로 묶이지 않은 코드는 없다.

앞의 구구단 프로그램을 아래와 같이 두 함수 코드만 남기고 gugudan.py라는 파일로 저장하자.

```
def gugudan(dan):
    for i in range(1, 10):
        print(dan, "x", i, "=", dan*i)

def inputDan():
    dan = int(input("단을 입력하세요: "))
    gugudan(dan)
```

이제 다른 파일로 구구단 프로그램을 만들어보자. 완성된 코드는 아래와 같다. 모듈을 import할 때는 .py라는 확장자 없이 파일 이름만 쓴다. inputDan( ) 함수를 호출할 때에는 그 함수가 어디에서 왔는지, gugudan이라는 파일 이름, 즉 모듈 이름을 명시한다.

```
import gugudan                       # gugudan.py 파일 가져오기

gugudan.inputDan()                   # gugudan 파일에 들어있는 inputDan() 함수 호출
```

연습문제

01 파이썬의 키워드를 찾아보고 각 키워드의 용도와 문법을 정리해보시오.

02 1.3절의 파이썬의 내장함수들의 용도와 사용법을 정리해보시오.

03 두 수의 평균을 구하는 함수, average(a, b)를 작성하시오.

04 두 수 중 큰 수를 찾는 함수, big(a, b)를 작성하시오.

05 1부터 *n*까지 숫자들의 평균을 구하는 함수, average(n)을 작성하시오.

06 1부터 *n*까지 제곱의 합, $\sum_{i=1}^{n} i^2$을 구하는 함수, sumOfSquares(n)를 작성하시오.

07 어떤 수 *n*의 모든 약수를 구하는 함수, divisors(n)을 작성하시오.

08 두 수의 최대공약수를 구하는 함수, gcd(a, b)를 작성하시오.

09 처음 n개의 소수들을 출력하는 함수, primes(n)을 while 문을 사용하여 작성하시오.

10 random 모듈을 사용하여 6개의 로또 번호를 생성하는 함수, lotto( )를 작성하시오.

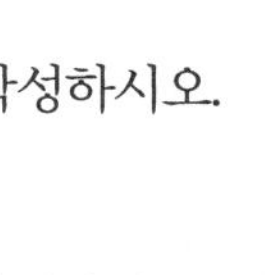

11 숫자를 맞히는 함수를 작성해보자. 컴퓨터는 random 모듈을 사용하여 1부터 100 사이의 랜덤 숫자를 생성하고 공개하지는 않는다. 사람이 어떤 숫자를 입력하면 맞혔는지 아닌지 확인하고 못 맞혔으면 숨긴 랜덤 숫자가 그보다 큰지 작은지를 알려준다. 함수 이름은 guess( )이다.

12 랜덤 샘플링에 의한 확률적 접근 방법을 몬테카를로 기법이라 한다. 몬테카를로 기법으로 원주율 π 값을 구해보자. 예를 들어 아래 그림처럼 가로, 세로의 길이가 각 1인 정사각형에 반지름의 길이가 1인 원을 그리면 사각형과 원의 면적은 각각 1과 $\pi/4$이다. 이제 x와 y가 각각 0과 1사이인 점 (x, y)를 랜덤으로 n개를 생성하고 그 중 원에 속한 점들의 수를 p라 하면 사각형의 면적과 원의 면적 사이에는 $1 : \pi/4 = n : p$ 관계가 성립하고 $\pi = 4p/n$이다.[19] n개의 좌표를 생성하고 π 값을 구하는 함수, monteCarlo(n)를 작성하시오.

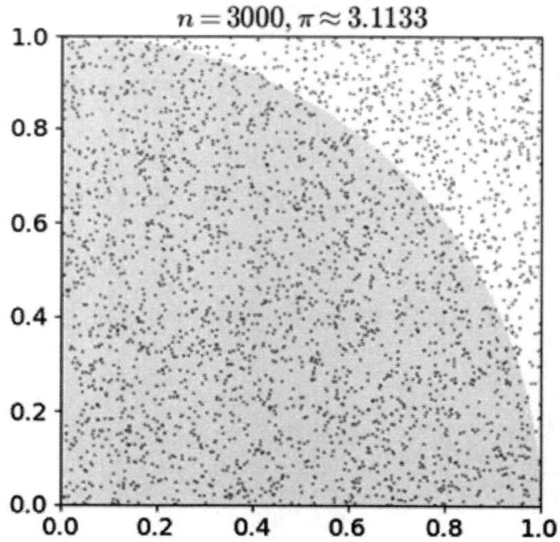

19) 그림 출처: https://en.wikipedia.org/wiki/Monte_Carlo_method

CHAPTER

02 변수와 객체

프로그램이 하는 일은 데이터를 다루는 일이다. 그 데이터는 메모리에 저장된다. 메모리에는 데이터뿐만 아니라 운영체제를 비롯하여 컴퓨터 시스템을 구성하는 모든 프로그램 코드가 함께 저장되어 있어 메모리에 데이터를 읽거나 쓰기 위해서는 해당 데이터가 저장되어 있는 위치를 알아야 한다. 바로 메모리 주소이다. 예를 들어 메모리의 크기가 4기가바이트라면 각 메모리 주소의 길이는 이진수로 32자리나 된다. 긴 주소 대신 기억하기 쉬운 이름을 붙인 것이 변수이다. 마치 서울시 종로구 사직로 161번지를 경복궁으로 부르는 것과 같다.

2장에서는 변수와 변수의 자료형, 즉 저장된 데이터가 어떤 종류인지, 또한 객체란 무엇이고 객체와 변수는 어떤 관계가 있는지 알아본다.

Python

2.1 변수와 자료형

변수

변수에 데이터를 저장하면 변수는 그 데이터가 저장된 메모리 주소를 대신한다. 아래 예를 보자. "x = 512"이라는 문장은 x라는 메모리 위치에 512를 저장한 것이고 "y = x"는 y라는 메모리 위치에 변수 x의 내용, 즉 512를 저장한 것이다. 결과적으로 메모리에는 두 개의 512라는 데이터가 각각 x라는 위치와 y라는 위치에 따로따로 저장된다.

```
x = 512
y = x
print(y)
```

변수 x나 y 자체는 주소이지만 "y = x"에서의 x, "print(y)"에서의 y처럼 변수가 대상으로 사용될 때, 즉 변수가 등호의 오른쪽에 있을 때는 주소 자체가 아니라 그 주소에 들어있는 값을 의미한다. 이는 "경복궁에 뭐가 있니?"라는 질문에 "서울시 종로구 사직로 161번지"가 아니라 "근정전"이라고 답하는 것과 같다.

자료형

자료형은 영어로 data type 또는 간단히 type이라고 하며 말 그대로 데이터의 형식을 의미한다. 프로그래밍 언어에서 자료형을 구분하는 이유는 자료형에 따라 데이터의 저장 공간의 크기가 다를 수 있고 수행할 연산도 다르기 때문이다. 예를 들어 7을 숫자로 보면 32비트 또는 64비트로 저장하지만 문자로 보면 8비트의 ASCII 코드로 저장할 수 있다. 다른 예로 숫자인 7과 3을 더하는 7 + 3의 결과는 10이지만 7과 3이 문자라면 둘을 더한 결과는 "73"이라는 문자열이 된다.

자료형은 아래와 같이 크게 세 종류로 구분한다.

- 기본 자료형
- 복합 자료형
- 임의 자료형[1)]

기본 자료형은 숫자, 문자, 불리언처럼 단일 항목의 데이터를 구분하는 자료형으로써 컴퓨터 하드웨어 수준의 서로 다른 저장 방법에 따라 분류되기도 한다. 숫자는 다시 정수와 실수로 구분한다. 또한 데이터의 크기, 즉 할당된 메모리 크기에 따라 정수 자료형은 다시 바이트, 작은 정수(short), 정수(int), 큰 정수(long)로 세분하고 실수 자료형은 일반 실수(float)와 더 정밀한 실수(double)로 세분하기도 한다.

복합 자료형은 다수의 데이터를 저장하는 자료형이다. 가장 대표적인 것이 바로 배열이다. 복합 자료형에 들어있는 개별 데이터의 자료형은 같을 수도 있고 다를 수도 있다. 파이썬의 복합 자료형은 리스트, 튜플, 집합, 사전 등이 있다.

임의 자료형은 프로그래밍 언어에서 기본적으로 제공하는 자료형이 아닌, 말 그대로 임의의 형식으로 직접 구성한 자료형으로 객체지향 프로그래밍 언어에서는 바로 객체에 해당된다.[2] 복합 자료형 또한 객체로써 형식적으로는 임의 자료형과 차이가 없지만 복합 자료형은 프로그래밍 언어가 제공하는 자료형이고 임의 자료형은 사용자가 직접 설계한 자료형이란 측면에서 구분될 수 있다.

C++이나 자바 언어처럼 대부분의 프로그래밍 언어에서는 변수를 선언할 때, 즉 변수를 처음 사용할 때 변수의 자료형을 명시한다. 즉 이 변수에는 어떤 자료형의 데이터를 저장한다고 미리 명시하는 것이다. 변수를 사용하기 전에 자료형을 미리 명시하는 이유는 첫째, 코드의 모호성을 줄일 수 있고[3] 둘째, 메모리를 효율적으로 사용할 수 있기 때문이다. 예를 들어 정수 자료형은 32비트 또는 64비트 크기로 저장되지만 128 이하의 작은 정수만 사용할 용도라면 8비트 크기의 자료형인 바이트 자료형으로 선언함으로써 메모리를 절약할 수 있다.

파이썬의 자료형

파이썬 언어에서는 변수를 사용하기 전에 명시적인 자료형 선언이 없다. 즉 변수가 필요할 때 그냥 사용하기 시작하면 된다. 따라서 변수의 자료형은 변수에 저장된 데이터의 종류에 따라 동적으로 결정된다.

아래는 변수 a에 5를 저장했을 때, 또는 '5'를 저장했을 때, 또는 "안녕하세요"를 저장했을

1) abstract data types. 추상 자료형이라고도 한다.
2) 객체에 대해서는 다음 절에서 알아본다.
3) 예를 들어 "y * 3"은 변수 y의 자료형이 숫자인지 문자인지에 따라 그 결과가 달라진다. 숫자 곱셈을 의도했다면 변수 y를 처음부터 숫자 자료형으로 선언해야 원하는 결과를 얻을 수 있다.

때 변수의 자료형이 어떻게 되는지 출력해보는 코드이다. 같은 변수이지만 어떤 데이터를 저장하느냐에 따라 변수의 자료형이 달라지는 것을 볼 수 있다. 출력 결과에서 int는 정수 자료형, str은 문자열 자료형이다. 특히 파이썬 언어에서는 글자 하나하나를 나타내는 문자 자료형이 따로 없고 한 글자의 문자도 문자열 자료형으로 취급한다.

```
a = 5
print(type(a))                    # 변수 a의 자료형 출력하기4)

a = '5'
print(type(a))

a = "안녕하세요"
print(type(a))
```

4) type( ) 함수는 변수의 자료형을 알려주는 함수이다.

Python 2.2 객체와 클래스

앞 절에서 살펴본 자료형의 관점에서 보면 객체지향 프로그래밍 언어의 객체는 복합 자료형 또는 임의 자료형 데이터이다.[5] 이번 절에서는 객체와 객체를 기술하는 문법인 클래스에 대해 알아본다.

객체

프로그램이 다루는 데이터는 아주 다양하다. 이 절에서는 그 데이터에 대해 좀 더 살펴본다. 숫자 한 개, 문자 한 개처럼 단순한 데이터도 있지만 여러 개별 데이터들이 모여 그 전체가 다시 하나의 데이터가 되기도 한다. 예를 들어 주민등록 데이터를 생각해 보자. 그 안에는 이름, 주민번호, 주소, 생년월일 등 여러 개별 데이터들이 있지만 이들을 묶은 한 사람의 주민등록 자체도 한 개의 데이터이다. 이런 예는 사실 수도 없이 많다. 앱이나 웹사이트의 회원가입에서는 이름, 이메일, 전화번호 등의 개별 데이터들이 모여 하나의 사용자 데이터가 된다. 편의점에서는 상품명, 가격, 제조사 등의 개별 데이터들이 모여 하나의 상품 데이터가 된다. 그렇다면 이처럼 여러 개별 데이터들의 묶음인 한 사람의 주민등록 데이터, 한 사람의 사용자 데이터, 하나의 상품 데이터 같은 데이터는 어떻게 표현할까.

우선 이와 같은 묶음 데이터를 뭐라고 불러야 하는지 그 용어부터 알아보자. 묶음? 꾸러미? 덩어리? 포장? 결론부터 말하면 객체이다. 컴퓨터과학 분야에서 객체(object)란 개별 데이터, 개별 데이터들의 묶음, 자료구조, 함수, 클래스, 나아가 이들의 묶음 등, 하나의 변수로 지칭할 수 있는 것을 의미한다.[6] 여기서의 핵심은 "하나의 변수로 지칭"한다는 것이다.

---

5) 역사적으로 보면 C언어와 같이 객체지향 개념 등장 이전 시점에서 객체 개념을 뜻하는 용어가 임의 자료형(abstract data type, 또는 추상 자료형)이다. 객체는 단순히 다수의 데이터뿐만 아니라 그 데이터들을 처리하는 연산자(operator)들까지 한 묶음으로 포장한 것이다. 예를 들어 "수능점수"라는 객체에 각 과목의 점수 데이터는 물론 평균 함수, 최고 점수 함수, 최저 점수 함수 같은 연산자도 넣을 수 있다.

6) 출처: 위키피디어, https://en.wikipedia.org/wiki/Object_(computer_science)

객체의 표현

객체를 표기하는 방법은 프로그래밍 언어에 따라 다소 다르기는 하지만 대표적인 표기법은 중괄호로 묶는 것이다. 예를 들어 나무들의 객체를 파이썬으로 표현해보면 아래와 같다.[7)]

```
trees = {"소나무", "잣나무", "느티나무", "미루나무"}
```

다른 예로 점의 좌표를 생각해보자. 한 점은 x 좌표와 y 좌표, 두 개의 데이터로 구성된다. 이번에는 자바스크립트 언어로 작성해보면 아래와 같다.[8)] x와 y는 개별 데이터 변수이고 point는 객체변수이다.

```
point = {x: 3, y: 4};
```

아주 직관적이지 않은가. 중괄호로 둘러싼 묶음 안에는 콤마로 구분된 두 개의 개별 데이터, 3과 4가 있고 두 데이터는 각각 변수 x와 변수 y에 저장되어 있다. 두 데이터를 묶은 전체 데이터, 즉 객체는 point 변수에 저장했다. 개별 데이터를 저장하는 변수와 구분하여 point 변수처럼 객체를 지칭하는 변수를 객체변수라고 부른다.

그렇다면 객체는 어떻게 접근할까. 방법은 아래와 같다.[9)] 첫 번째 출력문과 같이 객체변수 point 자체를 명시하면 그 객체에 들어있는 모든 데이터가 출력되리라 예상할 수 있다.

```
point = {x: 3, y: 4};

console.log(point);            # point 변수를 출력하기, 결과는 {x: 3, y: 4}
console.log(point.x);          # point 객체의 x 좌표를 출력하기, 결과는 3
console.log(point.y);          # point 객체의 y 좌표를 출력하기, 결과는 4
```

객체 안의 개별 변수는 어떻게 접근할까. 핵심 문법은 바로 점(.)이다. 즉 x는 point.x로, y는 point.y로 접근할 수 있다. 객체를 잘 포장된 상품으로 비유하자면 점(.)은 그 상품의 포장을 한 꺼풀 벗기는 것과 같다.[10)]

---

7) 파이썬의 set 자료형
8) 프로그래밍 언어에 따라 문법은 조금씩 다르다.
9) 자바스크립트 언어에서 console.log( ) 함수는 파이썬의 print( ) 함수와 같다.

위의 자바스크립트 코드를 실행해보자. 준비물은 오직 웹 브라우저 프로그램이다. 예를 들어 크롬 브라우저에서 도구 메뉴의 개발자 도구 메뉴, 또는 F12 키를 누르면 아래와 같이 자바스크립트 코드를 실행할 수 있는 콘솔 창이 나타난다. 위의 코드를 한 줄씩 입력하면 바로 실행 결과를 볼 수 있다.

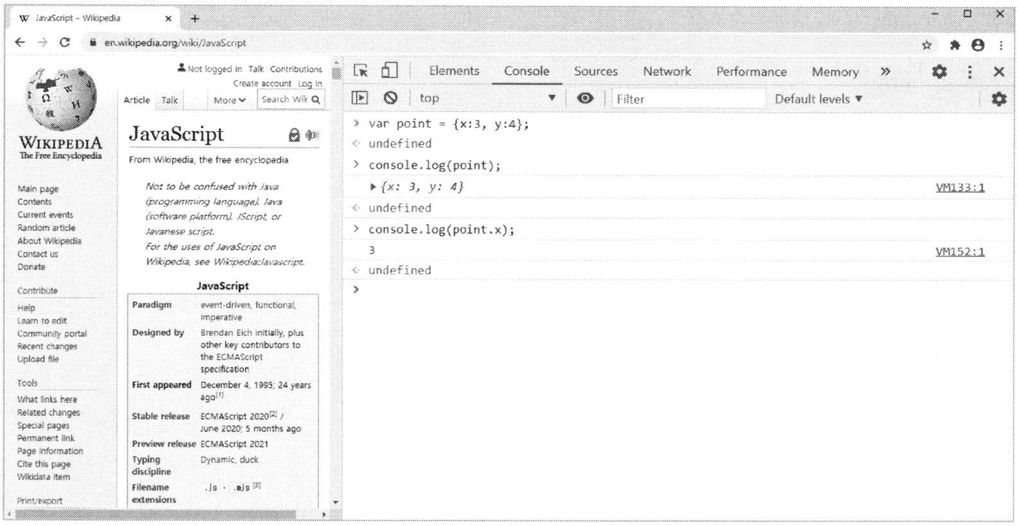

웹 브라우저와 자바스크립트

웹 브라우저는 웹 페이지를 해석하여 보여주는 소프트웨어이다. 웹 페이지를 작성하는 언어는 HTML, CSS, 자바스크립트다. 따라서 웹 브라우저는 HTML, CSS, 자바스크립트 코드를 해석할 수 있어야 한다. 또한 웹 브라우저는 웹 페이지 해석은 물론 자체적으로 HTML, CSS, 자바스크립트 코드를 실행할 수 있는 환경, 즉 개발자 도구를 제공한다.

점의 좌표 객체를 파이썬에서는 어떻게 표현할까. 파이썬의 모든 데이터는 객체이기 때문에 객체를 표기하는 방법도 데이터를 표현하는 종류만큼이나 다양하다. 아래는 dict 자료구조로 표현한 예이다.[11)]

10) 객체지향 프로그래밍 언어에서 가장 중요한 문법을 꼽는다면 바로 점(.)이 아닐까.
11) dict 자료구조는 각각의 데이터를 키와 값의 쌍으로 저장한다. 키와 값 사이는 콜론(:)으로 구분한다.

```
point = {"x": 3, "y": 4}       # dict 자료구조로 point 객체 생성

print(point)                   # point 객체 자체 출력하기, 결과는 {'x': 3, 'y': 4}
print(point["x"])              # point 객체의 x 키의 값을 출력하기, 결과는 3
print(point["y"])              # point 객체의 y 키의 값을 출력하기, 결과는 4
```

객체의 확장

객체처럼 다수의 데이터를 모아 놓으면 그 데이터에 특화된 도구가 필요할 수도 있다. 예를 들어 수능성적표 점수들의 묶음을 생각해보자.

```
score = {90, 88, 96, 75, 84}            # score는 파이썬 set 자료형 객체
```

위의 점수들을 보면, 평균은? 최고 점수는? 최저 점수는? 등의 질문이 떠오른다. 즉 평균을 구하는 도구, 최대값을 찾는 도구, 최소값을 찾는 도구가 함께 있다면 더 좋지 않을까. 그런 도구들이 객체와 무슨 상관인가라고 반문할 수 있다. 다른 예를 보자. 와인 선물세트이다.

포장된 와인 선물세트를 객체로, 선물세트 속의 와인을 개별 데이터로 보면 오프너는 바로 와인을 여는 도구이다. 물론 오프너 없는 선물세트도 좋지만 오프너도 들어있는 선물세트는 더 좋다. 프로그래밍 언어의 객체도 그렇지 않을까.

수능성적표 점수들의 묶음, 즉 score 객체를 와인 선물세트처럼 그림으로 그려보자. 왼쪽은 점수들, 즉 데이터들만 들어있는 객체이고, 오른쪽은 이 데이터들과 관련된 도구들도 함께

들어있는 객체이다. 그렇다면 오른쪽 score 객체처럼 데이터도 들어있고 도구도 들어있는 객체는 어떻게 표현할까.[12] 바로 클래스이다.

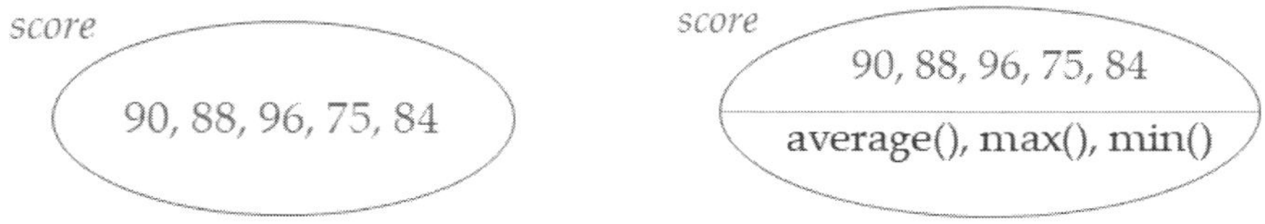

클래스

객체를 정의하는 문법을 클래스라고 한다. 형식적 측면에서 보면 클래스는 함수와 유사하다. 함수의 용도가 자주 사용되는 코드를 블록으로 묶어 재활용하는 것처럼 클래스의 용도 또한 객체를 정의하는 코드를 블록으로 묶어 객체가 필요할 때마다 클래스 코드를 재활용하는 것이라 할 수 있다. 파이썬의 클래스 문법은 아래와 같다.[13] class 키워드 뒤에 클래스 이름을 쓴다. 콜론으로 마침으로써 이어서 코드 블록이 있음을 나타낸다.

```
class 클래스명:
    # 클래스에 대한 코드는 여기부터
```

앞 절의 점의 좌표 객체를 정의하는 클래스를 만들어보자. 객체 안에는 두 개의 필드변수, 즉 x 좌표와 y 좌표를 나타내는 x와 y를 두자. 도구로써 점의 좌표의 기울기를 구하는 slope( ) 메소드를 추가해보자. 이 객체를 그림으로 나타내면 아래와 같다.[14]

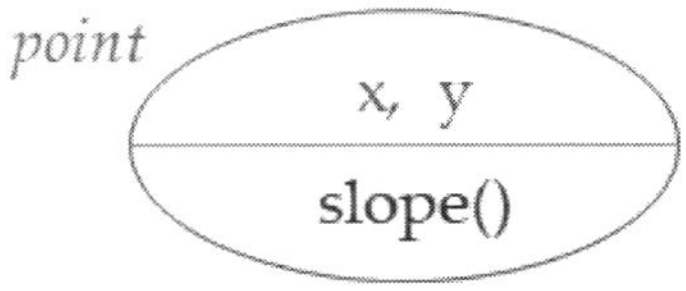

12) 도구(tool)라는 용어보다는 연산(operation)이 보다 적합하고, 모든 연산은 함수 형태로 표현할 수 있기 때문에 함수가 더 명료하다. 나아가 print( ) 함수 같은 일반 함수와 구분하여 객체 안에 들어있는 함수를 메소드라고 부른다. 개념의 범위 크기순으로 정리하면, 도구 > 연산 > 함수 > 메소드이다.

13) 대부분의 객체지향 프로그래밍 언어에서 클래스라는 용어는 동일하지만 그 문법은 서로 다를 수 있다.

14) 원을 둘로 나눈 것은 객체의 구성 요소는 두 가지, 즉 필드변수들과 메소드들이기 때문이다.

> **필드변수와 메소드**
>
> 점의 좌표 객체에 들어있는 변수 x와 y처럼 객체를 구성하는 변수를 일반 변수와 구분하여 필드 변수 또는 줄여서 필드(field)라고 부른다.
>
> Point 클래스의 slope( )처럼 객체 안에서 정의된 함수를 일반 함수와 구분하여 메소드(method)라고 부른다.

이제 point 객체를 정의하는 클래스를 만들어보자. 클래스 이름은 Point이다.

```
### Point 클래스
class Point:
    def __init__(self, x, y):          # Point 객체 생성 메소드 - 필드변수는 x와 y
        self.x = x
        self.y = y

    def slope(self):                   # 점의 좌표의 기울기를 구하는 메소드
        return self.y / self.x
```

객체의 두 가지 구성 요소, 즉 필드변수와 메소드가 클래스 문법에서는 어떻게 표현되는지 살펴보자. 클래스의 몸통은 오직 메소드의 나열이다.15) 필드변수는 그 메소드들 중 파이썬이 지정한 특별한 메소드, __init__( ) 메소드에서 정의한다.16) 즉 위의 __init__( ) 메소드의 self로 시작하는 두 변수, self.x와 self.y가 필드변수이다. self는 객체 자신을 지칭하는 변수로써 Point 클래스 안의 모든 메소드들은 self 변수를 통해 객체의 필드변수와 다른 메소드들에 접근할 수 있다.17)

---

15) 물론 클래스에 관련된 문법은 더 많지만 여기서는 객체와 클래스 이해에 필요한 기본적인 문법만을 다룬다.

16) __init__( )는 파이썬의 특수 메소드 중 하나이다. 특수 메소드는 파이썬에 내장되어 있는 메소드로써 그 명칭의 형식은 두 개의 언더스코어(__)로 시작해서 역시 두 개의 언더스코어로 끝난다. 예를 들어 __new__( ) 메소드는 객체의 생성, __init__( ) 메소드는 필드변수 초기화, __del__ 메소드는 객체의 삭제를 처리한다.

17) 일반적으로 변수의 생명 범위는 그 변수가 선언된 블록 내부로 한정된다. 함수와 메소드 또한 블록이므로 한 함수에서 선언된 변수는 다른 함수에서는 보이지 않는다, 즉 사용할 수 없다. 하지만 self 객체는 예외이다. self 객체는 __init__( ) 메소드에서 선언되었지만 그 생명 범위는 __init__( ) 메소드가 아니라 Point 클래스 전체이다.

클래스 이름 짓기

프로그램을 작성하다보면 변수, 함수, 클래스를 새로 만들어야 할 때 작명이 필요하다. 반드시는 아니지만 권장하는 이름 짓기 규칙이 있다. 둘 이상의 단어로 구성된 이름은 모든 단어를 이어 쓰되 각 단어의 첫 글자만 대문자로 쓴다.[18] 클래스 이름은 첫 글자도 대문자로 시작하는 반면 변수나 함수 이름의 첫 글자는 소문자로 시작한다.

테스트 코드를 만들어보자. 아래 코드를 Point 클래스 코드 아래에 추가하고 실행해보자.

```
# 테스트 코드
point = Point(4, 3)            # Point 클래스로부터 point 객체 생성[19]
print(point.slope())           # point 객체의 slope() 메소드를 호출하고 결과를 출력
```

클래스로부터 객체를 생성하는 문법은 클래스 이름 뒤에 괄호를 붙인 것, 즉 생성자 메소드이다.[20] 생성자 메소드가 호출되면 파이썬 시스템은 해당 클래스로부터 객체를 만들고 __init__( ) 메소드를 실행하여 필드변수를 초기화한다. 예를 들어 Point(4, 3)과 같이 생성자 메소드가 호출되면 두 파라미터 4와 3은 Point 클래스의 __init__( ) 메소드의 파라미터 x와 y로 전달되고, 이 x와 y는 __init__( ) 메소드의 코드에 의해 두 필드 변수 self.x와 self.y에 저장된다.

객체가 생성되면 객체 안에는 필드변수는 물론 메소드도 들어있다.[21] point 객체의 필드변수 x와 y를 point.x와 point.y로, 즉 "포인트 객체 점"으로 접근할 수 있는 것처럼 point 객체의 slope( ) 메소드 또한 point 객체의 멤버이므로 point.slope( ), 즉 "포인트 객체 점"으로 접근할 수 있다. 이때 중요한 문법이 바로 점(.)이다. 객체변수 뒤의 점은 그 객체의 포장을 여는 것과 같다. 즉 객체 이름 뒤에 점(.)을 쓰면 객체의 내용물, 즉 객체의 멤버인 필드변수 또는 메소드에 접근할 수 있다.

어떤 명칭이 필드변수인지 메소드인지를 구분하는 문법은 바로 괄호의 유무이다. 명칭 뒤에 괄호가 없으면 필드변수이고 괄호가 있으면 메소드이다.

---

18) 이를 낙타표기법(camel case)이라 한다. 파이썬에서는 낙타표기법 대신 단어들을 밑줄 문자(언더스코어)로 연결하는 것을 권장한다. 하지만 이 책에서는 낙타표기법을 사용한다.

19) 프로그래밍 언어에서 대문자와 소문자는 서로 다른 문자이다. 예를 들어 Point와 point는 전혀 다른 이름이다. 이 코드에서 대문자로 시작하는 Point는 클래스 이름이고 소문자로 시작하는 point는 변수 이름이다.

20) constructor method

21) 객체 안에 들어있는 필드변수와 메소드를 객체의 멤버라고 한다.

끝으로 slope( ) 메소드의 self 파라미터를 보자. self는, 자신을 호출한 객체, 즉 point 객체를 대신하는 대명사와 같다. 따라서 self.x와 self.y로 point 객체의 필드변수인 point.x와 point.y에 접근할 수 있다.[22]

> **파이썬 코드의 문단 구분**
> 관행적으로 함수 정의나 클래스 정의와 같이 코드 블록과 블록 사이는 한 줄을 띄운다. 메인 테스트 코드는 파일의 끝에 넣고, 클래스 및 함수 정의 부분과 메인 테스트 코드 사이는 두 줄을 띄운다.

클래스가 어떻게 재활용 용도로 사용되는지 예제를 하나 더 보자. 아래 코드는 세 개의 Point 객체를 생성하고 기울기를 구하는 프로그램이다. Point 클래스로부터 다수의 객체를 쉽게 만들어낼 수 있음을 볼 수 있다.

```
### Point 클래스
class Point:
    def __init__(self, x, y):                    # 생성자 메소드, 필드변수는 x와 y
        self.x = x
        self.y = y

    def slope(self):
        return self.y / self.x


### 여기부터는 메인 테스트 코드
point1 = Point(4, 3)                             # Point 객체 생성
print(point1.slope())                            # slope() 메소드 호출 결과 출력

point2 = Point(10, 20)
print(point2.slope())

point3 = Point(110, 100)
print(point3.slope())
```

22) 결과적으로 클래스에 있는 모든 메소드는 첫 번째 파라미터로 self 파라미터를 선언해야 한다. 단 멤버 메소드가 아니라면 없어도 된다. self라는 이름은 관행으로 사용하는 명칭으로써 다른 이름을 사용해도 된다.

연습문제

01 파이썬의 모든 자료형들을 찾아보고 각 자료형을 예를 들어 설명하시오.

02 변수와 필드변수의 차이는 무엇인가?

03 객체를 구성하는 두 가지 구성 요소는 무엇인가?

04 클래스의 생성자 메소드인 __init__( ) 메소드에 대해 상세히 설명하시오.

05 구구단 클래스를 작성하시오. 필드변수는 현재 단을 나타내는 dan이고 메소드는 현재 단을 출력하는 gugudan(self)이다. 클래스 이름은 Gugudan이라 하자.

06 원의 면적을 구하는 클래스를 작성하시오. 필드변수는 반지름을 나타내는 radius이고 메소드는 원의 면적을 구하는 area(self)이다. 클래스 이름은 Circle로 하자.

07 사각형의 면적을 구하는 클래스를 작성하시오. 필드변수는 가로, 세로를 나타내는 width와 height이고 메소드는 사각형의 면적을 구하는 area(self)이다. 클래스 이름은 Rectangle이다.

08 과목별 점수를 관리하는 클래스를 작성하시오. 필드변수는 점수들을 저장할 파이썬 리스트 scores이고 초기값은 scores = [80, 90, 70, 100]이다. 메소드에는 평균을 구하는 average(self) 메소드, 최고 점수를 찾는 highest(self) 메소드, 두 번째로 높은 점수를 찾는 secondHighest(self) 메소드가 있다. 클래스 이름은 Scores이다.

09 0과 1로 이루어진 이진수 문자열을 십진수로 바꾸는 함수, bin2dec(s)를 작성하시오.

10 "기러기", "소주 만병만 주소", "Step on no pets"처럼 문장을 거꾸로 읽어도 원래 문장과 같은 문장을 팰린드롬(palindrome)이라 한다. 어떤 문장이 팰린드롬인지 검사하는 함수, palindrome(phrase)을 작성하시오.

11 11, 12, 1121, 122111, 112213, 12221131, 1123123111, 12213111213113, ...과 같은 수열을 개미 수열이라 한다.[23] 개미 수열을 *n*번째까지 출력하는 함수, lookAndSaySequence(n)를 작성하시오.

23) 출처: https://en.wikipedia.org/wiki/Look-and-say_sequence. 예를 들어 수열 12는 "1이 하나, 2가 하나"로 읽을 수 있으므로 12 다음 수열은 1121이다. 하지만 영어권에서는 "하나의 1, 하나의 2"로 읽어 1112로 나타내기도 한다.

Part Ⅱ

자료구조

CHAPTER

03 자료구조 분석

컴퓨터 프로그램이 하는 일은 데이터를 다루는 일이다. 데이터를 다룬다는 것은 구체적으로 어떤 일일까. 우리나라 주민등록 데이터를 보자. 출생신고가 있으면 주민등록 데이터를 새로 만들어 추가하고 사망신고가 있으면 해당 데이터는 삭제되어야 한다. 또 어떤 일이 있을까. 가장 잦은 일은 등본이나 초본의 발급이다. 이때 하는 일은 주민등록번호로 특정 데이터를 찾는 일이다. 그 외에도 전입신고나 전출신고가 있을 때 해당 주민등록 데이터를 찾아 수정하는 일, 각종 통계를 위해 전 국민의 데이터를 읽는 일, 또는 특정 조건에 맞는 데이터들만 검색하는 일 등이 있다. 그중 가장 기본이 되는 일은 무엇일까, 나아가 주민등록 데이터뿐만 아니라 다양한 분야에서 데이터를 처리할 때 공통적으로 필요한 일은 무엇일까. 바로 데이터의 추가, 삭제, 검색, 즉 넣기, 빼기, 찾기이다.

컴퓨터에 데이터를 저장하고 관리하는 방법, 즉 자료구조는 무수히 많다, 필요한 연산 또한 정의하기 나름이다. 자료구조를 분류하는 방법 또한 그 관점에 따라 다양하다. 구현 방법에 따라, 또는 저장 방법에 따라 분류할 수 있다. 대표적인 자료구조를 구현 방법에 따라 분류해보면 아래와 같다.

- 배열
- 링크드 리스트[1)]
- 트리
- 해시 테이블

저장 방법에 따라 분류하기도 한다.

- **선형 자료구조**: 배열, 링크드 리스트
- **비선형 자료구조**: 트리, 해시 테이블

---

1) 영어는 linked list. 우리말로는 "연결 리스트"를 더 많이 사용하기는 하지만 이 책에서는 "링크드 리스트"로 표기한다.

또한 구현 방법이나 저장 방법에 상관없이 응용 시스템이 필요로 하는 연산들을 자유로이 정의함으로써 새로운 자료구조를 만들 수도 있다. 즉, 넣기, 빼기, 찾기 등의 연산이 어떻게 동작할지만을 규정하고 실제 구현은 배열로 할 수도 있고 링크드 리스트로 할 수도 있다. 이러한 응용 자료구조의 대표적인 예는 스택, 큐, 그래프이다.

이제 이 책의 2부인 자료구조에서 본격적으로 여러 자료구조들을 살펴볼 것이다. 어떤 자료구조를 안다는 것은 다음과 같은 3단계 과정을 이해하는 것이라 할 수 있다.

1. 자료구조의 정의
2. 3대 기본 연산의 구현
3. 시간복잡도 분석

첫째, 자료구조의 정의는 데이터 저장 방식과 기본 구조를 정의하는 것이고, 둘째, 3대 기본 연산의 구현은 실제 코드 작성, 셋째, 시간복잡도 분석은 각 연산의 시간복잡도를 분석하는 것이다.

한편, 여러 다양한 자료구조 중에 어떤 자료구조가 더 좋은지는 어떻게 판단할까. 이번 장에서는 자료구조 선택 기준과 자료구조 분석 방법에 대해 알아본다.

3.1 자료구조의 기본 연산

자료구조의 선택

초등학생 때 영어 공부를 하면서 단어장을 사용해 본 경험을 떠 올려보자. 물론 스마트폰의 메모장이나 단어장 앱을 주로 사용했겠지만 단어들이 실제로 어떻게 저장되고 이용되는지 생각해보기 위해 작은 수첩에 손글씨로 쓴 진짜 단어장을 사용한다고 해보자. 이제 단어장 활용 시나리오를 생각해보자. 모르는 단어가 나오면 단어장에 쓰기, 버스에서 단어장을 펼쳐 적어 놓은 단어들을 처음부터 복습하기, 어떤 단어를 단어장에서 찾아보기 등이 있다. 그럼 질문 하나, 단어들을 어떤 순서로 쓰면 좋을까?

의외로 꽤 다양한 방법이 있다.

1. 모르는 단어가 나올 때마다 차곡차곡 쓰기
2. 단어장의 각 페이지를 A에서 Z로 표시하고 알파벳 순서대로 해당 페이지에 쓰기
3. 명사, 동사, 형용사, 부사, 전치사 등 품사별로 분류하여 쓰기
4. 마인드맵으로 작성하기
5. 세로로 쓰기
6. 뒤에서부터 쓰기
7. 어려운 단어는 앞에, 쉬운 단어는 뒤에 쓰기

활용성과 관계없이 방법 자체만 생각해보면 이외에도 수도 없이 많이 만들 수 있다. 이제, 그중 한 가지를 선택해보자. 여러분의 선택은 무엇인가? 또 그 선택의 근거는 무엇인가?

선택의 기준은 아마도, 나는 그 단어장을 주로 어떻게 활용하는지, 즉 어떤 식으로 단어장의 단어들을 공부하는지일 것이다. 단어장을 펼쳐 처음부터 읽어가며 복습하기를 주로 한다면 1번 방법, 특정 단어 찾아보기를 주로 한다면 사전처럼 찾기 쉬운 2번 방법, 오늘은 명사, 내일은 동사처럼 품사별로 복습한다면 3번 방법이 적합해 보인다.

한편 단어를 적을 때의 수고 또한 생각해보아야 한다. 단어 쓰기가 가장 간단한 방법은 1번이다. 2번이나 3번은 새 단어를 어디에 적을지, 단어의 알파벳 순서 또는 품사 순서에 따라 단어장을 뒤적이는 수고가 더해진다.

3대 기본 연산

단어장에 대해 하는 일은 첫째, 새 단어를 추가하는 일과 둘째, 단어를 찾아 읽는 일이다. 단어를 지우는 일도 흔하지는 않지만 완전히 외웠다면 지울 수도 있으니 세 번째는 단어를 지우는 일이라 할 수 있다. 물론 이 외에도 더 다른 일들, 예를 들어 완전히 외운 페이지를 아예 뜯어버리거나, 단어장이 꽉 차서 새 페이지를 추가한다거나, 단어장이 낡아 새 단어장으로 옮겨 쓴다거나 하는 일들도 있지만 가장 기본적인 일은 위의 세 가지, 즉 새로운 단어 넣기, 단어 빼기, 단어 찾기라 할 수 있다.

프로그램의 자료구조 또한 마찬가지이다. 앞의 주민등록 예와 같이 주민등록 데이터에 대해 할 수 있는 일, 즉 연산은 수도 없이 많지만 가장 기본적인 일은 데이터의 추가, 삭제, 검색, 즉 데이터의 넣기, 빼기, 찾기이다.

이 세 가지 일을 자료구조의 3대 기본 연산이라 한다.

1. 넣기
2. 빼기
3. 찾기

따라서 자료구조의 선택 기준은 이 세 가지 기본 연산이 얼마나 효율적으로 수행되는지를 따져보는 것이다. 그 방법에 대해서는 다음 절에서 살펴본다.

3.2 자료구조의 분석

앞 절의 단어장을 구성하는 방식들 중에 1번과 2번의 효율성을 한번 분석해보자. 1번 방식, 즉 알파벳 순서에 상관없이 차곡차곡 적어가는 방식에서 단어를 넣는 일은 아주 간단하다. 맨 뒤에 적으면 된다. 하지만 단어를 찾는 일은 시간이 좀 걸린다. 단어들이 순서없이 적혀있기 때문에 단어장의 첫 장부터 찾는 단어를 발견할 때까지 훑어보아야 한다.

2번 방식, 즉 알파벳순으로 단어를 기록하는 방식에서 단어를 넣을 때는 먼저 순서에 맞는 위치를 찾아야하므로 단어장 페이지들을 조금 뒤적이는 수고를 해야 한다. 반면에 단어를 찾을 때는 단어장에 단어들이 알파벳 순서로 적혀있기 때문에 찾는 단어의 첫 글자만 봐도 단어장의 앞쪽에 있는지 뒤쪽에 있는지 알 수 있어 1번 방식보다는 훨씬 수월하다.

위 두 가지 방식에서 단어를 넣는 일과 찾는 일을 처리할 때 걸리는 개략적인 시간을 비교해보면 아래와 같다.

하는 일	1번 방식 (순서 상관없이 차곡차곡 저장)	2번 방식 (알파벳 순서대로 저장)
단어 넣기	빠르다	조금 느리다
단어 찾기	느리다	조금 빠르다

단어장을 활용하는 형태가 특정 단어를 찾기보다는 틈틈이 단어장 처음부터 복습하는 일을 주로 한다면 1번 방식이 적합하고, 단어 찾기를 주로 한다면 2번 방식이 더 적합할 것이다.

자료구조 분석 방법

자료구조 분석의 보다 일반적인 명칭은 알고리즘 분석이다. 알고리즘 분석은 분석 대상의 범위의 차이만 있을 뿐 코드 분석이나 프로그램 분석과 거의 같은 말이다. 공통적으로 모두 프로그램의 성능 분석이 핵심이기는 하지만 용어에 따라 관점은 조금씩 다르다. 먼저 프로그램 분석은 프로그램의 정확성, 오류 상황에 대처하는 견고성, 안정성과 같은 프로그램의 전반적인 동작을 분석하는 것이다.[2] 코드 분석은 프로그램 분석과 같은 말로써 코드 실행 중에 그 동작을 분석하는 동적 코드 분석과 코드 실행 없이 분석하는 정적 코드 분석으로 구분하기도 한다.[3)]

코드 분석이나 프로그램 분석이 프로그램 전체를 대상으로 하는 반면에 알고리즘 분석이나 자료구조 분석은 프로그램의 주요 핵심 부분만을 대상으로 한다. 따라서 수행 시간과 소요 메모리와 같은 알고리즘 성능 분석에 초점을 둔다. 알고리즘 분야에서는 이 두 가지 성능 분석, 즉 수행 시간 분석과 메모리 공간 분석을 시간복잡도와 공간복잡도라고 한다.[4)] 한편 컴퓨터의 성능이 향상되고 메모리가 풍부해짐에 따라 공간복잡도 분석은 이제 의미가 없고 주로 시간복잡도만 다룬다.

알고리즘의 시간복잡도

알고리즘의 시간복잡도란 컴퓨터가 알고리즘을 수행하는데 걸리는 시간을 표현하는 방법을 의미한다. 하지만 컴퓨터의 종류가 워낙 다양하고 같은 프로그램이라도 컴퓨터 성능에 따라 그 수행 시간이 크게 달라질 수 있으므로 시간복잡도를 실제 컴퓨터의 실행 시간으로 나타내는 것은 적절하지 않다. 따라서 알고리즘의 시간복잡도는 알고리즘 수행에 필요한 기본 연산의 개수로 나타낸다. 여기서 기본 연산이란 CPU의 명령어, 즉 어셈블리 언어 명령어 수준의 연산으로, 예를 들면 두 정수의 덧셈이나 두 정수를 비교하는 연산이 기본 연산이다.

예를 들어 어떤 프로그램을 수행하는데 10억 번의 정수 덧셈 연산과 10억 번의 비교 연산이 필요하다고 하면 이 프로그램의 시간복잡도는 20억이라고 할 수 있다. 만약 이 프로그램을 4 GHz[5)] 클럭 속도의 CPU로 동작하는 컴퓨터에서 실행한다면 소요시간은 20억 클럭 시간,[6)] 즉 0.5초가 걸리고,[7)] 같은 20억이라도 1GHz 클럭 속도의 CPU 컴퓨터라면 실제 소요 시간은 2초가 걸린다.

따라서 알고리즘의 시간복잡도는 실제 컴퓨터 수행시간이 아니라 알고리즘 수행에 필요한 CPU 명령어 수준의 기본 연산의 개수로 나타낸다.

---

2) 출처: 위키피디어, 프로그램 분석, https://en.wikipedia.org/wiki/Program_analysis
3) 출처: 위키피디어, 정적 프로그램 분석, https://en.wikipedia.org/wiki/Static_program_analysis
4) 시간복잡도: time complexity, 공간복잡도: space complexity
5) 기가 헤르츠
6) 이 컴퓨터는 초당 40억 클럭으로 동작하고, 대부분의 기본 연산은 CPU의 한 클럭에 수행되므로
7) 한 클럭 당 한 개의 CPU 명령어를 수행한다고 가정하면 4GHz CPU는 1초에 40억 개의 CPU 명령어를 수행할 수 있다.

단어장 자료구조

프로그램의 시간복잡도 분석의 실제 사례를 살펴보기 위해 단어장 앱을 직접 만들어보자. 단어장 구성은 앞의 3.1절의 1번 방식, 단어를 처음부터 차곡차곡 적는 방법으로 하자. 구현 방법은 파이썬 리스트 객체이다.[8] 이에 따라 3대 기본 연산을 정의하면, 넣기 연산은 리스트의 맨 뒤에 넣기, 찾기 연산은 주어진 단어 찾기, 빼기 연산은 주어진 단어 빼기가 된다. 클래스 이름은 WordNotebook이고, 완성된 코드는 아래와 같다.

```
### 단어장 앱 자료구조, WordNotebook 클래스 - 필드변수는 파이썬 리스트 객체인 notebook
class WordNotebook:
    def __init__(self):                         # 단어장 객체 생성 메소드
        self.notebook = list()

    def add(self, word):                        # 넣기 연산 - 순서없이 차곡차곡
        self.notebook.append(word)

    def find(self, wordToFind):                 # 찾기 연산
        for word in self.notebook:              # 단어장에 있는 각각의 word 단어에 대해
            if self.match(word, wordToFind):
                return word

    def match(self, word, wordToFind):          # 찾는 단어가 맞는지 비교하기
        for i in range(len(wordToFind)):        # 찾는 단어의 글자 수만큼만 비교9)
            if word[i] != wordToFind[i]:
                return False
        return True

### 메인 테스트 코드
myNotebook = WordNotebook()                     # WordNotebook 객체 생성

myNotebook.add("data: 자료")                    # 단어 넣기
myNotebook.add("structure: 구조")               # 단어 넣기

print(myNotebook.find("structure"))             # 단어 찾기10)
```

---

8) 프로그램을 구현하는 방법은 다양하다. 저장 방식 또한 배열, 링크드 리스트, 트리, 해시 테이블 등 다양하다. 여기서는 상대적으로 가장 간단한 저장 방식인 배열, 즉 파이썬 리스트로 구현했다.

9) 단어장에 들어있는 word는 영어 단어와 뜻이 함께 들어있는 문자열이고, 찾는 단어인 wordToFind는 단어만 들어있는 문자열이므로 문자열 길이가 짧은 wordToFind의 글자 수만큼만 비교한다.

먼저 WordNotebook 클래스의 메소드들을 보자. 첫 번째 메소드는 객체를 생성하는 __init__( ) 메소드이다. 필드변수는 단어들을 저장할 파이썬 리스트 객체, self.notebook 이다.

두 번째 메소드는 넣기 연산인 add( ) 메소드이다. 저장 방식은 단어들을 차곡차곡 넣는 것이므로 파이썬 리스트의 append( ) 메소드를 사용하여 self.notebook 리스트 맨 뒤에 넣었다.

세 번째는 find( ) 메소드이다. 파라미터, wordToFind는 찾는 단어이다. for-in 반복문으로 self.notebook에 들어있는 단어, word가 찾는 단어인지 self.match( ) 메소드에서 확인한다.

끝으로 self.match( ) 메소드는 find( ) 메소드에서 사용하는 내부 메소드로써 단어장에 있는 단어가 찾는 단어인지 두 단어를 비교하는 메소드이다.

단어장 자료구조의 시간복잡도 분석

각 메소드의 시간복잡도를 계산해보자. 첫째, __init__( ) 메소드는 리스트 객체를 생성하는 생성자 메소드, list( )를 호출하지만 이 함수는 파이썬의 내장함수이므로 여기서는 생략한다. 둘째, add( ) 메소드 또한 리스트 객체의 내부 메소드, list.append( )를 사용하기 때문에 역시 정확히 분석할 수는 없지만 리스트 객체 생성이나 리스트에 원소 하나를 추가하는 코드는 기본 연산 수 개 수준으로 예상해 볼 수 있다.

find( ) 메소드를 보기 전에 find( ) 메소드에서 사용하는 match( ) 메소드를 먼저 보자. match( ) 메소드는 두 단어가 같은지 비교하는 메소드로써 찾는 단어인 wordToFind의 글자 수만큼 반복하여 비교를 수행한다. 찾는 단어가 단어장에 들어있는지 없는지에 따라 반복 횟수, 즉 비교 횟수는 달라지지만 보수적으로 대략 10이라 하자.[11)]

끝으로 find( ) 메소드를 보자. for 반복문을 통해 단어를 찾을 때까지, 최대 self.notebook에 들어있는 단어 수만큼 반복을 하며, 각 반복마다 match( ) 메소드를 수행한다. 반복 횟수는 몇 번이라고 해야 할까. 문제는 찾는 단어에 따라, 즉 찾는 단어가 단어장 어디에 있느냐에 따라 반복 횟수가 달라진다. 찾는 단어가 단어장의 맨 앞에 있다면 단 한 번이다. 만약 맨

---

10) 파이썬 문자열 객체도 find( ) 메소드를 제공하지만 여기서의 find( ) 메소드는 WordNotebook 클래스의 메소드이다.

11) 비교 횟수를 보다 정확하게 분석하려면, 찾는 단어가 단어장에 있을 확률(단어장에 있다면 찾는 단어의 글자 수만큼 비교해야 하고 없다면 일치하는 글자 한두 개만 비교하게 될 것이므로), 영어 단어의 평균 길이 등을 복합적으로 검토해야 한다. 여기서는 간단히 대략 10이라고 가정했다.

뒤에 있다면? 또한 평균은? 이 질문에 답하려면 단어장에 적혀있는 단어가 모두 몇 개인지 알아야 한다. 전체 단어의 수를 n이라 하면 반복 횟수는 최대 n이고 평균 $n/2$이다. 한편 각 반복마다 match( ) 메소드를 수행하고, 이 match( ) 메소드는 10개의 기본 연산을 수행하므로 find( ) 메소드의 기본 연산 수행 횟수는 최소 1×10, 최대 $n \times 10$, 평균 $n/2 \times 10$이다.[12)]

그래서 find( ) 메소드의 시간복잡도는 도대체 얼마인가.

알고리즘의 시간복잡도는 이처럼 세 가지 경우로 나타낼 수 있지만 최소 경우는 운이 좋은 예외적인 경우라 할 수 있으므로 좋은 답이 아니다. 따라서 최대 경우와 평균 경우를 주로 고려하고, 그래도 하나만 선택하라면 보수적인 관점에서 보통 최대 경우를 이야기한다.

따라서 WordNotebook 클래스의 find( ) 메소드의 시간복잡도는 얼마인가라는 질문에 대한 답은 $10n$이다.

12) 세 경우를 영어로는 best case, worst case, average case라고 하고 우리말로는 최선의 경우, 최악의 경우, 평균 경우로 부르기도 한다. 하지만 여기서는 최소 경우, 최대 경우, 평균 경우로 표기한다.

연습문제

01 자료구조의 3대 기본 연산은 무엇인가?

02 WordNotebook 클래스에서 단어를 맨 앞에 넣는 addFirst( ) 메소드를 작성하시오. 메소드 형식은 addFirst(self, word)이고 word는 넣을 단어이다.

03 WordNotebook 클래스에서 빼기 연산인 delete( ) 메소드를 작성하시오. 메소드 형식은 delete(self, word)이고 word는 삭제할 단어이다.

04 delete( ) 메소드의 최대 경우 시간복잡도를 구하시오.

05 WordNotebook 클래스에서 가장 긴 문자열을 찾는 메소드를 작성하시오. 메소드 형식은 longest(self)이다.

06 longest( ) 메소드의 최대 경우 시간복잡도를 구하시오.

07 WordNotebook 클래스에서는 단어를 넣을 때 중복 여부 검사 없이 추가하기 때문에 같은 단어가 두 번 이상 저장될 수 있다. 중복된 단어를 제거하는 메소드를 작성하시오. 메소드 이름은 eliminateRedundancy(self)이다.

08 eliminateRedundancy( ) 메소드의 최대 경우 시간복잡도를 구하시오.

09 WordNotebook 클래스는 단어들을 파이썬 리스트로 저장했다. 단어들을 파이썬 집합으로 저장하는 클래스를 작성하시오. 메소드는 넣기, 빼기, 찾기인 add(self, word), delete(self, word), find(self, word)이다. 클래스 이름은 WordNotebookBySet으로 하자.

10 WordNotebookBySet 클래스의 세 가지 기본 연산 메소드들의 시간복잡도를 구하시오.

CHAPTER

04 배열

4.1 기본 배열 자료구조

배열은 다수의 데이터를 연속으로 저장하는 자료구조이다.[1] 각각의 데이터는 배열 안에서 그 데이터의 위치, 즉 인덱스로 접근한다. 인덱스는 1이 아니라 0부터 시작한다. 대부분의 프로그래밍 언어에서 배열은 대괄호([ ])로 표시한다. 예를 들어 세 개의 숫자가 저장되어 있는 배열, a = [8, 7, 5]에서 a[2]는 2번째 인덱스에 있는 데이터, 즉 5를 지칭한다.

앞에서 언급한 바와 같이 자료구조는 정의하기 나름이다. 이 책에 없는, 아니 아직 세상에 한 번도 등장하지 않은 나만의 자료구조도 만들 수 있다. 새로운 자료구조를 만든다는 것은 2부 서두에 설명한 것처럼 1) 자료구조의 정의, 2) 넣기, 빼기, 찾기의 3대 기본 연산 구현, 3) 각 연산의 시간복잡도를 분석하는 일이다.

3.2절의 단어장 앱 자료구조를 위 3단계로 정의해보자. 첫 번째 단계, 자료구조의 정의이다.

기본 배열 자료구조	정의		메소드
	데이터를 연속으로 앞에서부터 뒤로 차곡차곡 저장하는 배열		
3대 기본 연산	넣기	데이터를 맨 뒤에 추가	add( )
	빼기	지정된 데이터 삭제	delete( )
	찾기	데이터 찾기	find( )

1) 배열(array)은 연속된 메모리 공간을 할당하는 하드웨어 메모리에 가까운 자료구조로써 다른 복잡한 자료구조들을 구현하는 바탕이 된다. 따라서 책에 따라서는 배열을 별도의 자료구조로 취급하지 않는 경우도 많다.

두 번째 단계, 넣기, 빼기, 찾기의 3대 기본 연산 구현은 3.2절의 코드와 같다. 세 번째 단계, 3대 기본 연산의 시간복잡도는 아래와 같다.

기본 배열 자료구조	3대 기본 연산	빅오 복잡도
시간복잡도	add( )	$O(1)$
	delete( )	$O(n)$
	find( )	$O(n)$

시간복잡도를 위 표와 같이 나타내는 것을 빅오 복잡도 또는 빅오 표기법이라 한다.[2] 빅오 표기법은 시간복잡도를 더 단순화하여 대략적으로 나타내는 방법으로써 복잡도 함수의 최고차항만을 표시한다. 예를 들어 3.2절의 find( ) 메소드의 시간복잡도는 $10n$이므로 이 함수의 최고차항은 n이다. 따라서 $10n$을 빅오 표기법으로 쓰면 $O(n)$이다.

기본 배열 자료구조의 빼기는 특정 단어를 찾아 삭제하는 연산이므로 먼저 삭제할 단어를 찾아야 한다. 따라서 빼기 연산인 delete( ) 메소드의 시간복잡도는 적어도 찾기 연산인 find( ) 메소드 수준으로 $O(n)$이다. delete( ) 메소드의 구현은 연습문제로 남긴다.

한편, 넣기 연산 add( ) 메소드의 빅오 복잡도가 $O(1)$이라는 것은 그 복잡도가 입력의 크기, n에 관계없이 단지 상수 개의 기본 연산만 수행됨을 나타낸다.

2) 빅오(big O)는 영어 대문자 O를 나타내며 수학 방정식의 차수를 의미하는 order의 약자이다.

4.2 정렬된 배열 자료구조

이번 절에서는 3.1절의 단어장 앱을 구현하는 2번 방식, 즉 단어를 알파벳 순서로 저장하는 정렬된 배열 자료구조를 만들어보자. 정렬된 배열 자료구조란 데이터를 저장할 때 데이터가 숫자이면 오름차순 또는 내림차순으로, 문자열이면 사전처럼 알파벳 순서로 저장하는 방식으로써 순서 없이 저장했을 때보다 데이터를 훨씬 빠르게 찾을 수 있다.

정렬된 배열 자료구조의 정의는 아래와 같다.

<table>
<tr><th rowspan="2">정렬된 배열 자료구조</th><th colspan="2">정의</th><th>메소드</th></tr>
<tr><td colspan="3">오름차순으로 정렬하여 데이터를 연속으로 저장하는 배열</td></tr>
<tr><td rowspan="3">3대 기본 연산</td><td>넣기</td><td>데이터를 순서에 맞게 추가</td><td>add( )</td></tr>
<tr><td>빼기</td><td>지정된 데이터 삭제</td><td>delete( )</td></tr>
<tr><td>찾기</td><td>데이터 찾기</td><td>find( )</td></tr>
</table>

3대 기본 연산의 구현

응용 대상은 3장에서와 같이 단어장 앱이다. 따라서 개별 데이터는 단어 문자열이다. 저장 방법은 3장에서와 같이 파이썬 리스트로 하자.

클래스 이름은 WordNotebookSorted이다. 필드 변수는 3장의 WordNotebook 클래스와 마찬가지로 파이썬 리스트 객체, self.notebook이다.

이번에는 찾기 연산인 find( ) 메소드부터 만들어보자. 어떤 방법이 좋을까. 직관적으로 떠오르는 방법은 역시 3.2절의 WordNotebook 클래스의 find( ) 메소드처럼 단어장의 단어들을 처음부터 차례대로 찾을 단어와 비교해보는 것이다. 좀 더 나은 방법은 없을까. 책으로 된 사전에서 단어를 찾는 방법이 있다. 단어장의 중간을 펼쳐 거기에 있는 단어와 찾는 단어를 비교해보고 찾는 단어의 알파벳 순서가 더 앞이면 단어장 앞쪽에서, 그렇지 않으면 단어장 뒤쪽에서 찾는 방법이다. 바로 구현해보자.

단어 찾기 알고리즘을 정리하면, 1) 중간을 펼친다, 2) 비교해본다, 아직 못 찾았다면 다시 앞쪽 반이나 뒤쪽 반에서 1)과 2)를 반복한다. 이처럼 동일한 동작이 반복되면 재귀 함수로 구현할 수 있다.[3] 재귀 함수로 만든 find( ) 메소드는 아래와 같다.

```
### WordNotebookSorted 클래스: 단어를 정렬된 배열로 저장하는 단어장 자료구조
class WordNotebookSorted:
    def __init__(self):
        self.notebook = list()

    def find(self, wordToFind):    # 외부에서 호출할 때 사용하는 찾기 메소드
        wordCount = len(self.notebook)
        if wordCount != 0:
            return self.findRecursive(wordToFind, 0, wordCount - 1)

    def findRecursive(self, wordToFind, start, end): # 재귀적 찾기 메소드
        middle = int((start + end) / 2)              # 중간 위치 계산
        if self.match(self.notebook[middle], wordToFind):
            return self.notebook[middle]
        elif start < end:           # 찾는 단어가 아니고, 아직 두 개 이상 남았다면
            if wordToFind < self.notebook[middle]:    # 찾는 단어가 앞에 있다면
                return self.findRecursive(wordToFind, start, middle - 1)
            else:                                     # 찾는 단어가 뒤에 있다면
                return self.findRecursive(wordToFind, middle + 1, end)

    def match(self, word, wordToFind):   # wordToFind 문자열이 word의 앞부분과 같은지
        for i in range(len(wordToFind)):
            if word[i] != wordToFind[i]:
                return False
        return True
```

재귀적으로 찾는 과정에서, 위 1)과 2)의 펼쳐보고 비교해보는, 즉 반복되는 동작은 같지만 그 범위는 매번 다르다. 따라서 재귀 함수를 구현하려면 달라지는 그 범위 정보까지 알려 주어야 한다. 그렇게 작성된 코드가 findRecursive( ) 메소드이다.[4] 먼저 파라미터를 보자.

---

3) 아래 "재귀 함수 프로그램의 작성" 참고

4) find( ) 메소드를 findRecursive( ) 메소드와 분리한 이유는, 이 클래스 외부에서는 find( ) 메소드의 구현이 재귀 함수로 구현되었는지 일반 함수로 구현되었는지 알 필요가 없기 때문이다. 즉 이 클래스 밖에서 찾기 메소드를 호출할 때의 파라미터는 단지 찾을 단어만 주는 것이 상식적이라 할 수 있다.

wordToFind는 찾는 단어, start와 end는 찾는 범위로써 처음과 끝 인덱스이다. 코드를 보자.

재귀(recursive) 함수 프로그램의 작성

함수 안에서 자기 자신을 호출하는 함수를 재귀 함수(recursive function)라 한다. 재귀 함수는 수학의 함수를 그대로 구현하여 코드가 간결하다는 장점이 있다. 재귀 함수를 작성하는 방법은 아래와 같이 두 단계로 작성한다.

1) 자기 자신을 호출하는 일반항
2) 일반항에 해당되지 않는 경우, 즉 재귀 호출 종결 조건

예를 들어 피보나찌 수를 구하는 프로그램을 재귀 함수로 작성해보자. *n*번째 피보나찌 수, F_n의 수학적 정의는 아래와 같다.

$$F_0 = 0$$
$$F_1 = 1$$
$$F_n = F_{n-1} + F_{n-2} \quad n \geq 2$$

이제 *n*번째 피보나찌 수를 구하는 파이썬 함수, fibonacci( )를 만들어보자. 먼저 1단계인 일반항 코드를 작성하면 아래와 같다.

```
def fibonacci(n):
    return fibonacci(n-1) + fibonacci(n-2)
```

이어서 2단계, 일반항에 해당되지 않는 경우를 추가하여 완성하면 아래와 같다.

```
def fibonacci(n):
    if n == 0:                    # 0번째 경우
        return 0
    elif n == 1:                  # 1번째 경우
        return 1
    else:                         # 일반항
        return fibonacci(n-1) + fibonacci(n-2)
```

먼저 11번째 줄에서 범위의 중간을 계산하여 middle 변수에 저장했다. 이어서 middle번째 저장된 단어와 찾는 단어를 비교하여 같으면 바로 그 저장된 단어를 리턴하고, 같지 않고 아직 다 찾아본 것이 아니면, 즉 start가 end보다 작으면, 다음에 찾아볼 범위가 앞쪽인지 뒤쪽인지를 결정하기 위해 두 단어의 알파벳 순서를 비교한다. 찾는 단어인 wordToFind의

순서가 더 앞이라면 앞쪽에서 찾아야 하므로 다음 찾을 범위의 처음 위치는 그대로 start이고 끝 위치는 방금 비교해 본 middle보다 하나 앞인 middle−1이다.[5] 반대로 WordToFind의 순서가 더 뒤라면 다음에 찾을 범위의 처음과 끝 인덱스는 middle+1과 end이다.

find( ) 메소드는 외부, 즉 메인 테스트 코드에서 호출할 때 사용되는 메소드로 파라미터는 찾는 단어인 wordToFind이다. find( ) 메소드의 기본 역할은 findRecursive( ) 재귀 메소드의 호출을 시작시키는 것이다. 이때 찾는 범위는 단어장의 처음부터 끝까지이므로 0에서부터 self.notebook 배열의 크기, 즉 wordCount에서 1을 뺀 수이다.[6] 단어장이 비어있으면 findRecursive( ) 메소드를 호출할 필요가 없으므로 6번째 줄과 같이 배열의 크기, 즉 wordCount가 0인지 비교하는 코드를 추가했다. 단어장의 단어와 찾는 단어를 비교하는 match( ) 메소드는 3.1절과 동일하다.

다음은 넣기 연산이다. 정렬된 배열 자료구조의 넣기 연산은 데이터를 순서에 맞게 넣어야 하므로 먼저 넣을 위치를 찾아야 한다. 넣을 위치 찾기는 바로 find( ) 메소드와 같다. 배열은 데이터를 연속으로 저장하므로 데이터를 배열 중간에 추가하기 위해서는 데이터가 들어갈 공간을 만들어야 한다. 따라서 새로운 단어가 들어갈 위치에 있는 기존 단어와 그 뒤 모든 단어들을 한 칸씩 뒤로 밀어내야 한다.[7]

아래 코드를 보자. 재귀 코드로 구현한 addRecursive( ) 메소드의 첫 줄은 재귀 호출의 종결 조건이다. 즉 찾는 범위의 시작인 start가 end보다 커지면 찾기는 종료되고 그 위치가 바로 새 단어가 들어갈 자리이다. 새 단어를 넣을 공간을 확보하기 위해 36번째 줄과 같이 for 반복문으로 새 단어가 들어갈 위치의 기존 단어부터 그 뒤의 모든 단어들을 한 칸씩 뒤로 밀어냈다. 끝으로 38번째 줄과 같이 start 위치에 새 단어, word를 넣었다.

add( ) 메소드는 외부에서 호출할 때 사용하는 외부 인터페이스 용도로써 그 역할은 find( ) 메소드의 경우와 마찬가지로 addRecursive( ) 메소드의 재귀 호출을 시작시키는 일이다. 만약 배열이 비어 있다면 addRecursive( ) 메소드를 호출할 필요 없이 바로 넣으면 되므로 self.notebook 배열의 크기가 0인지 비교하는 코드를 추가했다. 완성된 넣기 연산은

---

5) 16번째 줄

6) 파이썬은 물론 프로그래밍 언어의 배열은 0부터 시작하므로 배열의 크기가 *n*일 때 마지막 데이터, 즉 *n*번째 데이터의 인덱스는 *n*-1이다.

7) 물론 파이썬 리스트의 메소드들 중에 데이터를 중간에 넣는 insert( ) 메소드가 있지만 여기서는 해당 연산의 구체적인 동작 이해와 시간복잡도 분석의 이해를 돕기 위해 가능하면 파이썬이 제공하는 메소드를 사용하지 않고 직접 구현해본다.

아래와 같다.

```
25      def add(self, word):                    # 외부에서 호출할 때 사용하는 찾기 메소드
26          wordCount = len(self.notebook)
27          if wordCount == 0:
28              self.notebook.append(word)
29          else:
30              self.addRecursive(word, 0, wordCount - 1)
31
32      def addRecursive(self, word, start, end):         # 재귀적 넣기 메소드
33          if start > end:                               # 넣을 위치를 찾았다면
34              lastIndex = len(self.notebook) - 1        # 마지막 단어의 인덱스
35              self.notebook.append(0)                   # 배열을 한 칸 늘림
36              for i in range(start, lastIndex): # 넣을 위치부터 마지막까지 한 칸씩 옮김
37                  self.notebook[i + 1] = self.notebook[i]
38              self.notebook[start] = word               # 넣을 위치에 단어 추가
39          else:                                         # 넣을 위치 계속 찾기
40              middle = int((start + end) / 2)
41              if word < self.notebook[middle]:
42                  self.addRecursive(word, start, middle - 1)
43              else:
44                  self.addRecursive(word, middle + 1, end)
```

시간복잡도 분석

시간복잡도의 최종 결과는 4.2장 서두의 설명과 같이 복잡도 함수의 최고차항만 표시하는 빅오 복잡도이므로 기본 연산의 개수를 빠짐없이 정확하게 계산하는 것은 큰 의미가 없다. 따라서 입력의 크기, n에 비례하여 수행되는 기본 연산을 위주로 계산한다.

먼저 찾기 연산부터 보자. 출발은 find( ) 메소드이다. 첫째 줄에서 파이썬 리스트의 길이를 구하는 len( ) 함수가 사용되기는 하지만 이는 파이썬의 내장함수이니 생략한다.

다음은 findRecursive( ) 메소드이다. 첫째 줄의 덧셈과 나눗셈 연산은 개략적으로 기본 연산 2개라고 하자. 이어서 12번째 줄의 match( ) 메소드의 기본 연산의 개수는 3.2절에서 계산한 바와 같이 대략 10이라고 하자. 따라서 현재까지 기본 연산의 개수는 12이다. 14번째 줄과 15번째 줄의 두 비교 연산을 추가하면 14개이다. 끝으로 자기 자신을 재귀 호출한다. 따라서 findRecursive( ) 메소드가 재귀적으로 한번 호출될 때마다 14개의 기본

연산이 수행된다고 볼 수 있다. 그렇다면 관건은 findRecursive( ) 메소드가 몇 번 호출되는가이다. 몇 번일까?

한 번 호출될 때마다 찾는 범위는 반씩 줄어들고 이 과정은 start가 end보다 작지 않을 때까지, 즉 start와 end가 같아질 때까지 반복된다. 예를 들어 보자. 현재 저장된 단어의 수가 256개이고 최대 경우의 호출 횟수를 알아보기 위해 찾는 단어가 단어장에 없다고 가정하자. 처음 findRecursive( ) 메소드가 수행될 때, 즉 find( ) 메소드로부터 호출될 때 start와 end는 0과 255이다. 따라서 중간 인덱스, middle은 127이다. 127번째 단어는 당연히 찾는 단어가 아니다. 만약 찾는 단어가 127번째 단어보다 앞에 있다면 start와 end에 전달되는 인덱스는 0과 126이다. 두 번째 호출, 다시 시작, middle은 63이고 63번째 단어는 역시 찾는 단어가 아니다. 찾는 단어가 더 앞쪽이라면 start와 end에 전달되는 인덱스는 0과 31이다. 세 번째 호출, 다시 시작, middle은 15, 이번에는 찾는 단어가 뒤에 있다고 가정하면 start와 end에 전달되는 인덱스는 16과 31. 네 번째 호출, 다시 시작, middle은 23, 찾는 단어가 뒤쪽에 있다면 start와 end에 전달되는 인덱스는 24와 31. 다섯 번째 호출, 다시 시작, middle은 27, 찾는 단어가 27번째보다 앞에 있다면 start와 end에 전달되는 인덱스는 24와 26. 여섯 번째 호출, 다시 시작, middle은 25, 찾는 단어가 앞에 있다면 start와 end로 전달되는 인덱스는 24와 24. 일곱 번째 호출, 다시 시작, start가 end보다 작지 않으므로 더 이상의 재귀 호출 없이 종료. 따라서 저장된 단어가 256개일 때 findRecursive( ) 메소드의 최대 호출 횟수는 7이다.[8)]

최대 호출 횟수 7과 배열의 크기 256은 어떤 관계일까. 256은 2^8이므로 $\log_2 256 = 8$이다. 따라서, $7 = \log_2 256 - 1$이다. 이를 일반화하면 저장된 단어가 n개일 때 최대 호출 횟수는 $\log_2 n - 1$이다.[9)]

정리해보자. findRecursive( ) 메소드를 한 번 호출할 때마다 14개의 기본 연산이 수행되므로 전체 기본 연산의 수는 $14(\log_2 n - 1)$이다. 이를 빅오 복잡도로 나타내면 $O(\log_2 n)$이다.

---

8) 이처럼 범위를 반씩 줄여가며 찾는 방법을 이진탐색이라 한다(상자설명 참고).
9) n이 2의 몇 승으로 나타낼 수 있는 수일 경우이다. 그렇지 않은 경우에도 크게 다르지 않다.

> **이진탐색과 순차탐색**
>
> 4.1절의 정렬되지 않은 배열 자료구조의 find( ) 메소드처럼 처음부터 하나씩 비교하여 찾는 방법을 순차탐색(sequential search)이라 하고, 4.2절의 정렬된 배열 자료구조에서 범위를 반씩 줄여가며 찾는 방법을 이진탐색(binary search)이라 한다. 이진탐색은 8.1절에서 보다 자세히 알아본다.

두 번째로 넣기 연산의 시간복잡도를 계산해보자. 먼저 add( ) 메소드이다. add( ) 메소드의 주 역할은 외부로부터의 넣기 연산 요청을 받아들여 addRecursive( ) 메소드의 재귀 호출을 시작시키는 것이다. 앞서 설명한 find( ) 메소드와 findRecursive( ) 메소드의 구조와 동일하다.

addRecursive( ) 메소드는 코드 전체가 하나의 if-else문이므로 기본 연산은 그 비교문 한 개이다. addRecursive( ) 메소드는 start와 end가 같을 때까지 반복해서 재귀 호출되므로 최대 호출 횟수는 findRecursive( ) 메소드에서와 같이 $\log_2 n-1$이다. start와 end가 같아지면, 즉 $\log_2 n-1$번의 재귀 호출 뒤에 하는 일은 start 인덱스 위치에 새 단어, word를 끼워 넣는 일이다. 넣을 공간 확보를 위해 start 인덱스 위치부터 끝까지, 모든 단어들을 한 칸씩 밀어내는 반복문을 수행하는데 이 반복문의 최대 반복 횟수는 저장된 단어의 개수인 n이다.[10] 정리하면, addRecursive( ) 메소드의 기본 연산의 최대 수행 횟수는, 재귀 호출 횟수와 단어 밀어내기 반복 횟수의 합이므로 $\log_2 n-1+n$이고 이를 빅오 복잡도로 나타내면 $O(n)$이다.

정렬된 배열 자료구조	3대 기본 연산	빅오 복잡도
시간복잡도	add()	$O(n)$
	delete()	$O(n)$
	find()	$O(\log_2 n)$

끝으로 4.1절의 정렬하지 않은 기본 배열 자료구조와 4.2절의 정렬된 배열 자료구조의 시간복잡도를 비교해보면 아래 표와 같다.

10) 알파벳 순서로 제일 빠른 단어를 넣는 경우

3대 기본 연산		기본 배열 자료구조 (순서 없이 차곡차곡 저장)	정렬된 배열 자료구조 (알파벳 순서대로 저장)
넣기	add( )	$O(1)$	$O(n)$
빼기	delete( )	$O(n)$	$O(n)$
찾기	find( )	$O(n)$	$O(\log_2 n)$

어떤 시스템에서 찾기보다 넣기가 더 자주 일어난다면 기본 배열 자료구조가 더 적합하고 반대로 넣기보다 찾기가 더 잦다면 정렬된 배열 자료구조가 더 적합하다고 할 수 있다.

연습문제

01 아래의 시간복잡도를 빅오 표기법으로 나타내시오.

1) $2n^2 + 3n + 4$
2) $6\log_2 n + 7$
3) $4n(\log_2 n + 5)$
4) $n^3 + 2^n$
5) $\log_2 n^3 + 8$
6) $n^2 + \log_2 2^n$
7) $n^3 + 2^n + n!$

02 n의 계승, $n! = n \times (n-1)!$ 이다. n의 계승을 구하는 함수, factorial(n)을 재귀 함수로 작성하시오. 단, $0! = 1$이다.

03 1부터 n까지 제곱의 합, $\sum_{i=1}^{n} i^2$을 구하는 함수, sumOfSquares(n)를 재귀 함수로 작성하시오.

04 유클리드 호제법으로 최대공약수를 구하는 함수, gcd(a, b)를 재귀 함수로 작성하시오.

05 "기러기", "소주 만병만 주소", "Step on no pets"처럼 문장을 거꾸로 읽어도 원래 문장과 같은 문장을 팰린드롬이라 한다. 어떤 문장이 팰린드롬인지 검사하는 palindrome(phrase) 함수를 재귀 함수로 작성하시오.

06 위에서 작성한 palindrome( ) 함수의 시간복잡도를 구하고 빅오 표기법으로 나타내시오.

07 WordNotebookSorted 클래스에 빼기 연산인 delete( ) 메소드를 작성하시오. 메소드 형식은 delete(self, word)와 deleteRecursive(self, word, start, end)이다.

08 WordNotebookSorted 클래스의 delete( ) 메소드의 시간복잡도를 구하고 빅오 표기법으로 나타내시오.

CHAPTER

05 링크드 리스트

배열 자료구조는 데이터를 저장할 연속된 메모리를 확보해야 한다는 제약이 있다. 데이터가 커질수록 이러한 대용량 메모리를 확보하는 것은 쉽지 않다.[1] 다른 개선책은 없을까. 바로 링크드 리스트(linked list)이다.[2]

링크드 리스트는 메모리를 동적으로 할당하여 데이터를 저장하는 자료구조로써 각 데이터는 다음 데이터에 대한 링크 정보를 갖고 있어 논리적 연결을 보장한다.

이번 장에서는 세 가지 링크드 리스트 자료구조에 대하여 살펴본다. 즉 싱글 링크드 리스트, 더블 링크드 리스트, 원형 링크드 리스트이다. 각 자료구조에 대해 자료구조 이해의 3단계, 1) 자료구조의 정의, 2) 3대 기본 연산의 구현, 3) 시간복잡도 분석 순서로 알아본다. 응용 대상은 배열 자료구조와 비교해 볼 수 있도록 4장의 예와 같이 단어장 앱이다.

1) 논리적 측면에서는 연속적인 메모리 공간이지만 실제 하드웨어적으로는 그렇지 않을 수 있다.
2) 연결 리스트로 부르기도 한다. 링크드 리스트의 리스트는 데이터의 나열을 의미하는 일반 명사로써 파이썬의 리스트와 무관하다.

5.1 싱글 링크드 리스트

배열과 달리 링크드 리스트의 각 데이터는 데이터 자체뿐만 아니라 링크 정보도 담고 있다. 데이터와 링크를 하나로 묶은 것을 노드(node)라고 한다. 아래 그림은 3개의 노드로 구성된 링크드 리스트의 예이다. 노드는 데이터와 링크를 저장하는 data 변수와 next 변수로 구성된다.

싱글 링크드 리스트(singly linked list)는 각 노드가 한 개의 링크를 갖는 링크드 리스트로써 이 링크를 통해 노드들이 한 방향으로 연결된다. 하나의 링크드 리스트는 그 리스트의 첫 번째 노드를 가리키는 변수(위 그림의 head)로 지칭된다. head 변수만 알면 각 노드의 next 변수에 저장된 링크를 따라 모든 노드들을 순차적으로 접근할 수 있다.

3대 기본 연산의 구체적인 동작은 응용 시스템의 필요에 따라 정의된다. 아래 표는 4장에서 만들어 본 단어장 앱을 위한 싱글 링크드 리스트의 정의이다. 예를 들어 넣기 연산은 실제 단어장처럼 맨 뒤에 넣기로 정의하였다. 물론 맨 앞에 넣는 연산이나 중간에 넣는 연산도 필요하다면 추가할 수 있다.

단어장 앱을 위한 싱글 링크드 리스트	정의		메소드
	각 노드에 한 개의 링크가 있는 링크드 리스트		
3대 기본 연산	넣기	데이터를 맨 뒤에 추가	add( )
	빼기	지정된 데이터 삭제	delete( )
	찾기	데이터 찾기	find( )

링크드 리스트는 일반적으로 정렬 없이 데이터를 저장한다. 통상 데이터를 정렬하는 이유는 이진탐색으로 찾기 연산을 빠르게 수행하기 위함인데 링크드 리스트에서는 리스트

중간에 위치한 데이터를 한 번에 직접 접근할 방법이 없어 이진탐색의 장점이 사라지기 때문이다.

3대 기본 연산의 구현

링크드 리스트에서는 데이터 자체뿐만 아니라 링크도 함께 저장해야 하기 때문에 데이터와 링크를 하나로 묶어 포장할 필요가 있다. 여러 데이터를 하나로 묶는 방법은 바로 객체로 만드는 것이다. 먼저 노드 객체를 위한 클래스를 만들어보면 아래와 같다.

```
### 노드 클래스 - 필드변수는 data와 next
class Node:
    def __init__(self, data, link):
        self.data = data
        self.next = link
```

Node 클래스의 필드변수는 데이터를 저장하는 self.data와 링크를 저장하는 self.next이다. 링크를 저장하는 변수명을 link가 아닌 next로 정한 것은 다음 데이터를 가리킨다는 의미를 나타내기 위해서다. Node 클래스의 역할은 단지 데이터와 링크를 받아 객체로 포장하는 일뿐이므로 별도의 다른 메소드는 필요 없다.

이제 싱글 링크드 리스트 클래스를 만들어보자. 클래스 이름은 SList이다. Node 클래스는 SList 클래스와 별개이므로 밖에 있어도 되지만 Node 클래스는 오로지 SList 클래스에서만 사용되기 때문에 SList 클래스 내부에 넣었다. SList 클래스의 필드변수는 링크드 리스트의 첫 번째 노드를 가리키는 self.head이고 초기값은 None이다.

```
### 싱글 링크드 리스트 클래스 - 필드변수는 head
class SList:
    class Node:                                     # 노드 클래스
        def __init__(self, data, link):
            self.data = data
            self.next = link

    def __init__(self):
        self.head = None                            # 필드변수 head의 초기값은 None
```

3대 기본 연산을 만들어보자. 첫째, 넣기 연산인 add( ) 메소드를 만들어보면 아래와 같다.

```
9       def add(self, word):                     # 넣기 메소드
10          newNode = self.Node(word, None) # 새로 넣을 노드 객체 생성
11
12          if self.head == None:    # 링크드 리스트가 비어있다면 head는 곧 newNode
13              self.head = newNode
14          else:                                # 링크드 리스트가 비어있지 않다면
15              temp = self.head                 # 링크드 리스트의 끝을 찾아갈 임시 변수
16              while temp.next != None:         # 링크드 리스트의 끝을 만날 때까지 반복
17                  temp = temp.next
18              temp.next = newNode              # 기존 끝 노드의 다음에 새 노드 연결
```

맨 처음 할 일은 새로 추가할 데이터를 노드 객체로 포장하는 일이다. 10번째 줄과 같이 Node 클래스의 생성자 메소드를 호출하여 노드 객체를 만들고 변수 newNode에 저장했다. 데이터는 word 변수이고 링크는 None 값으로 초기화하였다.

단어장 앱을 위한 SList의 넣기 연산은 새로운 데이터를 링크드 리스트의 맨 뒤에 넣기로 정의하였으므로 기본 알고리즘은 링크드 리스트의 마지막 노드를 찾아 그 노드 뒤에 새로 추가할 노드를 연결하면 된다. 만약 링크드 리스트가 비어있다면, 즉 저장된 노드가 하나도 없다면 맨 뒤 노드를 찾을 필요가 없으므로 12번째 줄과 같이 if 비교문으로 self.head가 None 값인지를 먼저 비교하고 None 값이면 self.head가 newNode를 가리키도록 했다.

그렇지 않으면 마지막 노드를 찾기 위해 처음부터 링크드 리스트를 따라가야 한다. 링크를 따라가는 변수는 temp이다. 16번째 줄과 같이 while 반복문으로 temp.next가 None이 아닌 동안 temp 변수를 다음 노드로 이동시킨다. temp.next가 None이면 그 노드가 바로 마지막 노드이므로 while 반복문은 종료되고 temp.next에 newNode를 저장한다.

add( ) 메소드가 잘 동작하는지 확인해보기 전에 단어장에 저장된 내용을 출력하는 printList( ) 메소드를 아래와 같이 추가하자. 모든 노드들을 하나씩 방문하여 데이터를 출력하는 메소드로써 코드 구조는 add( ) 메소드와 비슷하다. 다만 while 반복문의 비교 조건이 add( ) 메소드와 조금 다른 것만 주의하자.

```
    def printList(self):                    # 모든 노드를 처음부터 방문하여 데이터 출력
        temp = self.head
        while temp != None:
            print(temp.data)
            temp = temp.next
```

아래는 메인 테스트 코드이다. SList 객체를 생성하고 add( ) 메소드로 단어 3개를 넣었다. 끝으로 printList( ) 메소드로 단어장에 저장된 내용을 확인한다.

```
### 메인 테스트 코드
myNotebook = SList()

myNotebook.add("computer: 컴퓨터")
myNotebook.add("algorithm: 알고리즘")
myNotebook.add("babbage: 배비지")

myNotebook.printList()
```

위 테스트 코드를 실행한 후의 상태를 그림으로 나타내면 아래와 같다. 원으로 그린 myNotebook 변수는 SList 객체이고 둥근 사각형 그림은 Node 객체이다.

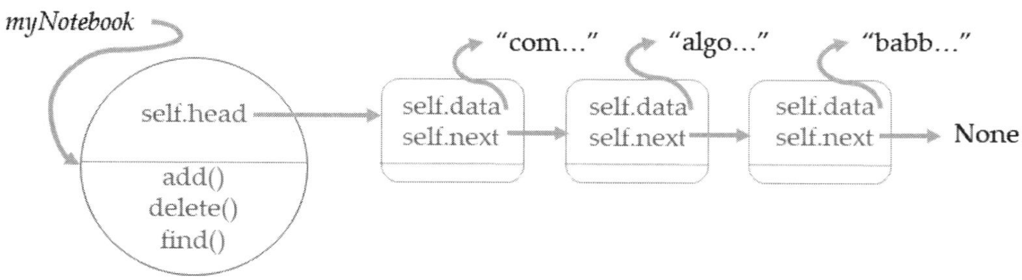

두 번째로 빼기 연산인 delete( ) 메소드이다. 단어장 앱을 위한 싱글 링크드 리스트의 빼기 연산은 해당 단어를 찾아 삭제하는 것이다.[3] delete( ) 메소드의 코드는 하나의 if 비교문으로 이루어져 있다. 즉 삭제할 단어가 리스트의 첫 번째 노드인지를 먼저 비교하고,

3) 빼기 연산의 정의를 데이터와 상관없이 맨 앞의 노드를 삭제하거나, 또는 맨 뒤의 노드를 삭제하는 것으로 정의할 수도 있다. 이 경우의 코드는 연습문제로 남긴다.

그렇다면, self.head 자체를 수정한다. 즉 26번째 줄과 같이 self.head가 삭제할 노드인 기존의 첫 번째 노드를 건너뛰어 그 다음 노드를 가리키도록 수정한다.

```
24    def delete(self, word):                      # 해당 단어의 노드 빼기 메소드
25        if self.match(self.head.data, word): # 삭제할 노드가 첫 번째 노드이면
26            self.head = self.head.next          # self.head 자체를 두 번째 노드로 변경
27        else:                                    # 삭제할 노드가 첫 번째가 아니면
28            temp = self.head
29            before = self.head                  # before는 현재 비교하는 노드의 직전 노드
30            while temp != None:
31                if self.match(temp.data, word): # 삭제할 노드이면
32                    before.next = temp.next      # temp가 삭제할 노드이므로 temp 직전-
33                    return               # 노드인 before 노드를 temp 다음 노드로 연결
34                else:
35                    before = temp
36                    temp = temp.next
37
38    def match(self, word, wordToFind):           # word와 wordToFind 비교하기
39        for i in range(len(wordToFind)):         # wordToFind의 글자 수만큼만 비교
40            if word[i] != wordToFind[i]:
41                return False
42        return True
```

27번째 줄은 삭제할 노드가 첫 번째 노드가 아닌 경우이다. 먼저 28번째 줄에서 self.head 대신에 리스트를 따라갈 변수, temp와 before를 준비했다. temp 변수는 현재 비교하고 있는 노드를 가리키고 before는 temp 노드의 바로 직전 노드를 가리킨다. before 변수가 필요한 이유는, 만약 현재 temp가 삭제될 노드라면 그 노드를 링크드 리스트에서 제외해야 하는데 그 방법은 temp의 바로 앞 노드가, temp 노드를 건너뛰어 temp의 다음 노드를 가리키도록 수정하는 것이고, 그러려면 temp의 바로 앞 노드를 알아야하기 때문이다. 기본 알고리즘은 while 반복문을 통해 temp 노드가 삭제할 단어인지 비교하고, 같다면 그 노드를 삭제하고 그렇지 않으면 다음 노드로 이동하는 과정을 반복한다.

예를 들어 아래 그림은 데이터가 "algo..."인 두 번째 노드를 삭제한 후의 상태를 나타낸다. before가 가리키는 노드의 next가 temp 노드를 건너뛰어 temp 다음 노드를 가리키는 것을 볼 수 있다.

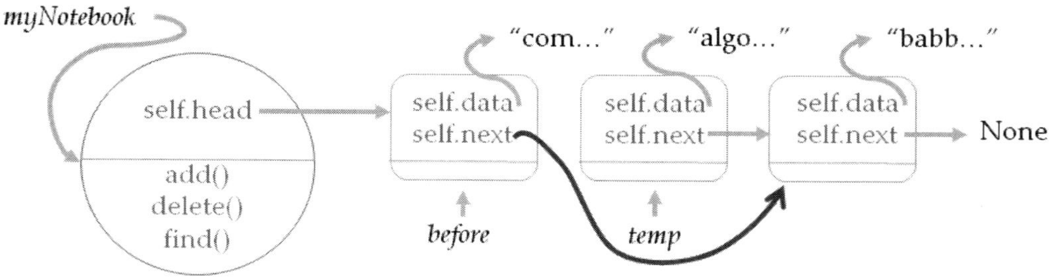

세 번째로 찾기 연산인 find( ) 메소드이다. 알고리즘은 간단하다. while 반복문을 통해 찾는 단어인 word와 각 노드의 data를 비교한 후 같으면 그 data를 리턴하고 같지 않으면 다음 노드로 이동하는 과정을 반복한다.

```
    def find(self, word):                        # 찾기 메소드
        temp = self.head
        while temp != None:
            if self.match(temp.data, word):
                return temp.data
            else:
                temp = temp.next
```

시간복잡도 분석

시간복잡도 분석의 최종 결과는 빅오 복잡도이다. 빅오 복잡도의 특성은 빅오[4]의 의미처럼 오로지 입력의 크기, *n*에 비례하여 수행되는 기본 연산의 차수만을 표시할 뿐 *n*과 무관하게 수행되는 연산들은 무시된다는 점이다. 따라서 앞으로는 좀 더 간단히 분석해보자.

먼저 add( ) 메소드를 보자. 10번째 줄의 Node 객체 생성과 12번째 줄의 if 비교문은 입력의 크기, 즉 여기서는 링크드 리스트에 저장된 노드의 개수, *n*과 무관하므로 무시해도 된다. if 비교문의 else 부분을 보자. while 반복문 안에서 temp 변수를 이동시키는 연산이 리스트의 첫 번째 노드부터 마지막 노드까지, 리스트에 저장된 노드의 수만큼 *n*번 반복된다. 따라서 add( ) 메소드의 빅오 복잡도는 $O(n)$이다.

4) 빅오는 차수를 의미하는 영어 Order의 첫 글자

다음으로 delete( ) 메소드를 보자. 25번째 줄의 비교 결과가 참인 경우 self.head만 수정하면 되므로 n과 무관하다. 30번째 줄, else 부분의 while 반복문은 삭제할 노드를 찾을 때까지 반복된다. 최대 반복 횟수는 삭제할 단어가 리스트의 마지막에 있거나 또는 없는 경우로써 n번이다. 따라서 delete( ) 메소드의 빅오 복잡도 또한 $O(n)$이다.

find( ) 메소드 또한 하나의 while 반복문을 포함하고 있고 최대 반복 횟수는 역시 n번이므로 find( ) 메소드의 빅오 복잡도도 $O(n)$이다.

단어장 앱을 위한 싱글 링크드 리스트	3대 기본 연산	빅오 복잡도
시간복잡도	add( )	$O(n)$
	delete( )	$O(n)$
	find( )	$O(n)$

한편 add( ) 메소드와 delete( ) 메소드를 리스트의 맨 앞에서 넣거나 빼는 것으로 정의한다면 이때 시간복잡도는 $O(1)$이다.

5.2 더블 링크드 리스트

싱글 링크드 리스트는 데이터를 찾거나 접근할 때 항상 첫 번째 노드부터 따라가야 한다는 단점이 있다. 이를 개선하는 방법은 없을까. 한 가지 해결책은 링크를 하나 더 두는 것이다.

더블 링크드 리스트(doubly linked list)는 노드에 두 개의 링크가 있는 링크드 리스트로써 노드들이 양방향으로 연결된다. 더글 링크드 리스트의 필드변수는 아래 그림과 같이 첫 번째 노드를 가리키는 변수, head와 마지막 노드를 가리키는 변수, tail이다. 각 노드의 next 변수는 다음 노드를 가리키는 링크이고 prev는 이전 노드를 가리키는 링크이다.

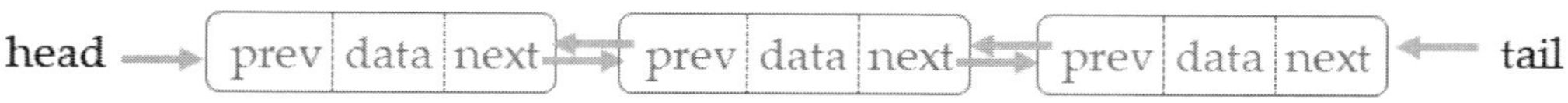

단어장 앱을 위한 더블 링크드 리스트 자료구조를 정의하면 아래와 같다.

단어장 앱을 위한 더글 링크드 리스트	정의		메소드
	각 노드에 두 개의 링크가 있는 링크드 리스트		
3대 기본 연산	넣기	데이터를 맨 뒤에 추가	add( )
	빼기	지정된 데이터 삭제	delete( )
	찾기	데이터 찾기	find( )

3대 기본 연산의 구현

먼저 더블 링크드 리스트에서 사용할 노드 객체는 아래와 같다. Node 클래스의 필드변수는 단어 데이터를 저장하는 self.data와 앞뒤 노드를 가리키는 두 개의 링크로 구성된다. 이전 노드를 가리키는 링크 변수는 self.prev, 다음 노드를 가리키는 링크 변수는 self.next이다.

```
### 더블 링크드 리스트의 노드 자료구조 - 필드변수는 data, prev, next
class Node:
    def __init__(self, data, prevLink, nextLink):
        self.data = data
        self.prev = prevLink                            # 이전 노드를 가리키는 링크
        self.next = nextLink                            # 다음 노드를 가리키는 링크
```

Node 클래스의 역할은 객체 생성 시 데이터와 링크 정보를 전달받아 객체로 포장하는 일뿐이므로 별도의 다른 메소드는 필요 없다.

더블 링크드 리스트 클래스를 정의하면 아래와 같다. 클래스 이름은 DList이다.

```
### 더블 링크드 리스트 클래스 - 필드변수는 head와 tail
class DList:
    class Node:
        def __init__(self, data, prevLink, nextLink):
            self.data = data
            self.prev = prevLink
            self.next = nextLink

    def __init__(self):
        self.head = self.Node(None, None, None)        # 왼쪽 벽 역할 노드 준비
        self.tail = self.Node(None, self.head, None)  # 오른쪽 벽 역할 노드 준비
        self.head.next = self.tail                     # head와 tail 연결
```

DList 클래스의 생성자, __init__() 메소드를 보자. 더블 링크드 리스트의 두 필드변수, self.head와 self.tail은 하나의 리스트의 처음과 끝을 가리키는 것이므로 둘은 서로 연결되어 있어야 한다. 즉 self.head에서 출발하여 next 링크를 따라 앞쪽으로 진행하든, self.tail에서 출발하여 prev 변수를 따라 뒤쪽으로 진행하든 서로 반대쪽과 만날 수 있어야한다. 하지만 self.head와 self.tail을 None으로 초기화하면 넣기 연산을 할 때마다 이 둘이 연결되어 있는지를 검사해야 하는 번거로움이 있다. 따라서 DList 객체 생성 시 미리 두 개의 빈 노드를 만들어 self.head와 self.tail이 서로 연결되도록 초기화하였다. 이 두 노드는 데이터의 저장 없이 리스트의 양 끝을 나타내는 벽 역할만 한다. __init__() 메소드에 의한 DList 객체 생성 직후의 리스트 모습을 그림으로 나타내면 아래와 같다.

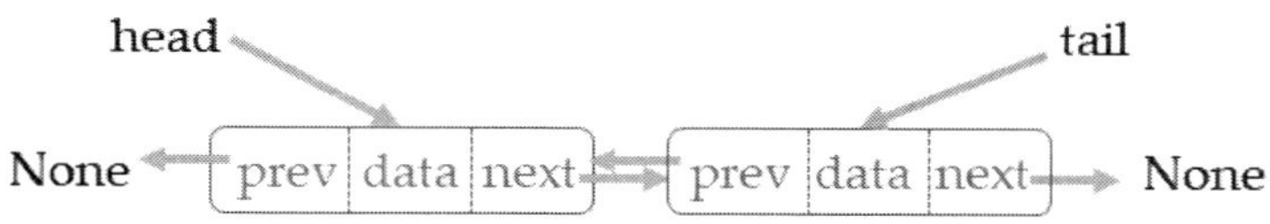

3대 기본 연산을 만들어보자. 첫째, 넣기 연산인 add( ) 메소드를 작성하면 아래와 같다.

```
def add(self, word):                    # 오른쪽 끝, tail쪽에 넣기 메소드
    newNode = self.Node(word, self.tail.prev, self.tail)
    self.tail.prev.next = newNode   # self.tail의 왼쪽 노드의 오른쪽은 새 노드
    self.tail.prev = newNode        # self.tail(오른쪽 벽)의 왼쪽은 새 노드
```

맨 처음 할 일은 새로 추가할 데이터를 노드 객체로 포장하는 일이다. 첫 번째 줄을 보자. 단어장 앱을 위한 넣기 연산은 데이터를 맨 뒤에 추가하는 것이고 DList는 맨 뒤의 노드를 가리키는 self.tail 필드변수가 있으므로 newNode가 들어갈 위치는 self.tail로부터 바로 구할 수 있다. 즉 newNode가 들어갈 위치는 self.tail이 가리키는 오른쪽 벽 노드의 바로 이전이므로 newNode 객체 생성 시에 newNode의 next 링크는 self.tail이 가리키고 있는 오른쪽 벽 노드를, newNode의 prev 링크는 오른쪽 벽 노드의 prev 링크가 가리키는 노드를 가리키도록 설정했다.

add( ) 메소드의 두 번째와 세 번째 줄은 newNode 양쪽의 링크 정보를 수정하는 코드이다. newNode의 이전 노드, 즉 self.tail.prev 노드의 next 링크는 newNode를 가리키도록, newNode의 다음 노드, 즉 self.tail 노드의 prev 링크는 newNode를 가리키도록 하면 된다.

다음은 delete( ) 메소드이다. 단어장 앱을 위한 빼기 연산은 주어진 단어를 빼는 것이므로 먼저 삭제할 단어를 찾아야 한다. 단어 찾기는 self.head가 가리키는 왼쪽에서부터 찾도록 했다. 첫 번째 줄에서 리스트의 노드들을 순차적으로 이동할 변수 temp를 준비하고 temp의 초기값은 왼쪽 벽 노드의 다음 노드인 self.head.next, 즉 실제 데이터가 들어있는 첫 번째 노드이다. while 반복문은 그 temp가 오른쪽 벽 노드, 즉 self.tail이 가리키는 노드를 만날 때까지 반복한다. 각 반복에서는 찾는 단어, 즉 word 변수가 현재 방문한 노드의 단어, 즉 temp.data와 같으면 그 temp 노드를 리스트에서 삭제하고 반복문을 멈춘다. 삭제 방법은, 삭제될 노드, temp의 이전 노드의 next가 temp를 건너뛰어 temp 다음 노드를 가리키도록 하고, temp의 다음 노드의 prev가 역시 temp를 건너뛰어 temp의 이전 노드를 가리키도록 하면 된다.

완성된 코드 delete( ) 메소드는 아래와 같다. 두 단어를 비교하는 match( ) 메소드는 앞 장의 match( ) 메소드와 같다.

```
def delete(self, word):                  # word에 해당하는 노드 빼기 메소드
    temp = self.head.next;               # 임시 변수 temp로 왼쪽부터 차례로 비교
    while temp != self.tail:
        if self.match(temp.data, word): # 삭제할 노드가 temp이면
            temp.prev.next = temp.next; # temp 왼쪽 노드의 다음은 temp 오른쪽 노드
            temp.next.prev = temp.prev; # temp 오른쪽 노드의 이전은 temp 왼쪽 노드
            return
        else:
            temp = temp.next;

def match(self, word, wordToFind):       # word가 wordToFind인지 비교하기
    for i in range(len(wordToFind)):     # wordToFind의 글자 수만큼만 비교
        if word[i] != wordToFind[i]:
            return False
    return True
```

끝으로 찾기 연산인 find( ) 메소드이다. find( ) 메소드의 알고리즘은 delete( ) 메소드와 같다. 차이점은, 단어를 찾았을 때 그 노드를 삭제하는 것이 아니라 그 노드의 데이터를 리턴한다.

```
def find(self, word):                    # 찾기 메소드
    temp = self.head.next;
    while temp != self.tail:
        if self.match(temp.data, word):
            return temp.data
        else:
            temp = temp.next;
```

아래는 DList의 모든 데이터를 순차적으로 출력하는 printList( ) 메소드이다. find( ) 메소드와 마찬가지로 temp의 초기값은 왼쪽 벽 역할을 하는 노드의 그 다음 노드, 즉 self.head의 next이고 temp가 오른쪽 벽을 만날 때까지, 즉 self.tail과 같을 때까지 반복한다.

```
    def printList(self):                    # 왼쪽부터 차례로 모든 노드의 데이터를 출력
        temp = self.head.next
        while temp != self.tail:
            print(temp.data)
            temp = temp.next
```

아래는 메인 테스트 코드이다. 원하는 대로 실행되는지 확인해보자.

```
myNotebook = DList()                          # DList 객체 생성

myNotebook.add("computer: 컴퓨터")
myNotebook.add("algorithm: 알고리즘")
myNotebook.add("babbage: 배비지")
myNotebook.printList()

myNotebook.delete("algorithm")                # delete() 메소드 호출
myNotebook.printList()

print(myNotebook.find("computer"))            # find() 메소드 호출
```

시간복잡도 분석

넣기 연산인 add( )는 리드트에 저장된 단어의 개수, 즉 입력의 크기, n과 무관하게 새로운 노드를 self.tail의 바로 앞에 추가하는 것이므로 add( ) 메소드의 빅오 복잡도는 $O(1)$이다.

delete( ) 메소드와 find( ) 메소드는 해당 단어를 찾기 위해 리스트의 노드들을 순차적으로 방문해야하므로 빅오 복잡도는 모두 $O(n)$이다. 위 코드와 달리 단어 찾기를 sefl.head가 아닌 self.tail에서 시작해도 시간복잡도는 같다.

단어장 앱을 위한 더블 링크드 리스트	3대 기본 연산	빅오 복잡도
시간복잡도	add( )	$O(1)$
	delete( )	$O(n)$
	find( )	$O(n)$

Python 5.3 원형 링크드 리스트

시간 복잡도 측면에서 더블 링크드 리스트를 싱글 링크드 리스트와 비교해보면 아래 표와 같이 add( ) 메소드의 복잡도가 개선된 것을 알 수 있다.

단어장 앱 자료구조	3대 기본 연산	빅오 복잡도	
		싱글 링크드 리스트	더블 링크드 리스트
시간복잡도	add( )	$O(n)$	$O(1)$
	delete( )	$O(n)$	$O(n)$
	find( )	$O(n)$	$O(n)$

하지만 더블 링크드 리스트는 두 개의 링크를 사용하기 때문에 한 개의 링크만 사용하는 싱글 링크드 리스트보다 메모리 소모가 크다. 둘의 장점만을 살린 방법은 없을까? 바로 원형 링크드 리스트이다.

원형 링크드 리스트(circular linked list)는 싱글 링크드 리스트의 마지막 노드의 next가 None이 아니라 리스트의 첫 번째 노드를 가리키는 링크드 리스트이다. 이 때 필드변수를 head가 아니라 마지막 노드를 가리키는 last로 설정하면 마지막에 넣는 넣기 연산을 더블 링크드 리스트에서처럼 한 번에 수행할 수 있다.

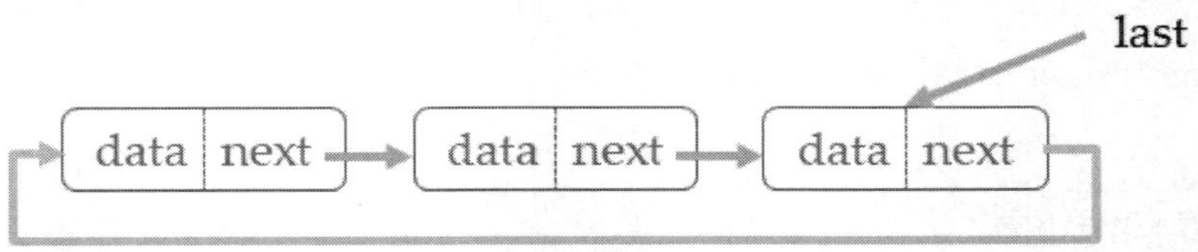

단어장 앱을 위한 원형 링크드 리스트의 정의는 아래와 같다.

<table>
<tr><th rowspan="2">단어장 앱을 위한 원형 링크드 리스트</th><th colspan="2">정의</th><th>메소드</th></tr>
<tr><td colspan="3">마지막 노드의 링크를 첫 번째 노드로 연결한 싱글 링크드 리스트</td></tr>
<tr><td rowspan="3">3대 기본 연산</td><td>넣기</td><td>데이터를 맨 뒤에 추가</td><td>add( )</td></tr>
<tr><td>빼기</td><td>지정된 데이터 삭제</td><td>delete( )</td></tr>
<tr><td>찾기</td><td>데이터 찾기</td><td>find( )</td></tr>
</table>

3대 기본 연산의 구현

원형 링크드 리스트 클래스, CList의 정의는 아래와 같다. 필드변수는 self.last로써 리스트의 마지막 노드를 가리킨다. 초기값은 None이다. 내부 클래스인 Node 클래스는 싱글 링크드 리스트와 동일하다.

```
### 원형 링크드 리스트 클래스 - 필드변수는 last
class CList:
    class Node:
        def __init__(self, data, link):
            self.data = data
            self.next = link

    def __init__(self):
        self.last = None
```

데이터를 마지막에 넣는 add( ) 메소드는 아래와 같다.

```
    def add(self, word):                    # 맨 뒤에 데이터 넣기 메소드
        newNode = self.Node(word, None)
        if self.last == None:               # 링크드 리스트가 비어있으면
            newNode.next = newNode          # newNode가 마지막이자 처음
            self.last = newNode
        else:                               # 링크드 리스트가 비어있지 않으면
            newNode.next = self.last.next
            self.last.next = newNode        # 기존 마지막 노드의 다음은 새 노드
            self.last = newNode             # self.last를 새 노드로 변경
```

첫 번째 줄에서 링크를 None 값으로 설정한 노드 객체를 만들었다. 리스트가 비어 있으면, 즉 self.last가 None이면 새로 추가되는 newNode가 곧 처음이자 마지막이므로 newNode의 next는 다시 자기 자신을 가리킨다. 이 경우, 즉 링크드 리스트가 비어있을 때 newNode를 추가한 결과를 그림으로 나타내면 아래와 같다.

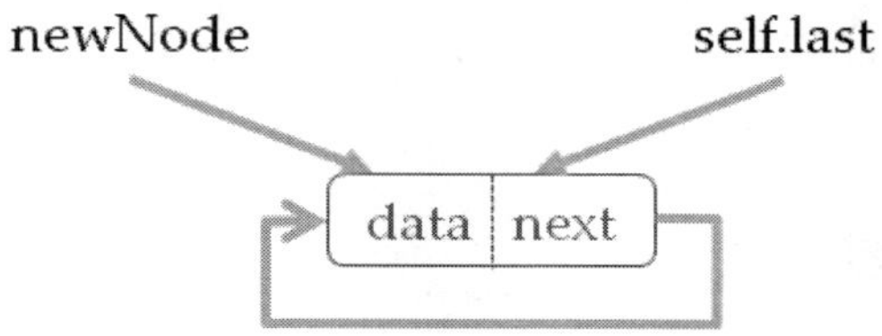

그렇지 않은 경우, 즉 self.last가 None이 아니면 newNode의 next는 기존 마지막 노드의 next, 즉 첫 번째 노드를 가리키게 하고, 이어서 기존 마지막 노드의 next를 새로운 마지막 노드, 즉 newNode를 가리키게 하고, 끝으로 self.last를 새로운 마지막 노드인 newNode를 가리키게 하면 된다.

둘째, 찾기 메소드인 find( ) 메소드는 아래와 같다. if 비교문으로 리스트가 비어 있는 경우, 노드가 하나만 있는 경우, 노드가 둘 이상인 일반적인 경우를 구분했다. 노드가 둘 이상인 일반적인 경우, temp 변수는 self.last의 다음 노드, 즉 self.last.next가 가리키는 노드로 초기화하고 while 반복문을 수행한다.[5)] while문의 조건을 True로 설정하여 무한 반복문으로 만들고, 반복 종결조건으로 temp가 self.last를 만나면 break문으로 while문을 종료한다.

```
def find(self, word):                         # 찾기 메소드
    if self.last == None:                     # 노드가 하나도 없는 경우
        return
    elif self.last == self.last.next:         # 노드가 하나만 있는 경우
        if self.match(self.last.data, word):
            return self.last.data
    else:                                     # 노드가 둘 이상인 경우
```

5) while 반복문의 반복 조건이 True이면 무한 반복을 한다. 따라서 이러한 경우에는 while 반복문 안에서 종결 조건을 제시해야 한다. 싱글 링크드 리스트나 더블 링크드 리스트와 달리 이러한 구조를 선택한 이유는, 반복 조건이 temp != self.last인데 이를 while의 조건으로 주면 temp가 self.last일 때 반복문이 종료되고 따라서 self.last 노드는 비교 과정에서 제외되므로 while문 종료 후에 self.last를 비교하는 코드를 다시 추가해야 하는 코드 중복을 피하기 위함이다.

```
        temp = self.last.next
        while True:
            if self.match(temp.data, word):
                return temp.data
            elif temp == self.last:          # temp가 한 바퀴를 돌았으면 종료
                break
            else:
                temp = temp.next

def match(self, word, wordToFind):           # 찾는 단어가 word인지 비교하기
    for i in range(len(wordToFind)):         # 찾는 단어의 글자 수만큼만 비교
        if word[i] != wordToFind[i]:
            return False
    return True
```

끝으로 delete( ) 메소드이다. 단어장 앱을 위한 delete( ) 메소드는 특정 단어를 삭제하는 연산이므로 먼저 해당 단어를 찾아야 한다.

```
def delete(self, word):                      # 빼기 메소드
    if self.last == None:                    # 노드가 하나도 없는 경우
        return
    elif self.last == self.last.next:        # 노드가 하나만 있는 경우
        if self.match(self.last.data, word):
            self.last = None
    else:                                    # 노드가 둘 이상인 경우
        temp = self.last
        while True:
            if self.match(temp.next.data, word):# temp 다음 노드가 뺄 노드이면
                if temp.next == self.last:   # 그 뺄 노드가 마지막 노드이면
                    self.last = temp         # self.last를 변경
                temp.next = temp.next.next   # temp 다음은 뺄 노드를 건너뛰어 연결
                break
            elif temp.next == self.last:     # temp가 한 바퀴를 돌았으면 종료
                break
            else:
                temp = temp.next
```

따라서 기본 구조는 위의 find( ) 메소드와 같다. 현재 리스트가 비어 있는 경우는 삭제할 대상이 없으므로 조건 없이 리턴하고, 데이터가 하나만 있는 경우, 그 데이터가 삭제할 단어이면 self.last를 None으로 바꿔주면 된다.

노드가 둘 이상인 일반적인 경우, find( ) 메소드와 달리, match( ) 메소드의 비교 대상은 현재 temp 노드의 데이터가 아닌 temp.next 노드의 데이터이다. 그 이유는 어떤 노드를 삭제하기 위해서는 그 삭제될 노드의 바로 이전 노드의 next 링크를 수정해야 하는데 그러기 위해서는 바로 이전 노드를 알고 있어야 하기 때문이다. 즉 temp.next 노드가 삭제될 노드라면 그 노드의 이전 노드는 바로 temp가 된다.

시간복잡도 분석

원형 링크드 리스트의 시간복잡도는 아래와 같이 더블 링크드 리스트와 동일하다.

단어장 앱을 위한 원형 링크드 리스트	3대 기본 연산	빅오 복잡도
시간복잡도	add( )	$O(1)$
	delete( )	$O(n)$
	find( )	$O(n)$

연습문제

01 정렬된 배열 자료구조와 원형 링크드 리스트 자료구조의 3개 기본 연산의 시간 복잡도를 비교해보고 어떤 경우에 어느 자료구조가 더 적합한지 설명하시오.

02 SList 클래스에서 단어를 맨 앞에 넣는 addFront( ) 메소드를 작성하시오. 메소드 형식은 addFront(self, data)이다.

03 SList 클래스의 addFront( ) 메소드의 시간복잡도를 구하고 빅오 표기법으로 나타내시오.

04 SList 클래스에서 저장된 노드가 둘 이상일 때 맨 처음 노드와 맨 마지막 노드를 서로 교환하는 swap( ) 메소드를 작성하시오. 메소드 형식은 swap(self)이다.

05 SList 클래스에서 리스트를 거꾸로 뒤집는 reverse( ) 메소드를 작성하시오.

06 각각 오름차순으로 정렬된 두 개의 SList 객체, a와 b를 합쳐 하나의 오름차순으로 정렬된 SList 객체로 만드는 함수, mergeSList(a, b)를 작성하시오. 각 노드에 저장된 데이터는 정수 숫자이다.

07 DList 클래스에서 데이터를 맨 앞에 넣는 addFront( ) 메소드를 작성하시오. 메소드 형식은 addFront(self, data)이다.

08 DList 클래스의 addFront( ) 메소드의 시간복잡도를 구하고 빅오 표기법으로 나타내시오.

09 DList 클래스에서 단어 찾기를 self.tail에서 시작하는 findReverse( ) 메소드를 작성하시오. 메소드 형식은 findReverse(self, data)이다.

10 DList 클래스의 findReverse( ) 메소드의 빅오 복잡도를 구하시오.

11 CList 클래스에서 모든 노드의 데이터를 출력하는 printList( ) 메소드를 작성하시오. 메소드 형식은 printList(self)이다.

12 CList 클래스에서 맨 마지막 노드를 삭제하는 deleteLast( ) 메소드를 작성하시오. 메소드 형식은 deleteLast(self)이다.

CHAPTER

06 스택과 큐

배열, 링크드 리스트, 트리, 해시 테이블은 다른 여러 자료구조들을 구현하는 기본 바탕이 된다는 측면에서 4대 기본 자료구조라 할 수 있다. 4대 기본 자료구조를 응용한 여러 자료구조들 중 가장 대표적인 자료구조가 스택과 큐이다.

이번 장에서는 스택과 큐 자료구조의 정의를 알아보고, 링크드 리스트 및 배열의 두 가지 기본 자료구조로 구현하고 각각의 시간복잡도를 분석해본다. 또한 스택과 큐를 활용한 응용 프로그램도 만들어본다.

6.1 스택

스택은 최근에 넣은 데이터부터 빼는 자료구조이다. 나중에 들어간 데이터가 먼저 나온다는 의미에서 후입선출, 즉 LIFO(Last In, First Out) 방식이라 한다. 링크드 리스트나 배열로의 구현 측면에서 보면 한 쪽 끝에서만 넣거나 빼는 자료구조라고 정의할 수도 있다.

스택의 넣기, 빼기 연산은 고유의 이름이 있다. 바로 push와 pop이다. 스택의 찾기 연산은 큰 의미가 없다. 어차피 한 쪽 끝에서만, 가장 최근에 넣은 데이터만 빼기 때문이다.

스택 자료구조의 정의는 아래와 같다.

스택 자료구조	정의		메소드
	넣기, 빼기 연산을 한 쪽 끝에서만 수행하는 자료구조		
3대 기본 연산	넣기	한 쪽 끝에 데이터 추가	push( )
	빼기	가장 최근에 넣은 데이터 삭제	pop( )
	찾기	데이터 찾기	–

링크드 리스트로 구현

어떤 자료구조를 링크드 리스트로 구현할 때 가장 먼저 검토해야 할 일은 노드의 자료구조이다. 링크드 리스트에서 각 데이터는 링크 정보와 함께 노드로 포장되어야 하기 때문이다. 스택에서 사용할 노드는 싱글 링크드 리스트의 노드로 충분하다. 스택에서 연산이 일어나는 유일한 장소는 한 쪽 끝이므로 스택 자료구조의 필드변수는 그 한 쪽 끝을 가리키는 변수, top이다.

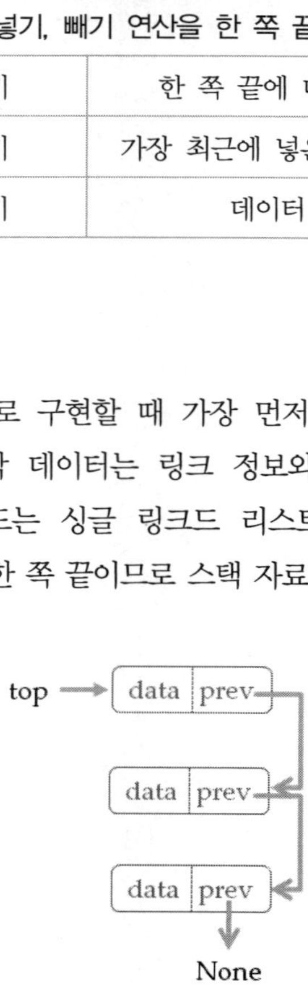

넣기, 빼기 연산인 push( ) 메소드와 pop( ) 메소드를 구현한 스택 자료구조 클래스는 아래와 같다. 클래스 이름은 LinkedListStack이다.

```
### 링크드 리스트로 구현한 스택 클래스 - 필드변수는 top
class LinkedListStack:
    class Node:                               # Node 클래스 정의
        def __init__(self, data, link):
            self.data = data
            self.prev = link                  # 바로 직전에 스택에 먼저 들어간 노드를 가리킴

    def __init__(self):
        self.top = None                       # 맨 마지막에 들어간 노드를 가리키는 필드변수

    def push(self, data):                     # 넣기 연산
        newNode = self.Node(data, self.top); # 새 객체의 prev 링크는 현재의 top 노드
        self.top = newNode

    def pop(self):                            # 빼기 연산
        if self.top == None:
            return
        else:
            data = self.top.data
            self.top = self.top.prev          # 빼고 난 후 top은 바로 이전 노드
            return data

    def getTop(self):                         # 스택 top의 데이터 알아보기
        if self.top == None:
            return None
        else:
            return self.top.data

    def isEmpty(self):                        # 스택이 비어 있는지 알아보기
        if self.top == None:
            return True
        else:
            return False
```

각 노드의 링크는 자기보다 먼저 들어온 이전 노드, 즉 위 그림과 같이 바로 밑의 노드를 가리키고 있으므로 노드의 링크 변수 이름을 prev로 정했다. 스택 자료구조의 필드변수, 즉 LinkedListStack 클래스의 필드변수는 가장 최근에 넣은 노드, 즉 그림과 같이 맨 위 노드를 가리키는 self.top이다.

넣기 연산인 push( ) 메소드는 먼저 새로 추가할 데이터를 노드 객체로 포장하고. 새 노드의 prev 링크는 기존 self.top이 가리키는 노드이다. 이어서 self.top은 새로 들어온 newNode를 가리키도록 변경한다.

빼기 연산인 pop( ) 메소드는 우선 스택이 비어있는지 확인하고, 비어있지 않으면 self.top이 가리키는 노드의 데이터를 꺼내 리턴한다. 리턴하기 전에 self.top을 현재 self.top이 가리키는 노드의 이전 노드, 즉 self.top.prev로 변경한다.

이어서 getTop( ) 메소드는 현재 스택의 맨 위 데이터가 무엇인지 알아보는 메소드이다. pop( ) 메소드는 self.top의 데이터를 리턴하면서 데이터 자체를 스택에서 삭제하는 반면에 getTop( ) 메소드는 self.top의 데이터 삭제 없이 읽기만하는 메소드이다.

끝으로 isEmpty( ) 메소드는 스택이 현재 비어있는지를 검사하는 메소드로써 self.top이 None이면, 즉 스택이 비어있으면 True 값을 리턴한다. isEmpty( ) 메소드는 스택을 사용하는 대부분의 알고리즘들이 스택의 상태를 보고 알고리즘의 종결 여부를 판단하기 때문에 많이 사용되는 연산이다.

아래는 메인 테스트 코드의 예이다. 세 번의 push( ) 메소드와 네 번의 pop( ) 메소드를 호출했다. 스택이 비어 있는 상태인 네 번째 pop( ) 메소드 호출의 결과는 None 값임을 확인할 수 있다. 중간의 getTop( ) 메소드로 스택 현재 self.top의 값을 읽어보았고 마지막 줄에서 isEmpty( ) 메소드로 스택이 비어있는지 확인했다.

```
### 링크드 리스트 스택 테스트 코드
stack = LinkedListStack()           # LinkedListStack 객체 생성

stack.push("computer")
stack.push("algorithm")
stack.push("babbage")

print(stack.getTop())               # 스택 top의 데이터 알아보기
```

```
print(stack.pop())
print(stack.pop())
print(stack.isEmpty())

print(stack.pop())
print(stack.isEmpty())

print(stack.pop())
print(stack.isEmpty())
```

배열로 구현

스택을 배열로도 구현할 수 있다. 배열에 해당하는 파이썬 자료구조는 리스트이므로 파이썬 리스트로 스택 자료구조를 구현하면 아래와 같다. 클래스 이름은 ArrayStack이다.

```
### 배열로 구현한 스택 클래스 - 필드변수는 리스트 객체인 array와 마지막 인덱스인 top
class ArrayStack:
    def __init__(self):
        self.array = list()
        self.top = -1

    def push(self, data):                # 배열(파이썬 리스트)의 맨 뒤에 넣기
        self.array.append(data)
        self.top += 1

    def pop(self):                       # 배열(파이썬 리스트)의 맨 뒤에서 빼기
        if self.top == -1:
            return
        else:
            data = self.array.pop()
            self.top -= 1
            return data
```

ArrayStack 클래스의 필드변수는 첫째, 데이터를 저장하는 self.array로 파이썬 리스트 객체이고 스택 연산인 넣기와 빼기가 일어나는 쪽은 배열의 맨 뒤로 가정했다. 따라서 두 번째 필드변수는 배열의 마지막 인덱스를 나타내는 self.top이다.

배열과 파이썬 리스트

전통적인 배열은 다수의 데이터를 연속된 메모리에 저장할 뿐만 아니라 데이터의 추가, 삭제가 수시로 빈번히 일어나는 자료구조이기 때문에 메모리 할당 및 반환 정책이 매우 중요하다. 메모리 할당(memory allocation) 정책에는 정적할당과 동적할당이 있다. 정적할당은 배열을 선언할 때 그 크기를 미리 지정하는 것이고 동적할당은 데이터가 추가될 때 현재 배열의 크기와 관계없이 동적으로 메모리를 할당하는 것이다. C 언어처럼 컴퓨터 과학 초기 명령형(imperative) 프로그래밍 언어의 배열에서는 메모리 관리가 간편한 정적할당 방식을 주로 사용한 반면 자바나 파이썬과 같은 객체지향 프로그래밍 언어에서는 동적할당 방식을 사용한다. 객체지향 프로그래밍 언어에서 객체는 동적으로 할당되고 반환되는데 배열 또한 객체이기 때문이다.

파이썬도 객체지향 언어이므로 파이썬의 리스트 객체는 메모리를 동적으로 할당한다. 따라서 리스트 객체 선언 시 리스트의 크기를 지정할 필요가 없고 데이터의 추가, 삭제 또한 동적으로 수행된다.

시간복잡도 분석

스택의 넣기, 빼기 연산인 push( ) 메소드와 pop( ) 메소드는 그 자료구조의 한 쪽 끝에서만 수행되고 따라서 특정 데이터를 찾는 반복문이 없으므로 링크드 리스트로의 구현이나 배열로의 구현 모두 $O(1)$이다.

스택 자료구조	3대 기본 연산	빅오 복잡도	
		링크드 리스트로 구현	배열로 구현
시간복잡도	push( )	$O(1)$	$O(1)$
	pop( )	$O(1)$	$O(1)$
	–	–	–

Python

6.2 스택의 응용

컴퓨터과학에서 스택의 응용 분야는 다양하다. 스택의 주요 응용 사례를 보면 아래와 같다.

- **스택머신**: 스택을 통해 명령어(instruction code)를 처리하는 컴퓨터구조(instruction set architecture)의 한 종류. 명령어 실행을 레지스터 대신 스택에서 수행
- **메모리 관리**: 컴퓨터 운영체제에서 스택을 사용하여 프로세스를 실행
- **함수 호출과 리턴**: 함수 및 메소드의 호출과 리턴을 스택을 통해 관리
- **수식 표기 변환과 계산**: 중위표기 수식을 컴퓨터가 처리하기 쉬운 전위표기 또는 후위표기로 변환할 때 스택을 사용. 또한 스택을 사용하여 전위표기 또는 후위표기 수식을 계산
- **미로 찾기**: 미로 찾기에서 갔던 길을 되돌아갈 때 스택을 사용
- **코드의 괄호 검사**: 프로그램 코드에 포함된 괄호의 짝이 맞는지 스택을 사용하여 확인

이 절에서는 수식의 괄호 검사 프로그램과 수식 표기 변환 및 계산 프로그램을 직접 만들어본다.

괄호 검사

수식에서 괄호는 계산 순서를 결정하는 중요한 요소 중 하나이다. 여닫는 괄호의 짝이 맞지 않으면 정확한 계산을 할 수 없는 경우도 많다. 프로그램 코드에서도 코드 블록의 경계를 명확히 구분하기 위해 여러 괄호들이 사용된다. 그 괄호들의 짝이 맞는지를 검사하는 것은 컴파일러가 하는 기본적인 일들 중 하나이다.

이 절에서는 $4((2x+3)y+(3x+4)z)$와 같이 괄호가 포함된 수식에서 여닫는 괄호의 짝이 맞는지를 검사하는 프로그램을 만들어본다. 일반적인 수식에는 여러 종류의 괄호들이 섞여있지만 여기서는 앞의 수식처럼 한 종류의 괄호만 있다고 가정하자.

아이디어, 즉 알고리즘은 간단하다. 괄호의 짝이 맞으려면 여는 괄호의 개수와 닫는 괄호의 개수가 같아야 하므로 두 종류의 괄호들을 세어 비교하는 것도 한 방법이다. 하지만 스택을

사용하면 일일이 세어보지 않아도 확인할 수 있다. 즉 수식을 차례로 읽어가면서 여는 괄호이면 그 여는 괄호를 스택에 넣고 닫는 괄호이면 스택에 저장된 여는 괄호 한 개를 빼는 것이다. 수식을 모두 읽었을 때 스택이 비어있다면 괄호의 짝이 맞는 경우이다. 반면에 수식을 모두 읽었는데도 스택이 비어있지 않거나 수식 중간에 닫는 괄호를 만났는데 스택이 비어있다면 짝이 맞지 않는 경우이다.

완성된 프로그램은 아래와 같다. 함수 이름은 checkBalance( )이다. 파라미터는 임의의 수식 문자열이다. checkBalance( ) 함수에서 사용하는 스택은 링크드 리스트로 구현한 스택이다. 앞 절에서 만든 LinkedListStack 클래스를 재활용하자. 그 클래스를 linkedStack.py 파일로 저장하고[1] 아래 코드의 첫째 줄과 같이 import문으로 파일을 불러온다.

```
import linkedStack                # LinkedListStack 클래스 import

### 괄호 검사 함수
def checkBalance(expr):
    stack = linkedStack.LinkedListStack()      # LinkedListStack 객체 생성
    for char in expr:             # expr 문자열에 있는 각 문자에 대하여 반복
        if char == '(':           # 여는 괄호이면 스택에 넣기
            stack.push(char)
        elif char == ')':         # 닫는 괄호이면 스택에서 빼기
            if stack.isEmpty()  # 스택이 비어있어 뺄 것이 없다면 괄호 짝이 맞지 않음
                return False
            else:
                stack.pop()

    if stack.isEmpty():
        return True
    else:    # expr 문자열을 모두 처리한 후 스택이 비어 있지 않으면 괄호 짝이 맞지 않음
        return False

# 메인 테스트 코드
print(checkBalance("4((2x+3)y+(3x+4)z)"))
```

1) linkedStack.py 파일에는 메인 테스트 코드 없이 LinkedListStack 클래스 코드만 남겨야 한다.

위 프로그램의 테스트 코드는 $4((2x+3)y+(3x+4)z)$ 수식의 괄호를 검사하는 것으로 실행 결과는 True이다.

수식표기법과 변환

컴퓨터는 수식을 어떻게 계산할까?

예를 들어 3+4×5라는 식을 보자. 곱셈의 우선순위가 덧셈의 우선순위보다 높으므로 4×5를 먼저 계산하고 3을 더해야 한다. 3+4+5+6+7+8+9×10은 어떤가, 역시 우선순위가 높은 맨 마지막의 9×10을 먼저 계산하고 나머지 덧셈들을 해야 한다. 이와 같은 계산 순서는 수식 전체를 미리 훑어보기 전에는 알 수 없는 일이다. 컴퓨터에게도 마찬가지이다. 어느 항을 먼저 계산할지 계산의 우선순위를 결정하기 위해 일단 그 수식을 처음부터 끝까지 읽어보아야만 한다. 보다 효율적인 방법은 없을까? 즉 미리 읽어보는 수고없이 바로 계산할 수는 없을까? 이 절에서는 그 방법에 대해 알아보자.

그에 앞서 먼저 수식표기법에 대해 살펴보자. 수식표기법은 연산자의 위치에 따라 아래와 같이 세 가지 방식이 있다.

- 중위표기(infix notation): 연산자를 피연산자들 중간에 쓰는 표기법
- 전위표기(prefix notation): 연산자를 피연산자들 앞에 쓰는 표기법
- 후위표기(postfix notation): 연산자를 피연산자들 뒤에 쓰는 표기법

이 중에서 우리가 일상에서 사용하는 방법은 중위표기법이다. 아래는 세 개 수식을 각각의 표기법으로 나타내본 것이다.

중위표기(infix)	전위표기(prefix)	후위표기(postfix)
3+4×5	+3×4 5	3 4 5 ×+
3+4+5+6+7+8×9	+++++3 4 5 6 7×8 9	3 4+5+6+7+8 9×+
5+(6+7)×8/9	+5/×+6 7 8 9	5 6 7+8×9/+

중위표기와 달리 전위표기나 후위표기 수식은 수식 전체를 미리 훑어볼 필요 없이 곧바로 계산이 가능하다는 장점이 있다. 따라서 컴퓨터는 우리가 사용하는 중위표기 수식을 먼저 전위표기나 후위표기로 변환한 후 그 변환된 수식으로 계산을 한다. 이 절에서는 중위표기 수식을 후위표기 수식으로 변환하는 프로그램과 그렇게 변환된 후위표기 수식을 계산하는

프로그램을 만들어본다.[2)]

먼저 중위표기 수식을 후위표기 수식으로 변환하는 방법에 대하여 알아보자. 어떻게 하면 될까? 바로 스택을 이용하는 것이다. 알고리즘을 정리하면 아래와 같다.

중위표기 수식의 후위표기 수식 변환 알고리즘

1. 중위표기 수식을 처음부터 읽어가면서,
   - 현재 글자가 연산자이면, 현재 읽은 연산자의 우선순위보다 높거나 같은, 스택에 있는 모든 연산자를 꺼내 출력한다. 그런 후에 현재 연산자를 스택에 넣는다. 단 여는 괄호의 우선순위는 가장 낮다.
   - 현재 글자가 여는 괄호이면, 무조건 스택에 넣는다.
   - 현재 글자가 닫는 괄호이면, 스택에서 여는 괄호가 나타나기 전까지 스택에 있는 연산자를 꺼내 출력한다. 그런 후에 스택에 남은 여는 괄호를 꺼내 제거한다.
   - 현재 글자가 숫자이면, 바로 출력한다.
2. 수식 읽기가 끝나면 스택에 남은 연산자를 모두 꺼내 출력한다.

완성된 프로그램은 아래와 같다.[3)] 함수 이름은 infixToPostfix( )이다. 입력 파라미터는 중위표기 수식 문자열, infix이고 리턴값은 후위표기 수식 문자열, postfix이다. 코드의 핵심은 infix 문자열을 한 글자씩 순서대로 읽어나가는 for 반복문이다. 먼저 반복문의 제일 마지막 코드, else 문은 현재 읽은 글자가 연산자도 아니고 괄호도 아닌, 즉 숫자인 경우로써 바로 출력하면 된다.[4)]

---

2) 전위표기나 후위표기 모두 수식 전체를 미리 훑어보는 수고 없이 바로 계산할 수 있다. 여기서는 그 중 후위표기법에 대하여 알아본다.

3) 여기서는 수식 변환에 스택이 어떻게 활용되는지를 알아보는 것이 목적이므로 다음과 같은 가정을 통해 프로그램을 단순화했다. 1) 연산자는 +, -, *, /의 네 종류만 있다, 2) 괄호는 일반괄호 한 종류만 있다, 3) 수는 0에서 9까지 한 자리 수만 있다.

4) 여기서 출력은, 후위표기 문자열 변수인 postfix에 넣는 것이다.

```
import linkedStack                                # LinkedListStack 클래스 import

### 중위표기를 후위표기로 변환하는 함수
def infixToPostfix(infix):                        # 입력은 중위표기 수식 문자열
    stack = linkedStack.LinkedListStack()         # 스택 객체 생성

    postfix = ""                                  # 출력인 후위표기 수식 문자열 준비
    for char in infix:
        if char == '+' or char == '-':            # 연산자 우선순위가 덧셈 수준이면
            while not stack.isEmpty() and not stack.getTop() == '(':
                postfix += stack.pop()
            stack.push(char)
        elif char == '*' or char == '/':          # 연산자 우선순위가 곱셈 수준이면
            while not stack.isEmpty() and not stack.getTop() ==
                                      '(' and not stack.getTop() in "+-":
                postfix += stack.pop()
            stack.push(char)
        elif char == '(':                         # 여는 괄호이면 스택에 넣기
            stack.push(char)
        elif char == ')':           # 닫는 괄호이면 여는 괄호 전까지 스택의 연산자 출력
            while not stack.getTop() == '(':
                postfix += stack.pop()
            stack.pop()                           # 끝으로 여는 괄호를 꺼내 제거
        else:                                     # 읽은 글자가 숫자이면
            postfix += char

    while not stack.isEmpty():      # 수식을 모두 읽은 후 스택에 있는 모든 연산자 출력
        postfix += stack.pop()

    return postfix
```

현재 읽은 글자가 연산자이면 스택에 있는 연산자 중 그보다 우선순위가 높거나 같은 연산자는 모두 꺼내 출력해야 한다. 첫 번째 if 비교문을 보자. 현재 읽은 글자가 덧셈이나 뺄셈이면 우선순위가 그보다 높거나 같은, 바꾸어 말하면 덧셈이나 뺄셈보다 우선순위가 낮지 않은, 즉 빈 스택이 아니거나 여는 괄호가 아니면, 스택으로부터 연산자를 꺼내 출력한다. 참고로 여는 괄호의 우선순위는 가장 낮다.

두 번째 if 비교문을 보자. 현재 읽은 글자가 곱셈이나 나눗셈이면 그보다 우선순위가 높거나 같은, 바꾸어 말하면 그 곱셈이나 나눗셈보다 우선순위가 낮지 않은, 즉 빈 스택이 아니거나 여는 괄호가 아니거나 덧셈이나 뺄셈이 아니면, 스택으로부터 연산자를 꺼내 출력한다.

두 if 비교문 모두, 스택에서 현재 읽은 연산자의 우선순위보다 높거나 같은 연산자를 모두 꺼낸 후에 현재 읽은 연산자를 스택에 넣는다.

아래는 infixToPostfix( ) 함수의 메인 테스트 코드이다. 테스트 수식은 위 표에 있는 세 개 수식이다. 결과를 비교해보자.

```
### infixToPostfix() 함수의 메인 테스트 코드
print(infixToPostfix("3+4*5"))
print(infixToPostfix("3+4+5+6+7+8*9"))
print(infixToPostfix("5+(6+7)*8/9"))
```

후위표기 수식의 계산

중위표기 수식은 실제 계산에 앞서 우선순위가 높은 항을 찾기 위해 미리 전체 수식을 훑어보아야 하지만 전위표기나 후위표기 수식은 그런 수고 없이 바로 계산할 수 있다. 어떻게 하면 될까. 역시 스택을 이용하면 된다. 후위표기 수식을 계산하는 프로그램을 만들어 보자. 알고리즘은 아래와 같다.[5)]

후위표기 수식 계산 알고리즘

1. 후위표기 수식을 처음부터 읽어가면서,
   - 숫자이면 스택에 넣고,
   - 연산자이면 스택에서 두 수를 꺼내 해당 연산을 수행한 후 그 결과를 다시 스택에 넣는다.
2. 수식 읽기가 끝나면 스택 top에 남아 있는 수가 계산 결과이다.

---

5) 앞의 infixToPostfix( ) 함수 구현과 마찬가지로 다음과 같이 가정한다. 1) 연산자는 +, -, *, /의 네 종류만 있다, 2) 수는 0에서 9까지 한 자리 수만 있다.

완성된 postfixEvaluation( ) 함수는 아래와 같다. 입력 파라미터는 후위표기 수식 문자열이 들어있는 expr이다. 먼저 스택 객체를 생성하고 for 반복문을 통해 expr 문자열을 한 글자씩 읽어나간다. 현재 읽은 글자가 연산자이면 스택에서 두 수를 꺼내 해당 연산을 수행하고 그 결과를 스택에 넣는다. 반면에 숫자이면 바로 스택에 넣는다.[6)]

```
import linkedStack                             # LinkedListStack 클래스 import

# 후위표기 수식을 계산하는 함수
def postfixEvaluation(expr):
    stack = linkedStack.LinkedListStack()      # 스택 객체 생성
    for char in expr:                          # expr 수식의 각 문자에 대하여 반복
        if char == '+':             # 글자가 '+'이면 스택의 두 수를 더한 결과를 스택에 넣기
            a = stack.pop()
            b = stack.pop()
            stack.push(a+b)
        elif char == '-':           # 글자가 '-'이면 스택의 두 수를 뺀 결과를 스택에 넣기
            a = stack.pop()
            b = stack.pop()
            stack.push(b-a)
        elif char == '*':           # 글자가 '*'이면 스택의 두 수를 곱한 결과를 스택에 넣기
            a = stack.pop()
            b = stack.pop()
            stack.push(a*b)
        elif char == '/':           # 글자가 '/'이면 스택의 두 수를 나눈 결과를 스택에 넣기
            a = stack.pop()
            b = stack.pop()
            stack.push(b/a)
        else:                       # 글자가 연산자가 아니라 숫자이면 스택에 넣기
            stack.push(int(char))

    return stack.pop()              # 스택에 남은 최종 결과를 리턴
```

아래는 postfixEvaluation( ) 함수의 메인 테스트 코드이다.

6) 후위표기 수식에는 괄호가 없다. 후위표기 수식은 수식 자체가 계산 우선순위대로 표시되기 때문이다. 따라서 postfixEvaluation( ) 함수에서도 괄호에 대한 코드는 필요없다. 전위표기 수식에서도 마찬가지이다.

```
### postfixEvaluation() 함수 메인 테스트 코드
print(postfixEvaluation("345*+"))
print(postfixEvaluation("34+5+6+7+89*+"))
print(postfixEvaluation("567+8*9/+"))
```

시간복잡도 분석

앞에서 살펴본 세 가지 스택 응용 프로그램은 모두 입력 문자열의 글자들을 한 글자씩 순서대로 읽어나가는 하나의 for 반복문이 핵심이다. 반복문에 포함된 주요 연산은 글자 비교와 스택 연산인데 글자 비교의 시간복잡도는 당연히 $O(1)$이고 스택의 넣기, 빼기 연산 또한 $O(1)$이므로 세 함수의 시간복잡도는 for 반복문의 반복 횟수인 문자열의 길이에 비례한다. 따라서 문자열의 길이를 n이라 할 때 시간복잡도는 $O(n)$이다.

스택 응용 알고리즘		빅오 복잡도
괄호 짝 검사	checkBalance( )	$O(n)$
후위표기 수식 변환	infixToPostfix( )	$O(n)$
후위표기 수식 계산	postfixEvaluation( )	$O(n)$

6.3 큐

큐(queue)는 한쪽 끝에서는 넣기만 하고 다른 쪽 끝에서는 빼기만 하는 자료구조이다. 큐와 스택 모두 데이터를 일렬로 저장하는 순차적 자료구조이지만 넣기, 빼기 연산을 특별하게 정의한 응용 자료구조라 할 수 있다. 스택은 나중에 들어간 데이터가 먼저 나오는 후입선출, 즉 LIFO(Last in, first out) 방식인 반면 큐는 먼저 들어간 데이터가 먼저 나오는 선입선출, 즉 FIFO(first in, first out) 방식이다.

스택과 같이 큐에서도 넣기, 빼기 연산에 고유의 이름이 있다. 즉 enqueue와 dequeue이다. 스택과 마찬가지로 큐에서도 찾기 연산은 큰 의미가 없다. 어차피 한 쪽 끝에서만, 즉 가장 오래된 데이터만 빼기 때문이다.

큐 자료구조의 정의는 아래와 같다.

큐 자료구조	정의		메소드
	한 쪽 끝에서는 넣기만, 다른 쪽 끝에서는 빼기만 수행하는 자료구조		
3대 기본 연산	넣기	한 쪽 끝에서 데이터 추가	enqueue( )
	빼기	다른 쪽 끝에서 데이터 삭제	dequeue( )
	찾기	데이터 찾기	-

큐 자료구조를 링크드 리스트와 배열로 구현하고 각각의 시간복잡도를 분석해보자.

링크드 리스트 구현

큐를 싱글 링크드 리스트로 구현해보자. 각각의 데이터를 포장하는 노드 객체는 원래 싱글 링크드 리스트에서와 같이 data와 next로 구성했다. 이러한 노드들을 연결한 큐 자료구조의 필드변수는 링크드 리스트의 양쪽 끝을 가리키는 front와 rear이다.

front는 링크드 리스트의 앞쪽, 즉 가장 먼저 들어온 노드를 가리키고 rear는 뒤쪽, 즉 가장 나중에 들어온 노드를 가리킨다. 따라서 넣기 연산은 rear 쪽에서, 빼기 연산은 front 쪽에서 수행된다. 이를 그림으로 나타내면 아래와 같다. rear에서의 넣기와 front에서의 빼기 모두 오른쪽으로만 진행되기 때문에 오른쪽 노드를 가리키는 변수, next 링크 정보만으로 쉽게 구현할 수 있다.[7)]

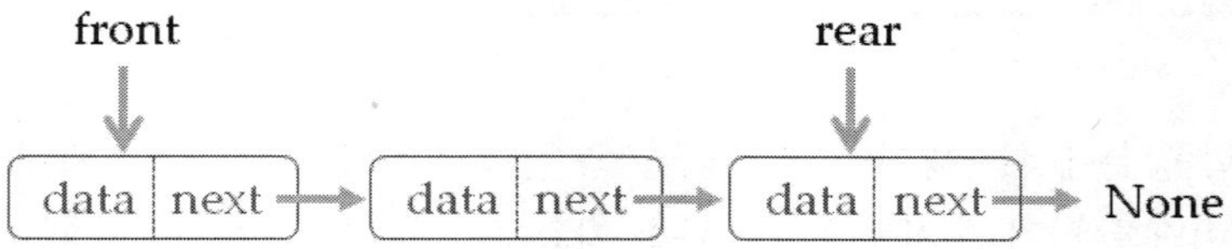

완성된 LinkedListQueue 클래스는 아래와 같다. enqueue( ) 메소드와 dequeue( ) 메소드 모두 하나의 if 비교문으로 이루어져 있다. enqueue( ) 메소드의 경우 큐가 비어 있을 때, 그리고 dequeue( ) 메소드의 경우 노드를 뺀 후 큐가 비워질 때는 self.front와 self.rear 모두를 수정해야 하므로 if 비교문으로 해당 경우를 검사한다.

```
### 링크드 리스트로 구현한 큐 - 필드변수는 front와 rear
class LinkedListQueue:
    class Node:                             # 노드 객체 정의
        def __init__(self, data, link):
            self.data = data
            self.next = link

    def __init__(self):
        self.front = None                   # 넣기는 front에서
        self.rear = None                    # 빼기는 rear에서

    def enqueue(self, data):                # front에서 넣기 연산
        newNode = self.Node(data, None);
        if self.front is None:              # 큐가 비어있으면
            self.front = newNode
            self.rear = newNode
        else:                               # 그렇지 않으면 front 다음에 새 노드 추가
            self.front.next = newNode
            self.front = self.front.next # front를 새로 들어온 노드로 이동
```

7) 큐는 맛집에 서있는 손님들의 줄과 같다. 가장 오래 기다린 맨 앞은 front, 가장 최근에 도착한 맨 뒤는 rear이다. 그림의 화살표 방향은 기다리는 손님들이 모두 등을 돌리고 서있는 것과 같다.

```
    def dequeue(self):                      # rear에서 빼기 연산
        if self.rear is None:
            return
        else:
            data = self.rear.data           # rear 노드의 데이터 백업
            self.rear = self.rear.next      # rear를 다음 노드로 이동
            if self.rear is None:    # 새로운 rear가 None이면 큐가 비어있는 것이므로
                self.front = None    # front도 None으로 변경
            return data
```

아래는 메인 테스트 코드이다. 두 번의 enqueue( ) 메소드 호출 후 dequeue( ) 메소드를 호출했다. 마지막 호출 시에는 큐가 비어있어 None이 출력됨을 확인할 수 있다.

```
### LinkedListQueue 클래스 메인 테스트 코드
queue = LinkedListQueue()           # LinkedListQueue 객체 생성

queue.enqueue(7)
queue.enqueue(8)

print(queue.dequeue())
print(queue.dequeue())
print(queue.dequeue())                # 예상 출력은, 큐가 비어있으므로 None
```

배열 구현

큐를 배열로 구현하는 것은 간단하다. 파이썬에서 배열에 해당하는 파이썬 리스트로 구현한 ArrayQueue 클래스는 아래와 같다. 필드변수는 파이썬 리스트 객체인 self.queue 이다.

넣기 연산은 리스트의 뒤에서, 빼기 연산은 앞에서 수행된다고 가정했다. 반대로 가정하고 구현하는 것도 물론 가능하다. 넣기, 빼기 연산의 구현은 파이썬 리스트 객체가 제공하는 append( ) 메소드와 pop( ) 메소드를 사용했다.[8)]

8) 파이썬 리스트 객체가 제공하는 pop(i) 메소드는 리스트에서 데이터를 꺼내 반환하는 메소드로써 파라미터 i는 그 데이터의 위치, 즉 인덱스이다. 파라미터를 생략하면 기본값은 리스트의 마지막 위치이다.

```
### 배열로 구현한 큐 - 필드변수는 파이썬 리스트 개체인 self.queue
class ArrayQueue:
    def __init__(self):
        self.queue = list()

    def enqueue(self, data):
        self.queue.append(data)         # 파이썬 리스트의 맨 뒤에 넣기
    def dequeue(self):
        if len(self.queue) == 0:
            return
        else:
            return self.queue.pop(0)   # 파이썬 리스트의 맨 앞, 즉 0번째 데이터 빼기
```

시간복잡도 분석

LinkedListQueue 클래스의 enqueue( ) 메소드와 dequeue( ) 메소드의 시간복잡도가 $O(1)$임은 자명하다. enqueue( )는 self.front를 통해, dequeue( )는 self.rear를 통해 연산을 바로 수행하기 때문이다. 즉 리스트를 순차적으로 검색할 필요가 없다.

파이썬 리스트로 구현한 ArrayQueue 클래스를 보자. enqueue( ) 메소드는 파이썬 리스트의 list.append( ) 메소드를 사용함으로 $O(1)$이라 할 수 있다. 반면에 dequeue( ) 메소드의 경우, 코드 자체로는 파이썬 리스트의 list.pop( ) 메소드 호출뿐이지만 0번째 원소를 삭제하는 list.pop(0)의 실제 작업은 리스트의 첫 번째 데이터를 삭제한 후 그 뒤의 모든 데이터들을 한 칸씩 앞으로 옮겨야 하므로 $O(n)$ 만큼의 시간이 걸린다.[9)]

큐 자료구조	3대 기본 연산	빅오 복잡도	
		배열로 구현	링크드 리스트로 구현
시간복잡도	enqueue( )	$O(1)$	$O(1)$
	dequeue( )	$O(n)$	$O(1)$
	find( )	–	–

9) 큐를 배열로 구현하는 경우이므로 파이썬 리스트가 내부적으로 배열로 구현되었다고 가정한다.

큐의 응용 분야

큐 자체는 1차원 배열과 유사한 단순한 자료구조이지만 그 응용분야는 아주 다양하다. 대표적인 큐의 응용분야는 아래와 같다.

- CPU의 태스크 스케줄링(Task Scheduling)
- 네트워크 프린터
- 실시간(Real-time) 시스템의 인터럽트(Interrupt) 처리
- 다양한 이벤트 기반(Event-driven) 컴퓨터 시뮬레이션
- 콜 센터의 착신전화 처리
- 이진트리의 레벨순회(level-order traversal)
- 그래프의 너비우선탐색(Breath-First Search)

연습문제

01 LinkedListStack 클래스에서 현재 스택의 모든 데이터를 출력하는 printStack( ) 메소드를 작성하시오. 메소드 형식은 printStack(self)이다.

02 ArrayStack 클래스에서 현재 스택의 모든 데이터를 출력하는 printStack( ) 메소드를 작성하시오. 메소드 형식은 printStack(self)이다.

03 두 종류의 괄호, { }와 ( )가 사용된 수식의 괄호 짝이 맞는지 검사하는 checkBalance2(expr) 함수를 작성하시오.

04 중위표기 수식을 전위표기 수식으로 변환하는 함수, infixToPrefix(infix)를 작성하시오. 단, 연산자는 +, -, *, /의 네 종류만 있고, 괄호는 일반괄호 한 종류만 있고, 수는 0에서 9까지 한 자리 수만 있다. 입력 파라미터는 중위표기 수식인 infix이다.

05 큐를 배열, 즉 파이썬 리스트로 구현해보자. 단 넣기는 리스트의 앞에서, 빼기는 리스트의 뒤에서 수행된다.

06 "기러기", "소주 만병만 주소", "Step on no pets"처럼 문장을 거꾸로 읽어도 원래 문장과 같은 문장을 팰린드롬이라 한다. 어떤 문장이 팰린드롬인지, 스택을 이용하여 검사하는 palindrome(phrase) 함수를 작성하시오.

CHAPTER

07 트리

앞에서 살펴본 두 개의 기본 자료구조, 배열과 링크드 리스트의 장단점을 비교해보자. 배열, 특히 정렬된 배열의 경우 찾기 연산은 비교적 빠르게 수행할 수 있지만 넣기나 빼기 연산은 삽입이나 삭제 후에도 정렬 상태 유지를 위한 추가 작업이 필요하므로 비효율적이다.

반면에 링크드 리스트는 메모리를 동적으로 할당함으로써 넣기나 빼기는 비교적 간단하지만 찾기는 비효율적이다.

배열의 효율적인 찾기와 링크드 리스트의 간단한 넣기, 빼기의 장점만을 살린 자료구조는 없을까. 바로 트리다.

트리는 컴퓨터과학에서 가장 광범위하게 사용되는 개념 중 하나로써 트리라는 용어 자체는 데이터를 계층적으로 저장하는 수많은 트리 형태의 자료구조들을 통칭하는 일반명사이다. 이러한 트리 형태 자료구조들을 분류해보면 1) 이진탐색트리, B-트리, AVL 트리, Red-Black 트리와 같은 탐색 트리, 2) 이진힙, 이항힙 등의 힙, 3) C-트라이, 해시 트리, 기수 트리 등의 트라이가 있다.

이번 장과 다음 장에서는 대표적인 트리 자료구조인 이진트리, 이진힙, 이진탐색트리에 대해 살펴본다.

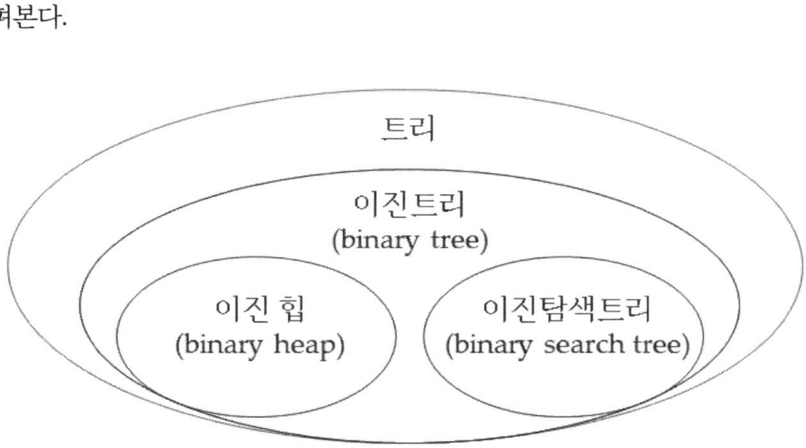

7.1 트리 개요

트리는 계층적 자료구조로써 나무를 거꾸로 세워놓은 모양으로 시각화할 수 있다. 트리는 재귀적으로 정의된다. 즉 트리란 루트 노드와 그 노드에 연결된 트리들의 집합이다.

트리의 정의

트리는 비어있거나, 루트 노드 R과 트리의 집합으로 구성된다.
각 트리의 루트 노드는 R의 자식 노드이다.

트리의 정의에 따라 노드가 하나도 없는, 비어있는 무엇도 트리이다. 노드가 하나 이상이면 그 중 한 노드는 반드시 루트 노드이고 그 루트 노드를 제외한 나머지는 다시 하나 이상의 트리이다.

예를 들어 아래 그림을 보자. 아래의 트리는 루트 노드인 7번 노드와 두 개의 부분 트리로 구성된다. 왼쪽 부분 트리는 다시 루트 노드인 9번 노드와 하나의 트리로, 오른쪽 부분 트리는 다시 루트 노드인 5번 노드와 세 개의 트리로 구성된다. 전체 트리의 루트 노드인 7번 노드와 왼쪽 트리의 루트 노드인 9번 노드는 링크로 연결되어 있고, 마찬가지로 7번 노드와 오른쪽 트리의 루트 노드인 5번 노드도 링크로 연결되어 있다. 이와 같이 링크로 연결된 두 노드의 관계를 부모 노드와 자식 노드라고 한다. 즉 7번 노드의 자식 노드는 9번 노드와 5번 노드이고 9번 노드와 5번 노드의 부모 노드는 7번 노드이다.

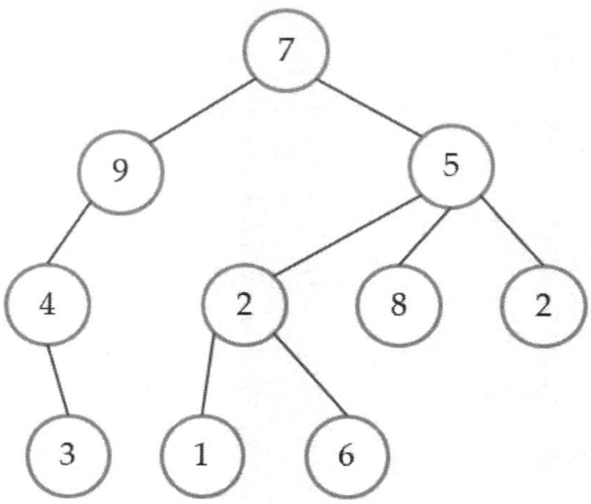

그래프 이론 관점에서 보면 트리는 그래프의 한 형태로써 사이클 없는 연결 그래프이다.[1)] 트리 또한 그래프이므로 링크의 방향이 있는 경우와 그렇지 않은 경우로 구분할 수 있다. 하지만 트리의 형상 자체가 루트 노드를 정점으로 위에서 아래로, 방향성이 내재되어 있기 때문에 일반적으로 트리는 무방향 그래프로 나타낸다.

트리 응용 분야

트리는 자료구조로써는 물론 데이터나 지식 등을 표현하는 개념적인 도구로써 컴퓨터 과학의 다양한 분야에서 널리 사용된다. 트리의 주요 응용분야를 살펴보면 아래와 같다.

- **구문 트리**(Abstract Syntax Trees): 프로그램 코드 해석을 위한 문장 구조 표현
- **파스 트리**(parse tree): 사람의 언어 이해를 위한 문장 구조 표현
- DOM(Document Object Models): 웹을 기술하는 HTML 문서의 객체 관계 표현
- JSON(Javascript Object Notation): 객체의 서술 및 변환
- **탐색 트리**(search trees): 효율적인 데이터 찾기를 위한 자료구조
- **파일 시스템**: 컴퓨터 운영체제의 파일 시스템 구성 및 관리

트리 용어

트리의 구성 요소는 노드와 에지로써 링크드 리스트와 같다. 트리에 관한 주요 용어들을 정리해보면 아래와 같다.

- **노드**: 데이터와 에지 정보로 구성된 객체. 에지에 연결된 노드들을 자식 노드라고 하고 자식 노드가 있는 노드를 부모 노드라고 함. 어떤 노드의 자식 노드는 없거나 다수일 수 있지만 부모 노드는 반드시 하나(루트 노드는 예외)
- **루트 노드**(root node): 트리의 가장 위에 있는 노드. 유일하게 부모 노드가 없는 노드
- **부모 노드**(parent node): 어떤 노드에 자식 노드가 있을 때 그 노드를 그 자식 노드의 부모 노드라고 함
- **자식 노드**(child node): 부모 노드의 에지에 연결된 노드

1) 그래프는 9장에서 자세히 알아본다.

- **조상**: 어떤 노드의 부모 노드와 그 부모 노드의 부모 노드, 이를 반복해서 도달할 수 있는 모든 노드들
- **자손**: 어떤 노드의 자식 노드들과 그 자식 노드들의 자식 노드들, 이를 반복해서 도달할 수 있는 모든 노드들
- **내부 노드**(internal node, 또는 inner node): 자식이 적어도 하나 이상 있는 노드
- **리프 노드**(leaf node, 또는 외부 노드): 자식이 하나도 없는 노드
- **서브트리**(subtree): 트리의 한 부분. 임의의 한 노드와 그 자손으로 구성된 트리
- **형제 노드**(siblings): 부모 노드가 같은 노드

아래 그림은 내부 노드와 리프 노드, 부모 노드와 자식 노드, 부모 노드가 같은 형제 노드, 그리고 서브트리의 예를 나타낸다.

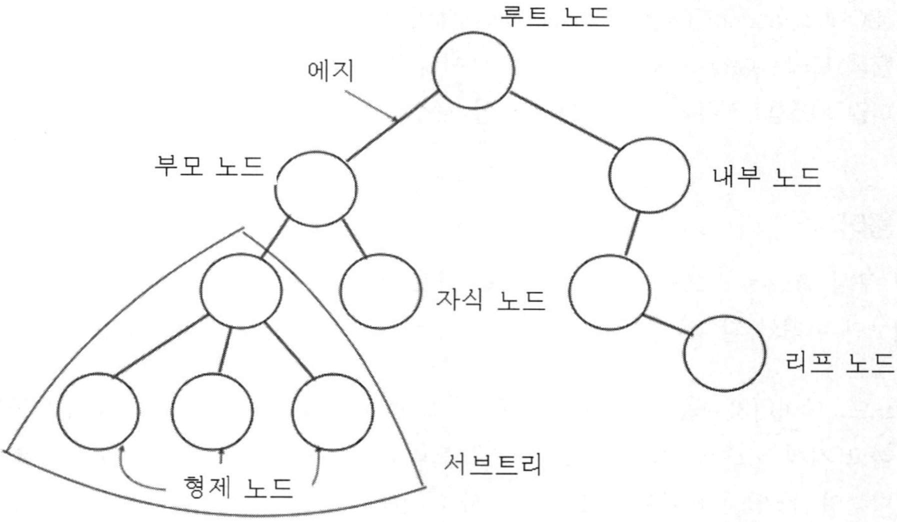

또한 트리의 특성을 나타내는 용어들을 보면 아래와 같다.

- **차수**(degree): 어떤 노드의 자식 노드 수. 리프 노드의 차수는 0
- **트리의 차수**: 트리의 모든 노드들 중 최대 차수 노드의 차수
- **레벨**: 어떤 노드에서 루트 노드로 가는 경로상의 에지의 개수, 루트 노드의 레벨은 0
- **높이**: 최대 레벨 수

예를 들어 아래 트리의 차수는 3이다.[2] 루트 노드의 레벨은 0이고 높이는 3이다.[3]

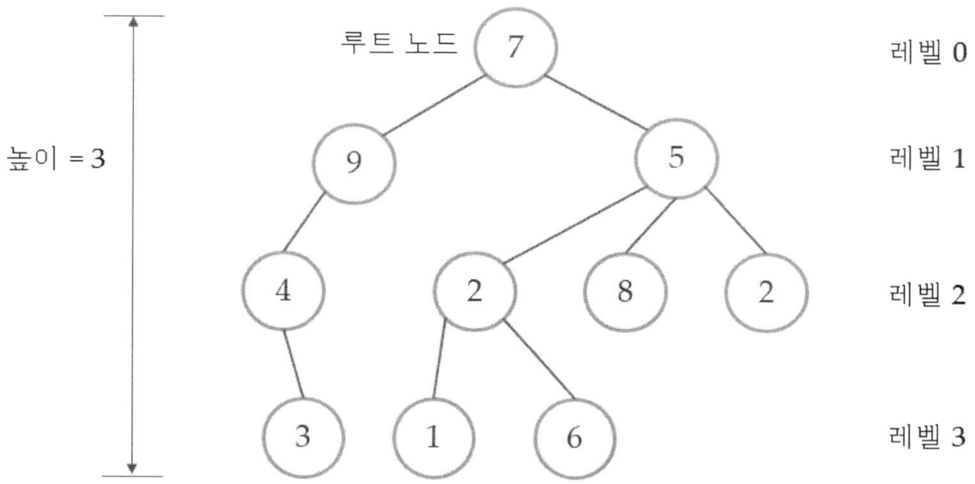

트리 연산

트리 기반 자료구조들 또한 가장 중요한 연산은 넣기, 빼기, 찾기이다. 트리의 주요 연산을 보면 아래와 같다.

- **넣기**: 원하는 위치에 데이터 추가
- **빼기**: 특정 데이터 삭제
- **찾기**: 데이터 탐색
- **트리 순회**(tree traversal): 주어진 정책에 따라 트리 전체 또는 일부를 차례로 방문
- **가지치기**(pruning): 서브트리를 제외 또는 삭제
- **접목**(grafting): 트리 합치기
- **루트 찾기**: 임의의 노드로부터 루트 노드 찾기

위에서 살펴본 것처럼 그냥 트리라고 하면 모든 트리 기반 자료구조들을 포괄하는 것이므로 어떠한 자료구조라고 특정할 수 없다. 실제로 사용되는 트리 기반 자료구조는 트리의 형태, 넣기 또는 빼기의 정책 등을 구체적으로 규정한 트리이다.

---

2) 5번 노드의 차수가 3으로 최대 차수이다.
3) 레벨을 0이 아닌 1부터 정의할 수도 있다. 이 경우 루트 노드의 레벨은 1이 된다.

7.2 이진트리

이진트리(binary tree)는 각 노드의 자식이 최대 두 개인 트리이다. 이진트리를 재귀적으로 정의하면 아래와 같다.

이진트리의 정의	이진트리는 비어있거나, 루트 노드와 그 자식인 두 개의 이진트리로 구성된다.

아래 그림은 이진트리의 예이다. (a)는 노드가 하나도 없는, 즉 비어있는 이진트리이다. (b)는 루트 노드와 2개의 빈 이진트리로 구성된 이진트리이다. (c)는 루트 노드의 오른쪽 서브트리가 비어있는 이진트리이고 (d)는 루트 노드의 왼쪽 서브트리가 비어있는 이진트리이다.

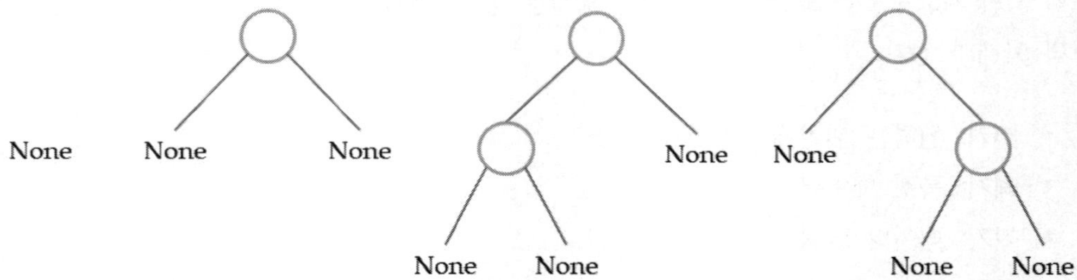

(a) (b) (c) (d)

특별한 형태의 이진트리

트리 구성 형태에 따라 아래와 같은 별칭의 이진트리들도 있다.

- **포화 이진트리**(full binary tree): 모든 노드의 자식 수가 0 또는 2인 이진트리
- **완전 이진트리**(complete binary tree): 마지막 레벨을 제외한 모든 레벨이 노드들로 꽉 차있고, 마지막 레벨에는 노드들이 왼쪽부터 빠짐없이 채워진 이진트리
- **완벽 이진트리**(perfect binary tree): 모든 내부 노드의 자식 수가 2이고 모든 리프 노드가 같은 레벨에 있는 이진트리

예를 들어 아래 그림의 첫 번째 트리는 포화 이진트리이면서 완전 이진트리이고 두 번째는 완전 이진트리, 세 번째는 포화, 완전, 완벽 이진트리이다.

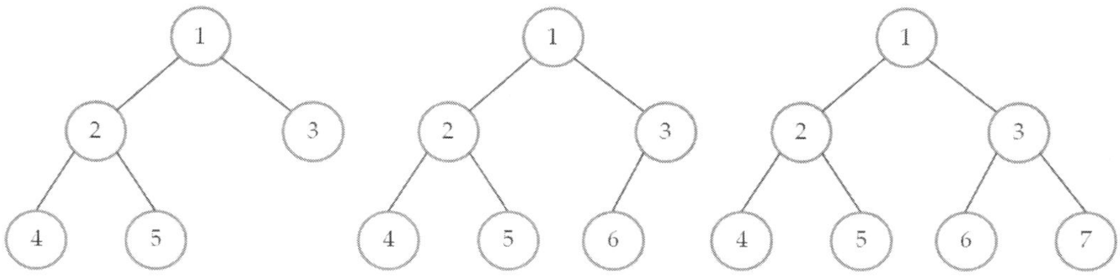

이진트리의 속성

이진트리는 그 높이, 레벨, 노드 수 사이에 이진수의 특성에 따른 일정한 관계가 성립한다. 이진트리의 주요 속성을 살펴보면 아래와 같다.

- 레벨 k의 최대 노드 수는 2^k
- 높이가 h인 포화 이진트리의 노드 수는 최소 $2h+1$, 최대 $2^{h+1}-1$
- 높이가 h인 완벽 이진트리의 노드 수는 $2^{h+1}-1$
- 노드 수가 n인 완전 이진트리의 높이는 $\lceil \log_2(n+1) \rceil -1$
- 리프 노드 수가 l인 포화 이진트리의 노드 수는 $2l-1$
- 리프 노드 수가 n_0이고 차수가 2인 노드 수가 n_2일 때, $n_0=n_2+1$

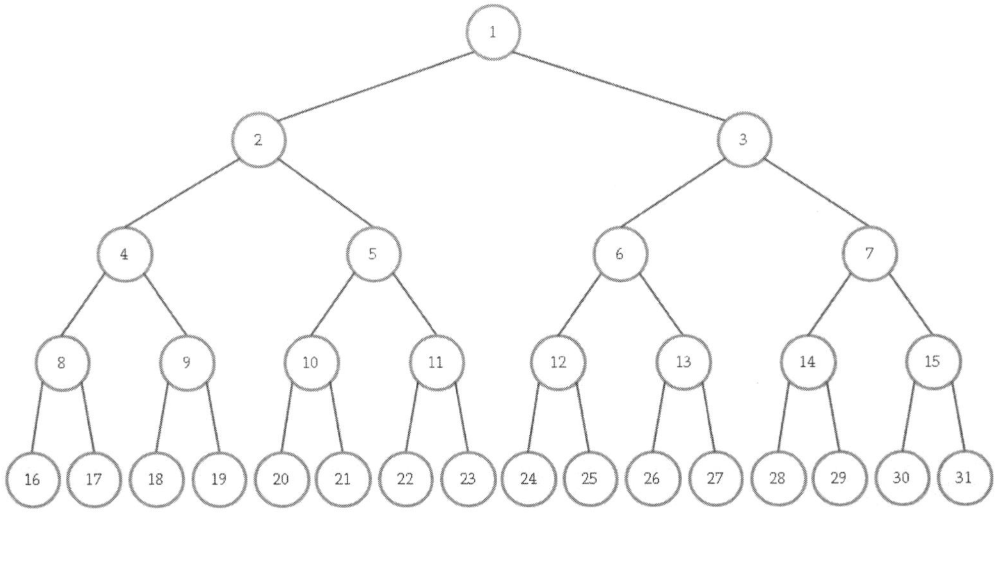

이진트리의 구현 – 배열 구현

이진트리는 배열 또는 링크드 리스트로 구현할 수 있다. 먼저 배열로 구현하는 방법을 살펴보자. 한 가지 방법은 루트 노드부터 위에서 아래로, 왼쪽에서 오른쪽으로, 노드를 순서대로 배열의 인덱스에 고정시키는 것이다. 즉 그림과 같이 루트 노드는 항상 배열의 0번 위치에, 루트 노드의 왼쪽 자식 노드는 배열의 1번 위치에, 루트 노드의 오른쪽 자식 노드는 배열의 2번 위치에 저장하는 방법이다.[4)]

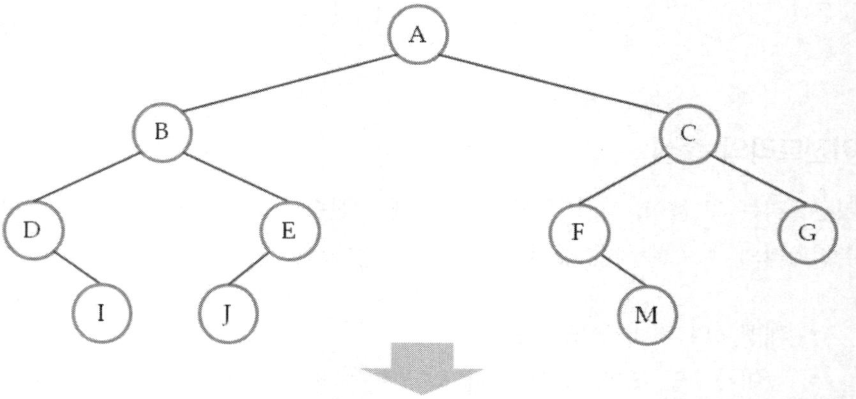

node[]	A	B	C	D	E	F	G		I	J			M	
index	0	1	2	3	4	5	6	7	8	9	10	11	12	13

이렇게 저장하면 아래의 관계가 성립한다. 노드의 개수가 n이라 할 때,

- i번째 노드의 부모는 $\lfloor (i-1)/2 \rfloor$에 있음, 단 $i > 1$
- i번째 노드의 왼쪽 자식은 $2i+1$에 있고 오른쪽 자식은 $2i+2$에 있음[5)]

여러 가지 트리 연산의 기본은 에지를 따라 노드들을 찾아가는 일이다. 에지는 부모 노드와 자식 노드를 연결하는 것이므로 위의 관계는 트리 연산을 효율적으로 수행하는데 큰 도움이 된다.

4) 배열의 0번째가 아닌 1번째부터 저장하기도 한다.
5) 노드를 배열의 1번째부터 저장하면 i번째 노드의 부모는 $\lfloor i/2 \rfloor$이고, 왼쪽 자식과 오른쪽 자식의 위치는 $2i$와 $2i+1$이다.

하지만 이처럼 각 노드가 저장되는 위치가 고정되어 있으면 트리가 한쪽으로 편향되어 있을 경우 아래 그림과 같이 트리 높이가 커질수록 배열 공간의 낭비가 커지는 단점이 있다.[6)]

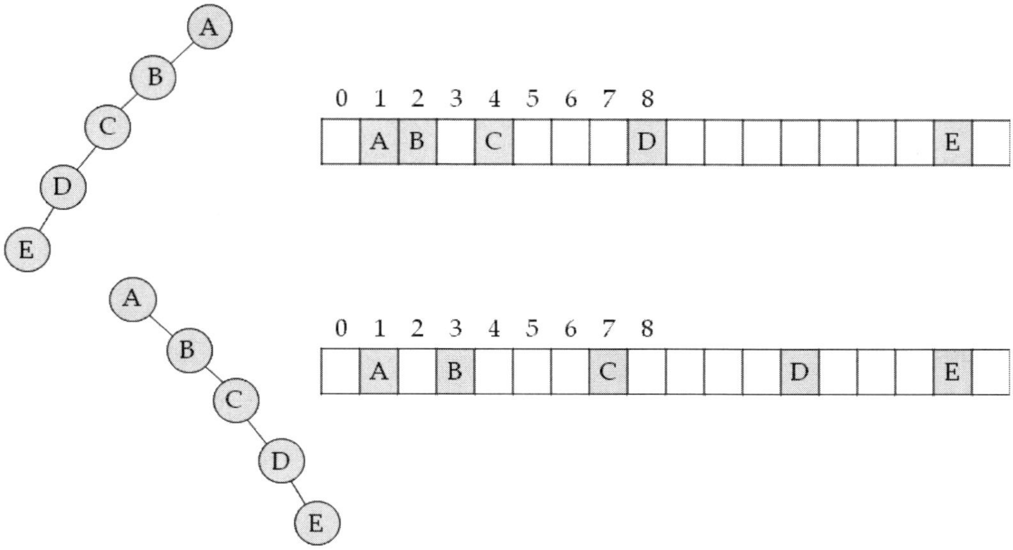

이진트리의 구현 – 링크드 리스트 구현

트리의 에지는 링크드 리스트의 링크와 그 역할이 다르지 않다. 특히 각 노드의 에지가 최대 두 개인 이진트리는 각 노드의 링크가 두 개인 더블 링크드 리스트와 구조적으로 같다.

먼저 링크드 리스트로 구현할 이진트리의 노드 구조를 생각해보자. 이진트리의 각 노드는 자식이 최대 둘이므로 두 개의 에지, 즉 두 개의 링크가 필요하다. 링크 이름은 각각 left와 right로 하자. 이를 그림으로 나타내면 아래와 같다.

이러한 노드들로 구성된 이진트리 자료구조의 필드변수는 루트 노드를 가리키는 root이다. 아래는 3개의 노드로 구성된 이진트리의 예이다.

6) 이진트리의 배열 구현은 연습문제로 남긴다.

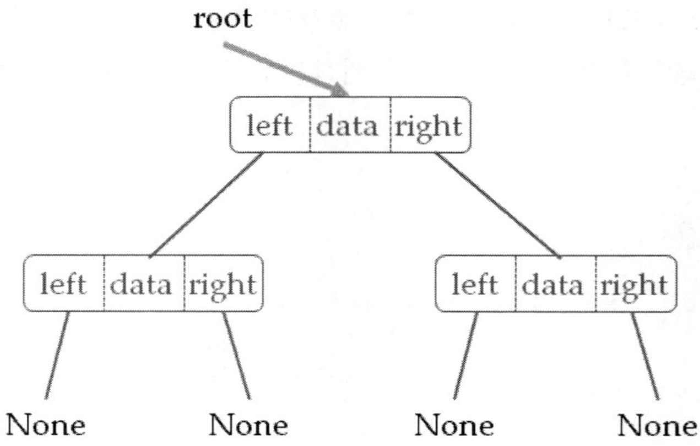

이진트리 연산

이진트리 자체는 각 노드의 자식이 둘 이하라는 규칙만 있을 뿐 새 노드를 어디에 어떻게 넣을지, 어떻게 노드를 빼는지, 넣기나 빼기 연산에 대한 구체적인 규정은 아직 없다. 그렇지만 트리 고유의 연산인 트리 순회는 구체적인 트리 규정이 없어도 구현할 수 있다.

트리 순회(tree traversal)는 트리의 모든 노드를 순차적으로 방문하는 연산으로써, 각 노드 입장에서 자기 자신, 왼쪽 자식 노드, 오른쪽 자식 노드 중에 자기 자신 노드의 방문 순서에 따라 아래와 같이 세 가지 방법으로 나눌 수 있다. 각 방법은 재귀적으로 정의된다.

- 중위 순회(inorder traversal): 먼저 왼쪽 자식을 방문하고, 자기 자신 노드를 방문하고, 끝으로 오른쪽 자식을 방문
- 전위 순회(preorder traversal): 먼저 자기 자신 노드를 방문하고, 왼쪽 자식을 방문하고, 끝으로 오른쪽 자식을 방문
- 후위 순회(postorder traversal): 먼저 왼쪽 자식을 방문하고, 오른쪽 자식을 방문하고, 끝으로 자기 자신 노드를 방문

또한 트리를 배열로 구현할 때의 저장 순서인 레벨 순서 순회 방법도 있다.

- 레벨 순서 순회(level-oder traversal): 위에서 아래로, 왼쪽에서 오른쪽으로 방문

이진트리를 링크드 리스트로 구현하고 위의 트리 순회 연산들을 만들어보자. 클래스 이름은 BinaryTree이다. BinaryTree 클래스의 필드변수는 루트 노드를 가리키는 self.root이고, 초기값은 Node이다. 노드 객체를 위한 Node 클래스의 필드변수는 self.data와 왼쪽과

오른쪽 자식 노드를 가리키는 두 개의 링크, self.left와 self.right이다.

```
### 이진트리 클래스 - 필드변수는 root
class BinaryTree:
    class Node:                         # 노드 클래스 - 필드변수는 data, left, right
        def __init__(self, data, left=None, right=None):
            self.data = data
            self.left = left            # left, right의 기본값은 None
            self.right = right

    def __init__(self):
        self.root = None
```

세 가지 트리 순회 메소드를 만들어보자.

```
    def inorder(self, node):                 # 중위 순회 - 현재 노드를 중간에 출력
        if node is None:
            return
        else:
            self.inorder(node.left)          # 왼쪽 자식으로 재귀 호출
            print(node.data)
            self.inorder(node.right)         # 오른쪽 자식으로 재귀 호출

    def preorder(self, node):                # 전위 순회 - 현재 노드를 먼저 출력
        if node is None:
            return
        else:
            print(node.data)
            self.preorder(node.left)         # 왼쪽 자식으로 재귀 호출
            self.preorder(node.right)        # 오른쪽 자식으로 재귀 호출

    def postorder(self, node):               # 후위 순회 - 현재 노드를 마지막에 출력
        if node is None:
            return
        else:
            self.postorder(node.left)        # 왼쪽 자식으로 재귀 호출
            self.postorder(node.right)       # 오른쪽 자식으로 재귀 호출
            print(node.data)
```

코드의 기본 구조는 모두 동일하다. 차이점은 재귀적으로 방문하는 각 노드에서 현재 노드, 왼쪽 자식, 오른쪽 자식의 방문 순서이다. 즉 현재 노드의 방문 순서, 즉 현재 노드의 데이터 출력 시점이, 중위 순회인 inorder( ) 메소드에서는 중간에, 전위 순회인 preorder( ) 메소드에서는 제일 먼저, 후위 순회인 postorder( ) 메소드에서는 마지막이라는 점만 다르다. 각 메소드의 if 비교문의 첫 번째 비교는 재귀 호출의 종료 조건이다.

예를 들어 inorder( ) 메소드를 보자. if 비교문의 else 코드가 재귀 호출의 일반항으로써 먼저 왼쪽 자식 노드로 자기 자신을 재귀 호출한다. 결과적으로 왼쪽 자식 노드를 포함한 모든 왼쪽 서브트리의 방문을 마친 후에 현재 노드를 방문, 즉 노드의 데이터를 출력한다. 이어서 오른쪽 자식 노드로 자기 자신을 재귀 호출한다.

아래는 BinaryTree 클래스의 메인 테스트 코드이다. BinaryTree 클래스는 별도의 넣기, 빼기 메소드를 제공하지 않으므로 테스트 코드에서 직접 트리를 만들었다.

```
### 메인 테스트 코드
n1 = BinaryTree.Node('A')  # 네 개의 노드 객체 생성, left와 right는 기본값인 None
n2 = BinaryTree.Node('B')
n3 = BinaryTree.Node('C')
n4 = BinaryTree.Node('D')

n1.left = n2               # n1 노드의 왼쪽 자식은 n2
n1.right = n3              # n1 노드의 오른쪽 자식은 n3
n2.left = n4               # n2 노드의 왼쪽 자식은 n4

tree = BinaryTree()        # 이진트리 객체 생성
tree.root = n1

tree.inorder(tree.root)    # 중위 순회 호출
tree.preorder(tree.root)   # 전위 순회 호출
tree.postorder(tree.root)  # 후위 순회 효출
```

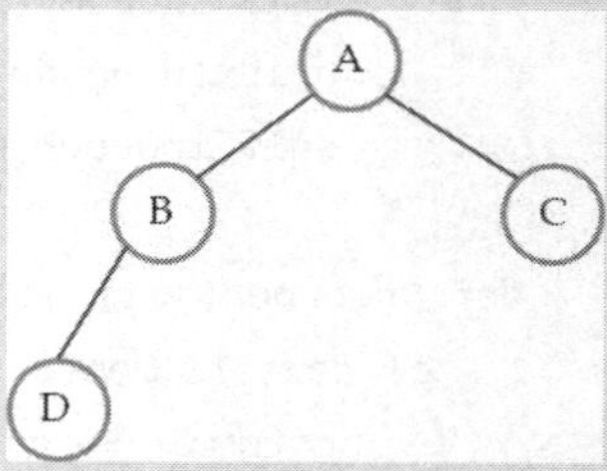

처음 네 줄은 BinaryTree 클래스의 Node 클래스 생성자를 호출하여 네 개의 노드 객체를 생성하는 코드이다. 이어서 다음 세 줄에서 노드의 에지를 설정했다. 만들어진 트리는 오른쪽 그림과 같다.

이어서 BinaryTree 객체를 생성하여 tree 변수에 저장하고 tree 객체의 필드변수, 즉 root를 n1 노드로 설정했다. 마지막 세 줄은 세 가지 트리 순회 메소드 호출이다.

다음으로 레벨 순서 순회 메소드를 만들어보자. 위의 세 가지 순회 메소드들은 재귀적으로 구현되는 반면 레벨 순서 순회는 그렇지 않다. 그 이유는, 위 세 가지 순회는 노드들의 부모 자식 관계를 따라 방문 순서가 결정되지만 레벨 순서 순회는 같은 레벨에 있는 노드들, 즉 부모 자식 관계가 아닌 형제 관계를 따라 결정되기 때문이다.

레벨 순서 순회 알고리즘의 핵심은 큐를 이용하는 것이다. while 반복문으로 한번 반복할 때마다 큐에 저장된 노드를 하나 꺼내 방문하고 그와 동시에 그 노드의 왼쪽 자식 노드와 오른쪽 자식 노드를 큐에 넣는다. while 반복문을 시작할 때 큐의 초기값은 루트 노드이다. 완성된 levelorder( ) 메소드는 아래와 같다.

```
def levelorder(self):        # 레벨 순서 순회 - 위에서 아래로, 왼쪽에서 오른쪽으로
    queue = list()           # 리스트 객체로 큐 준비

    queue.append(self.root) # 루트 노드를 큐에 넣기
    while len(queue) != 0:  # 큐에 노드가 남아있는 동안 반복
        node = queue.pop(0) # 큐 앞쪽에서 노드 빼기
        print(node.data)
        if node.left:        # 노드의 왼쪽 자식 노드가 비어있지 않으면 큐에 넣기
            queue.append(node.left)
        if node.right:       # 노드의 오른쪽 자식 노드가 비어있지 않으면 큐에 넣기
            queue.append(node.right)
```

다른 예로 이진트리의 높이를 구하는 메소드를 만들어보자. 이진트리의 높이는 아래와 같이 재귀적으로 정의할 수 있다.

이진트리의 높이=max(왼쪽 자식 서브트리의 높이, 오른쪽 자식 서브트리의 높이)[7)]

노드 한 개로 구성된 이진트리의 높이는 0으로써 트리의 높이는 0부터 시작하므로 아래 if 비교문에서 현재 방문 노드가 None인 경우 −1을 리턴하도록 설정했다. 마지막 줄의 max( ) 함수는 두 수의 큰 값을 리턴하는 파이썬 내장함수이다.

7) max( ) 함수는 두 수 중 큰 수를 리턴한다.

```
def height(self, node):              # 이진트리의 높이
    if node is None:                 # 재귀 호출 종결 조건
        return -1
    else:
        return max(self.height(node.left), self.height(node.right)) + 1
```

시간복잡도 분석

세 가지 재귀적 트리 순회 메소드의 시간복잡도를 각각 재귀 호출의 수행 횟수로 구해보자. 각 노드 당 한 번의 재귀 호출이 일어나고, 자식이 없는 리프 노드인 경우, 두 자식으로의 재귀 호출 후 None 값임을 확인하게 되므로 전체 재귀 호출 횟수는 아래와 같다.

총 재귀 호출 횟수=전체 노드의 수+(리프 노드의 수 * 2)[8)]

한편 앞 절의 이진트리의 속성에서 살펴본 것처럼 아래 관계가 성립한다.

리프 노드 수가 l인 포화 이진트리의 노드 수는 $2l-1$

따라서 노드 수를 n이라 하면 $n=2l-1$, 즉 $2l=n+1$이므로 순회 대상 트리가 포화 이진트리라고 가정하면,

총 재귀 호출 횟수$=n+2l=n+n+1=2n+1$

결론적으로 세 가지 재귀적 트리 순회 알고리즘의 빅오 복잡도는 각각 $O(n)$이다.

한편, 레벨 순서 순회 알고리즘의 정확한 시간복잡도는 $2n+1$보다는 작다. 하지만 적어도 n개의 모든 노드를 방문하는 것은 분명하므로 레벨 순서 순회 알고리즘의 빅오 복잡도 또한 $O(n)$이다.

이진트리 자료구조	트리 순회	빅오 복잡도
시간복잡도	inorder( )	$O(n)$
	preorder( )	$O(n)$
	postorder( )	$O(n)$
	levelorder( )	$O(n)$

8) 각 리프 노드에서 왼쪽 자식과 오른쪽 자식, 두 번의 재귀 호출이 일어남

7.3 이진 힙

이진 힙은 힙의 일종이다. 힙은 무엇인가. 힙은 우선순위 큐를 구현한 자료구조이다. 이진 힙과 관련된 세 가지 자료구조, 즉 우선순위 큐, 힙, 이진 힙의 정의를 보면 아래와 같다.9)

분류	정의
우선순위 큐 (priority queue)	우선순위 큐는 각 원소에 우선순위(서열)가 있는 자료구조이다.
힙 (heap)	• 힙은 힙 속성을 따르는 트리 자료구조이다. • 힙 속성(heap property)은 다음 두 가지 중 하나이다. 1) 최대 힙(max heap): 부모의 키값이 자식의 키값보다 크거나 같다. 2) 최소 힙(min heap): 부모의 키값이 자식의 키값보다 작거나 같다.
이진 힙 (binary heap)	이진 힙은 완전 이진트리로 구현한 힙 자료구조이다.

먼저 우선순위 큐가 무엇인지 알아보자. 우선순위 큐는 각 원소에 우선순위, 즉 서열이 있는 자료구조이다. 그 우선순위에 따라 넣기, 빼기 연산의 규칙도 결정된다. 특히 빼기를 할 때 우선순위가 가장 높은 원소를 뺀다는 점이 우선순위 큐의 가장 큰 특징이다. 우선순위 큐가 무엇인지 예를 들어 설명해보자. 비행기 탑승 순서를 보면 제일 먼저 노약자나 임산부부터 탑승시킨다. 즉 노약자나 임산부의 우선순위가 제일 높다. 대기 중인 탑승객 중에 임산부가 있다면 그 임산부를 우선 탑승시키고, 다시 대기 중인 탑승객 중에 또 임산부가 있다면 그 임산부를 탑승시킨다. 여기서 중요한 점은 대기 중인 탑승객들 모두가 미리 순서를 정해야 할 필요는 없다는 것이다. 각 탑승 시점에서 다음 탑승 순서는 누구인지, 가장 우선순위가 높은 사람만 알면 된다.

구현 측면에서 보면, 모든 데이터를 우선순위에 따라 미리 정렬해 놓는 것도 물론 우선순위 큐를 구현하는 한 가지 방법이다. 하지만 비행기 탑승 예와 같이 전체 데이터를 정렬하지

9) 우선순위 큐라는 명칭의 큐는 6장의 큐 자료구조가 아니라 일종의 순서가 있는 자료구조를 의미하는 일반명사이다.

않고 우선순위가 가장 높은 데이터 하나만 미리 준비하는 것이 구현 측면에서 더 효율적일 수 있다.

6장의 스택과 큐도 일종의 우선순위 큐이다. 즉 큐는 오래된 원소일수록 우선순위가 높은 우선순위 큐이고, 스택은 최근에 넣은 원소일수록 우선순위가 높은 우선순위 큐이다.

우선순위 큐의 응용 분야는 컴퓨터 네트워크의 대역폭 관리, 허프만 코딩, 정렬 알고리즘, 다익스트라의 최단 경로 알고리즘 등 다양하다.

힙은 우선순위 큐를 구현하는 대표적인 자료구조로써 주로 트리로 구현한다.[10] 우선순위를 나타내는 힙 속성에는 값이 클수록 우선순위가 높은 최대 힙과 값이 작을수록 우선순위가 높은 최소 힙이 있다. 힙을 트리로 구현하는 이유는 우선순위가 가장 높은 원소를 트리의 루트 노드로 준비시킴으로써 빼기 연산을 쉽고 빠르게 할 수 있기 때문이다.

끝으로 이진 힙은 이진트리로 구현한 힙 자료구조로써 우선순위 큐, 힙, 이진 힙의 관계를 그림으로 나타내면 아래와 같다.

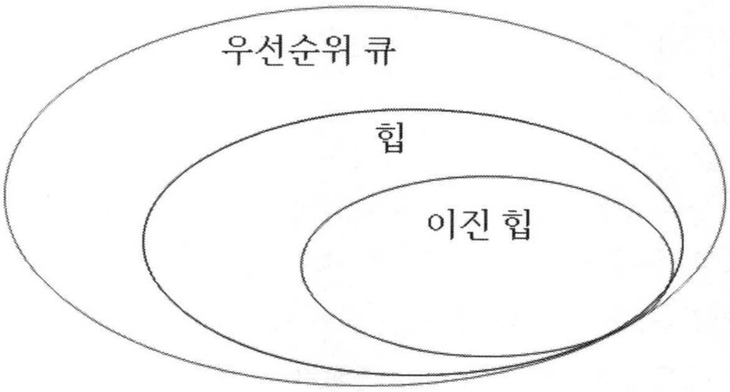

이진 힙 연산

힙 연산을 정의하기 위해서는 먼저 이 힙의 우선순위가 무엇인지, 즉 힙의 두 속성 중 어떤 힙인지를 먼저 정해야 한다. 여기서는 최대 힙(max heap)으로 하자.

최대 힙에서 빼기 연산을 가장 빠르게 수행하는 방법은 무엇일까. 우선순위가 가장 높은, 즉 키값이 제일 큰 데이터를 이진트리의 루트에 준비해놓는 것이다. 이진트리에서 루트 노드를 접근하는 것은 self.root를 통해 바로 수행할 수 있기 때문이다. 남은 문제는 키값이

10) 우선순위 큐는 거의 모두 힙으로 구현하기 때문에 힙을 곧 우선순위 큐로 간주하기도 한다.

제일 큰 데이터가 항상 루트 노드에 있도록 준비하는 일이다. 한 가지 방법은 모든 부모의 키값이 자식의 키값보다 크거나 같게 이진트리를 유지하는 것이다. 따라서 넣기나 빼기 연산 후에 이러한 힙 속성이 충족되도록 힙을 조정해야 한다.

먼저 넣기 연산 알고리즘을 만들어보자.[11)]

1) 넣을 원소를 마지막 레벨의 첫 번째 빈 위치에 추가한다.
2) 새로 추가된 원소의 키값이 그 부모보다 작으면 종료
3) 그렇지 않으면 그 원소를 부모와 교환하고 2)번 과정을 반복

예를 들어 아래 그림의 왼쪽과 같은 최대 힙에 키값이 15인 원소를 넣어 보자.[12)] 먼저 15를 마지막 레벨의 첫 번째 빈 위치에 넣는다(왼쪽 그림의 X 위치). 15가 부모인 8보다 크므로 교환한다(가운데 그림). 다시 15가 부모인 11보다 크므로 교환한다(오른쪽 그림). 끝으로 더 이상 비교할 부모가 없으므로 종료한다.[13)]

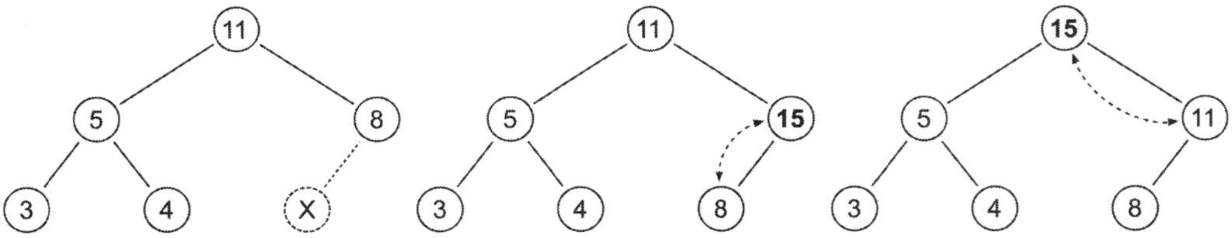

다음으로 빼기 연산을 만들어보자. 이진 힙에서 빼기는 우선순위가 가장 높은 루트 노드를 빼면 된다. 루트 노드 삭제 후에는 최대 힙 속성에 맞게 힙을 재조정해야 한다. 루트 노드 삭제 후 힙 재조정 알고리즘은 아래와 같다.

1) 마지막 레벨의 마지막 원소를 루트 노드로 가져온다.
2) 그 노드가 두 자식보다 크거나 같으면 종료
3) 그렇지 않으면 두 자식 중 큰 자식과 교환하고 2)번 과정을 반복

아래는 왼쪽의 최대 힙에서 빼기 연산을 수행한 후 힙을 재구성하는 과정이다. 우선순위가 가장 높은 루트 원소인 11을 뺀 후 마지막 레벨의 마지막 원소인 4를 루트 위치로

11) 답은 여러 가지 있을 수 있다. 알고리즘의 선택 기준은 힙 재조정에 필요한 일을 최소화하는 것이다.
12) 그림 출처: https://en.wikipedia.org/wiki/Binary_heap
13) 이와 같이 밑에서 위로의 반복적인 교환 과정을 업힙(upheap)이라 한다.

옮긴다(가운데 그림). 4가 두 자식보다 크지 않으므로 더 큰 자식인 8과 교환한다(오른쪽 그림).[14]

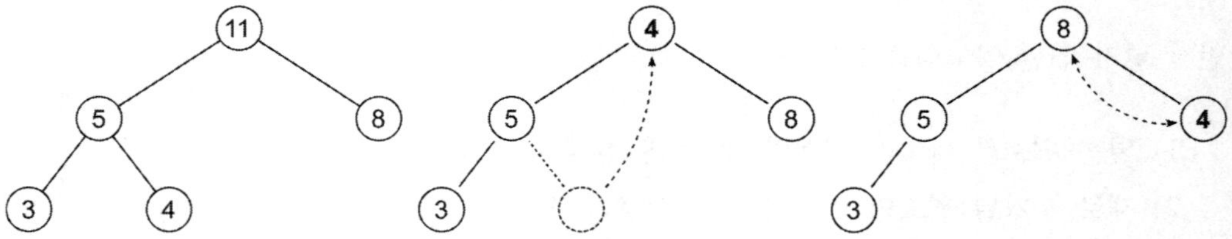

넣기, 빼기 연산 이외에도 특정 키값의 원소 찾기, 특정 키값의 원소 삭제하기 등의 연산이 있을 수 있지만 핵심 연산은 역시 넣기와 빼기이다.

이진 힙의 구현

이진 힙은 완전 이진트리이므로 이진 힙의 구현 또한 이진트리의 구현과 같다. 이진트리는 배열과 링크드 리스트로 둘 다 구현가능하지만 주로 링크드 리스트로 구현하는 반면, 이진 힙은 완전 이진트리이기 때문에 배열로 구현해도 메모리 낭비가 전혀 없어 배열로도 많이 구현한다. 더욱이 배열은 부가적인 링크 정보 저장이 필요 없기 때문에 링크드 리스트보다 더 효율적일 수 있다. 이진 힙의 실제 구현은 연습문제로 남긴다.

시간복잡도 분석

이진 힙의 넣기, 빼기 알고리즘의 업힙, 다운힙 과정의 반복 횟수는 최대 이진트리의 높이와 같으므로 트리의 노드 수가 n일 때 두 알고리즘의 시간복잡도는 각각 $O(\log_2 n)$이다.

이진 힙 자료구조	기본 연산		빅오 복잡도	
			배열로 구현	링크드 리스트로 구현
시간복잡도	넣기	add( )	$O(\log_2 n)$	$O(\log_2 n)$
	빼기	delete( )	$O(\log_2 n)$	$O(\log_2 n)$

14) 이와 같이 위에서 아래로의 반복적인 교환 과정을 다운힙(downheap)이라 한다.

연습문제

01 트리 자료구조들을 있는대로 찾아보고 각각의 정의와 주요 용도를 알아보자.

02 이진트리를 배열로, 즉 파이썬 리스트로 구현하시오. 클래스 이름은 BinaryTreeArray이고 링크드 리스트로 구현한 BinaryTree 클래스와 같이 네 가지 트리 순회 연산, inorder( ), preorder( ), postorder( ), levelorder( ) 메소드를 구현하시오.

03 BinaryTree 클래스의 height( ) 메소드의 시간복잡도를 구하고 빅오 복잡도로 나타내시오.

04 BinaryTree 클래스에 트리의 노드 수를 구하는 메소드를 재귀 코드로 작성하시오. 메소드 형식은 size(self, node)이다.

05 우선순위 큐, 힙, 이진 힙을 설명하고 서로간의 포함관계를 그림으로 나타내시오.

06 최대 힙의 빼기 연산 과정을 설명하시오.

07 최소 힙의 넣기 연산 과정을 설명하시오.

08 최대 힙 자료구조를 파이썬 리스트로 구현하시오(넣기, 빼기 연산 포함).

09 최대 힙 자료구조를 이진트리로 구현하시오(넣기, 빼기 연산 포함).

10 이진트리로 구현한 최대 힙에서 특정 키값의 원소를 삭제하는 알고리즘을 작성하시오.

11 최소 힙 자료구조를 파이썬 리스트로 구현하시오(넣기, 빼기 연산 포함).

12 최소 힙 자료구조를 이진트리로 구현하시오(넣기, 빼기 연산 포함).

13 이진트리로 구현한 최소 힙에서 특정 키값의 원소를 삭제하는 알고리즘을 작성하시오.

CHAPTER

08 이진탐색트리

이진탐색트리는 각 내부 노드의 키값이 왼쪽 서브트리의 모든 키값보다 크고 오른쪽 서브트리의 모든 키값보다 작은 이진트리 자료구조로써 정렬된 이진트리[1])라고 부르기도 한다.

이진탐색트리의 정의	이진탐색트리(binary search tree)는 각 내부 노드의 키값이 왼쪽 서브트리의 모든 키값보다 크고 오른쪽 서브트리의 모든 키값보다 작은 이진트리 자료구조이다.

이진탐색트리는 수많은 트리 형태 자료구조들 중 가장 널리 사용되는 자료구조로써 배열과 링크드 리스트의 장점, 즉 정렬된 배열에서의 빠른 찾기 연산과 링크드 리스트에서의 빠른 넣기, 빼기 연산의 장점을 모두 갖고 있는 자료구조이다. 이진탐색트리를 링크드 리스트로 구현함으로써 링크드 리스트의 장점을, 트리를 정렬된 상태로 유지함으로써 정렬된 배열의 장점을 모두 물려받을 수 있다. 결론적으로 이진탐색트리의 3대 기본 연산, 넣기, 빼기, 찾기 연산의 시간복잡도는 모두 $O(\log_2 n)$이다.

이번 장에서는 이진탐색트리의 가장 큰 특징인 이진탐색에 대하여 먼저 살펴보고 이진탐색트리를 구현해본다.

한편 이진탐색트리의 단점은 트리가 한쪽으로 편향되어 있을 경우 3대 기본 연산의 효율이 급격히 떨어진다는 점인데 이를 보완하는 자가균형 이진탐색트리가 무엇인지 살펴보고 대표적인 자가균형 이진탐색트리인 AVL 트리를 직접 구현해본다.

---

1) ordered binary tree 또는 sorted binary tree

8.1 이진탐색

일천 페이지가 넘는 국어사전에서 단어를 찾아본 적이 있는가, 있다면 단어를 보통 몇 번 만에 찾았는가. 서너 번? 대여섯 번? 놀랍지 않은가, 일천 페이지가 넘는 사전에서 대여섯 번 만에! 바로 이진탐색의 힘이다.

이진탐색(binary search)은 정렬된 목록에서 데이터를 찾는 방법으로 그 알고리즘은 다음과 같다.

1) 찾는 데이터를 배열의 중간 위치의 데이터와 비교한다.
2) 찾는 데이터가 아니면 순서에 따라 배열의 한 쪽 반만 남긴다. 1)번부터 다시 반복.

예를 들어 보자. 아래 그림은 오름차순으로 정렬된, 크기가 17인 배열에서 이진탐색으로 7을 찾는 과정이다.2)

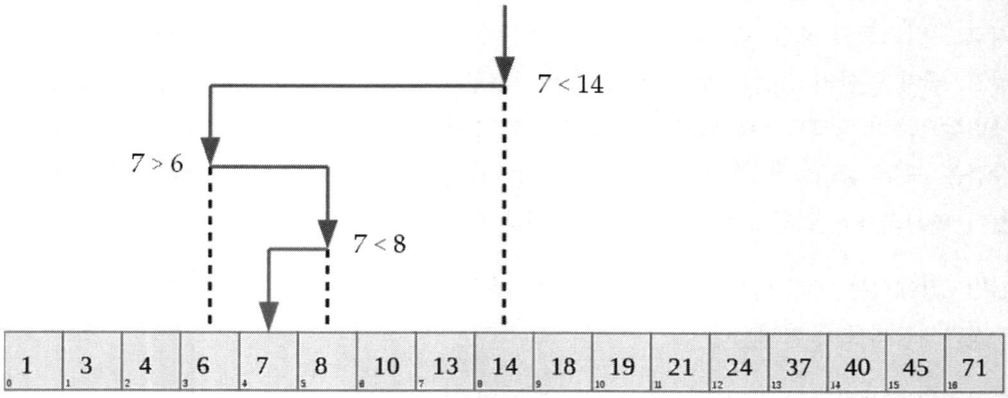

그 과정을 따라가 보자. 첫째, 배열의 중간, (0+16)/2인 8번째 항목 14와 비교, 7은 14보다 작으므로 왼쪽 반에서 계속한다. 둘째, 남은 배열의 중간, (0+7)/2인 3번째 항목 6과 비교, 7은 6보다 크므로 오른쪽 반에서 계속한다. 셋째, 남은 배열의 중간, (4+7)/2인 5번째 항목 8과 비교, 7은 8보다 작으므로 왼쪽 반에서 계속한다. 넷째, 남은 배열의 중간,

---

2) 출처: 위키피디어, https://en.wikipedia.org/wiki/Binary_search_algorithm

(4+4)/2인 4번째 항목 7과 비교 후 종료한다. 따라서 총 비교횟수는 4회이다.

항목의 수가 n이라면 총 비교횟수는 얼마일까. 크기가 n인 정렬된 배열에서 이진탐색으로 데이터를 찾을 때의 최대 비교횟수를 $T(n)$이라 하자. 첫 번째 비교 후 $T(n)$은,

$$T(n) = 1 + T\left(\frac{n}{2}\right)$$

이다. 나머지 반쪽에서 비교를 반복하면

$$\begin{aligned} T(n) &= 1 + T\left(\frac{n}{2}\right) \\ &= 1 + 1 + T\left(\frac{n}{2 \times 2}\right) \\ &= 1 + 1 + 1 + T\left(\frac{n}{2 \times 2 \times 2}\right) \\ &\cdots\cdots \\ &= k + T\left(\frac{n}{2^k}\right), \quad n = 2^k \text{일 때 } k = \log_2 n \text{이고, } T(1) = 1 \text{이므로} \\ &= \log_2 n + 1 \end{aligned}$$

이다. 예를 들어 1,024 페이지 사전이라면 $\log_2 1024 + 1 = \log_2 2^{10} + 1$ 이므로 아무리 많아도 11번의 비교이면 찾을 수 있다. 참고로 정렬되지 않은 배열에서 순차탐색의 시간복잡도는 아래와 같다.

순차탐색의 시간복잡도

정렬되지 않은 배열에서 특정 데이터를 찾는 방법은 처음부터 차례대로 하나씩 비교해보는 수밖에 없다. 따라서 배열의 크기가 n일 때 최대 비교횟수는, 찾는 데이터가 맨 뒤에 있는 경우로써 n번이다. 평균 비교횟수는 얼마일까. 직관적으로도 $\frac{n}{2}$번임을 알 수 있지만 제대로 구해보자. 찾는 데이터가 i번째 있을 확률은 각각 $\frac{1}{n}$이다. 따라서 찾는 데이터가 i번째 있을 경우의 비교횟수(즉 i번)를 모두 더한 후 평균을 구하면,

$$\begin{aligned} A(n) &= \frac{1}{n} \sum_{i=1}^{n} i \\ &= \frac{1}{n} \frac{n(n+1)}{2} \\ &= \frac{n+1}{2} \end{aligned}$$

잠깐, 찾는 데이터가 배열에 없을 수도 있다면 어떻게 될까? 직관적으로 생각해도 위의 항상 있는 경우보다 비교횟수가 더 많을 것 같다. 왜냐하면 찾는 데이터가 배열의 없을 경우 처음부터 끝까지 모두 비교해볼 것이기 때문이다. 역시 제대로 한번 구해보자.

찾는 데이터가 배열에 있을 확률을 p라고 하자. 찾는 데이터가 배열에 있는 경우와 없는 경우로 나누어 평균을 구하면,

$$A'(n) = p\frac{1}{n}\sum_{i=1}^{n} i + (1-p)n$$

$$= p\frac{(n+1)}{2} + (1-p)n$$

예를 들어 n이 100이고 p가 50%라면 평균 비교횟수는 75이다.

8.2 이진탐색트리

이진탐색트리의 특징은 각 노드의 키값이 왼쪽 자식의 모든 키값보다 크고 오른쪽 자식의 모든 키값보다 작다는 점이다. 이는 넣기, 빼기 연산이 어떻게 동작해야 하는지를 자동적으로 규정한다. 즉 넣기나 빼기 연산 후에도 이진탐색트리의 조건이 만족되도록 트리를 조정해야 한다. 이진탐색트리의 3대 기본 연산을 정리하면 아래와 같다.

이진탐색트리 자료구조	정의		메소드
	각 노드의 키값이 왼쪽 서브트리의 모든 키값보다 크고, 오른쪽 서브트리의 모든 키값보다 작은 이진트리 자료구조		
3대 기본 연산	넣기	이진탐색트리 조건에 맞게 넣기	add( )
	빼기	뺀 후 이진탐색트리 조건에 맞도록 조정	delete( )
	찾기	데이터 찾기	find( )

이진트리와 마찬가지로 이진탐색트리도 배열 또는 링크드 리스트로 구현할 수 있다. 이번 절에서는 링크드 리스트로 구현해보자. 클래스 이름은 BST이다.

```
### 이진탐색트리(BST: Binary Search Tree) 클래스 - 필드변수는 root
class BST:
    class Node:                    # 노드 클래스 - 필드변수는 key, left, right
        def __init__(self, key, left=None, right=None):3)
            self.key = key
            self.left = left
            self.right = right

    def __init__(self):            # BST 클래스의 생성자 메소드
        self.root = None
```

3) 파라미터 변수 left와 right처럼 기본값을 설정할 수 있다. 외부에서 Node 객체 생성자를 호출할 때 left와 right 파라미터 값을 지정하지 않으면 이 기본값으로 저장된다.

노드 객체를 정의하는 Node 클래스의 key는 키값을 저장하는 필드변수이고, left와 right는 이진트리와 마찬가지로 왼쪽과 오른쪽 자식 노드를 가리키는 링크 필드변수이다.

찾기 연산의 구현

3대 기본 연산 중 먼저 찾기 연산을 만들어보자. 8.1절의 이진탐색과 마찬가지로 재귀 또는 반복 알고리즘으로 구현할 수 있다. 여기서는 재귀 알고리즘으로 구현한다. 재귀적이라 함은 반복되는 동작은 같지만 적용 대상 또는 범위가 매번 다르다는 것을 의미하고 트리에서는 현재 방문하는 노드가 그에 해당된다. 따라서 재귀적 찾기 메소드의 파라미터에는 찾는 키뿐만 아니라 현재 방문하는 노드 정보도 있어야 한다. 그러나 외부에서는 find(key)와 같이 찾을 키값만 지정하는 것이 직관적이므로 현재 방문 노드 파라미터를 추가한 findRecursive( ) 메소드를 따로 분리했다. 즉 find( ) 메소드는 외부 공개용, findRecursive( ) 메소드는 내부용 재귀 메소드이다.

```
def find(self, key):            # 외부에서 호출할 때 사용하는 찾기 메소드
    return self.findRecursive(self.root, key)

def findRecursive(self, node, key): # 내부에서 호출되는 재귀적 찾기 메소드
    if node is None:            # 찾는 키가 없으면
        return None
    elif key == node.key:       # 키를 찾았으면
        return node.key
    elif key > node.key:        # 찾는 키가 현재 노드보다 크면 오른쪽 자식에서 계속
        return self.findRecursive(node.right, key)
    elif key < node.key:        # 찾는 키가 현재 노드보다 작으면 왼쪽 자식에서 계속
        return self.findRecursive(node.left, key)
```

먼저 find( ) 메소드의 역할은 재귀 메소드인 findRecursive( ) 메소드를 시작시키는 일이다. 따라서 findRecursive( ) 메소드는 find( ) 메소드에 의해 루트 노드로부터 비교를 시작한다. if 비교문을 순서대로 보면 다음과 같다. 먼저 현재 방문한 노드가 None이면 찾는 키가 없는 것이므로 None을 리턴한다. 둘째, 찾는 키가 현재 노드의 키값과 같으면 그 키를 리턴한다. 셋째, 찾는 키가 현재 노드의 키값보다 작으면 왼쪽 서브트리로 재귀 호출하고, 반대로 찾는 키가 현재 노드의 키값보다 크면 오른쪽 서브트리로 재귀 호출한다.

넣기 연산의 구현

넣기 연산 알고리즘은 1) 넣을 위치 찾기, 2) 새 노드 넣기의 두 단계로 나누어볼 수 있다. 첫 번째 찾기 단계는 위의 findRecursive( ) 메소드와 같다. 새로 넣을 키가 트리에 없다면 결국 못 찾을 것이므로 그 못 찾은 위치, 즉 node가 None인 곳이 바로 들어갈 위치이다. 왜냐하면 그 위치에 해당 키가 있었다면 바로 그 위치에서 찾아질 것이기 때문이다.

두 번째 단계, 새 노드 넣기를 보자. 관건은 self.Node(key) 생성자로 만든 새 노드 객체를 어떻게 기존 트리에 연결하는가이다. 방법은 addRecursive( ) 메소드의 재귀 호출 구조를 활용하는 것이다. 즉 addRecursive( ) 메소드로 하여금 현재 방문한 노드를 항상 리턴하게 하고 그 리턴값을 자신을 재귀 호출한 원래 노드, 즉 부모 노드로 다시 연결되도록 하는 것이다.

```
1   def add(self, key):            # 외부에서 호출할 때 사용하는 넣기 메소드
2       self.root = self.addRecursive(self.root, key)
3
4   def addRecursive(self, node, key):      # 내부에서 호출되는 재귀적 넣기 메소드
5       if node is None:           # 노드가 None이면 여기가 새 노드가 들어갈 자리
6           return self.Node(key) # 새로 생성한 노드를 리턴4)
7       else:                      # 아직 못 찾았으면,
8           if key > node.key:     # 넣을 키가 현재 노드보다 크면 오른쪽 자식에서 계속
9               node.right = self.addRecursive(node.right, key)
10          elif key < node.key:   # 넣을 키가 현재 노드보다 작으면 왼쪽 자식에서 계속
11              node.left = self.addRecursive(node.left, key)
12          return node            # 재귀 호출 이력을 거꾸로 되돌아가며 리턴
```

예를 들어 9번째 줄을 보자. 이 코드가 실행되면 호출된 메소드에서는 파라미터로 전달된 node.right를 node 파라미터로 받았다가 12번째 줄에서 결국 그 node를 다시 리턴한다. 즉 호출한 쪽, 9번째 줄의 등호 왼쪽의 node.right가 돌려받는 리턴값은 바로 원래 node.right인 것이다. 이 방법의 핵심은, 5번째 줄과 같이 만약 호출된 메소드의 node가 None이면, 즉 새 노드를 넣는 경우이면, 6번째 줄과 같이 None 대신에 새로 만든 노드가 리턴되기 때문에 그 새 노드가 자연스럽게 트리에 추가된다.

4) None 대신 새로 생성한 노드를 리턴함으로써 바로 직전 재귀 호출한 부모의 자식 링크, 즉 left 또는 right의 값이 기존의 None에서 새로 생성한 노드로 변경된다.

넣기 연산의 두 단계를 그림으로 나타내면 아래와 같다.

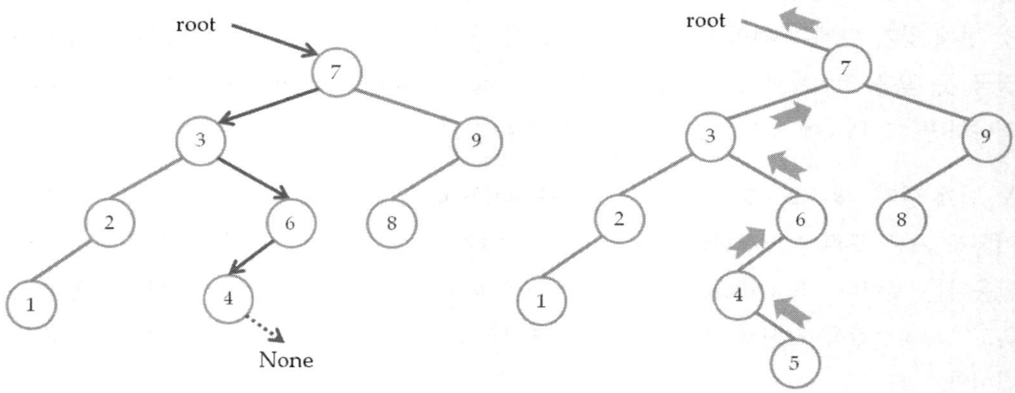

위 그림은 키값 5를 넣는 과정이다. 왼쪽 그림은 첫 번째 단계, 새로 넣을 키값 5의 위치를 찾는 과정이다. 4번 노드의 오른쪽 자식 위치가 바로 5가 들어갈 자리이다. 오른쪽 그림은 두 번째 단계로써 그 위치에서, None 대신 새로 만든 노드를 리턴하고, 계속해서 재귀 호출 이력을 거꾸로 되돌아가며 리턴되는 과정, 즉 트리가 다시 연결되는 과정을 나타낸다. 위 두 과정의 핵심은 9번째와 11번째 줄의 코드이다. 다음 방문 노드를 현재 노드의 왼쪽 자식 또는 오른쪽 자식, 즉 node.left 또는 node.right로 설정하여 addRecursive( ) 메소드 자신을 재귀 호출하는 것이 첫 번째 단계이고, 그 결과를 다시 node.left 또는 node.right로 저장하는 것이 두 번째 단계이다.

찾기 또는 넣기 연산을 각각 두 개의 메소드, 예를 들어 add( ) 메소드와 addRecursive( ) 메소드로 나누어 구현한 것이 좀 번거롭게 보인다면 똑같은 재귀 호출 구조를 유지하면서도 하나의 메소드로 만들 수도 있다. 즉 addRecursive( ) 메소드는 add( ) 메소드에서만 호출되므로 addRecursive( ) 메소드를 add( ) 메소드의 내부 함수로 옮기는 것이다. 결과적으로 add( ) 메소드는 자기 내부에 들어있는 addRecursive( ) 함수를 호출할 수 있고 외부에서는 add( ) 메소드만 보인다. 이처럼 코드를 재조정하는 것을 코드 리팩토링이라 한다.

코드 리팩토링

컴퓨터과학에서 코드 리팩토링(code refactoring)이란 외부 인터페이스나 결과의 변경 없이 기존 코드를 재조정하는 것을 뜻한다.[5] 예를 들어 위의 넣기 연산을 보자. 하나의 넣기 연산 작업이 add( )와 addRecursive( ), 두 메소드로 분리되어 있어 조금 지저분하게 보이지는 않을까. 아래와 같이 한 개의 메소드로 바꾸어보자.

```
    def add(self, key):
        def addRecursive(node, key):
            if node is None:
                return self.Node(key)
            else:
                if key > node.key:
                    node.right = self.addRecursive(node.right, key)
                elif key < node.key:
                    node.left = self.addRecursive(node.left, key)
                return node

        self.root = addRecursive(self.root, key)
```

addRecursive( ) 메소드를 add( ) 메소드안에 배치함으로써 넣기 연산의 재귀 구조를 유지하면서도 BST 클래스 입장에서는 add( ) 메소드 하나만 보이도록 재조정했다.

코드 리팩토링은 이와 같이 가독성을 높이고 유지보수를 용이하게 할 목적으로 수행되며 버그를 없애거나 새로운 기능을 추가하는 것은 아니다. 사용자가 보는 외부 화면은 그대로 두면서 내부 논리나 구조를 바꾸고 개선하는 유지보수 작업의 일환이다.[6] 구체적인 방법으로는 필드 은닉, 메서드 추출, 타입 일반화, 메서드 이름 변경 등이 있다.

코드 리팩토링 자동화 도구로는 이클립스, 델파이, Intellij IDEA, PyCharm, 젯브레인즈 등 대부분의 소프트웨어 IDE에서 제공한다.

빼기 연산의 구현

빼기 역시 두 단계로 구현한다. 1) 삭제할 키의 노드를 찾아, 2) 그 노드를 삭제하면 된다. 먼저 완성된 코드부터 보면 아래와 같다.

첫 번째 단계는 찾기나 넣기 연산과 동일하다. 위의 deleteRecursive( ) 메소드의 앞부분, 즉 5번째 줄부터 12번째 줄까지가 첫 번째 단계로써 삭제할 키를 찾는 과정이다. if 비교문의 세 번의 비교가 넣기 연산의 addRecursive( ) 메소드의 1단계 과정인 넣을 키 위치를 찾는 과정과 다르지 않음을 알 수 있다.

5) 출처: 위키피디어, https://en.wikipedia.org/wiki/Code_refactoring
6) 출처: 위키피디어, https://ko.wikipedia.org/wiki/리팩토링

```
    def delete(self, key):                       # 외부에서 호출할 때 사용하는 빼기 메소드
        self.root = self.deleteRecursive(self.root, key)

    def deleteRecursive(self, node, key):  # 내부에서 호출되는 재귀적 빼기 메소드
        if node is None:                         # 뺄 키가 없으면
            return None
        elif key > node.key:         # 뺄 키가 현재 노드보다 크면 오른쪽 자식에서 계속
            node.right = self.deleteRecursive(node.right, key)
            return node
        elif key < node.key:         # 뺄 키가 현재 노드보다 작으면 왼쪽 자식에서 계속
            node.left = self.deleteRecursive(node.left, key)
            return node
        elif key == node.key:        # 뺄 키를 찾았으면
            if node.left is None and node.right is None:     # case #0
                return None
            elif node.left is None:           # case #1 - 오른쪽 자식만 있을 때
                return node.right
            elif node.right is None:          # case #1 - 왼쪽 자식만 있을 때
                return node.left
            else:                             # case #2 - 자식이 둘 다 있을 때
                minNode = self.minimum(node.right)  # 뺄 노드의 다음 순서 노드 찾기
                renewNode = self.Node(minNode.key)  # minNode를 renewNode로 복제
                renewNode.left = node.left
                renewNode.right = self.deleteMinimum(node.right)
                return renewNode              # 뺄 노드 자리를 renewNode로 대체

    def minimum(self, node):                  # node의 바로 다음 노드 찾기
        if node.left is None:                 # 왼쪽 자식이 None이면
            return node
        else:
            return self.minimum(node.left) # 왼쪽으로, 왼쪽으로, ...

    def deleteMinimum(self, node):            # node의 바로 다음 노드 빼기
        if node.left is None:                 # 왼쪽 자식이 None이면, 즉 case #1
            return node.right
        else:
            node.left = self.deleteMinimum(node.left)  # 왼쪽으로, 왼쪽으로, ...
            return node
```

관건은 두 번째 단계, 삭제할 노드를 찾은 후 그 노드를 삭제하는 단계이다. 즉 노드 하나가 제거된 트리는 어떤 형태이어야 할까. 똑같은 데이터를 가지고도 이진탐색트리를 구성하는 방법은 수도 없이 많다. 예를 들어 키가 1, 2, 3인 세 개 노드로 이진탐색트리를 만들어보자. 1을 루트로 하면 2, 3은 오른쪽 서브트리, 2를 루트로 하면 1은 왼쪽에, 3은 오른쪽에, 3을 루트로 하면 1, 2 모두 왼쪽 서브트리에 있는 이진탐색트리가 된다. 즉 노드 하나를 제거한 후 이진탐색트리를 재조정하는 방법은 수도 없이 많다. 그 수많은 후보들 중의 하나를 선택하는 기준은 무엇이어야 할까, 바로 알고리즘의 효율성이다. 즉 어떻게 하면 가장 적은 노력으로 작업을 수행할 수 있는가이다.

트리 재구성 방법은 삭제할 노드의 자식 수에 따라 세 가지 경우로 나누어볼 수 있다.

- case #0: 자식이 없는 노드를 삭제하는 경우
- case #1: 자식이 하나인 노드를 삭제하는 경우
- case #2: 자식이 둘인 노드를 삭제하는 경우

먼저 case #0, 자식이 없는 노드를 삭제하는 경우에는 그 노드를 제거하기만 하면 된다.[7] 즉 삭제될 노드를 가리키는 부모의 링크를 None으로 바꾸는 것이다. 아래 그림은 case #0인 1번 노드를 삭제하는 예로써 왼쪽 그림은 네 번의 재귀 호출을 통해 1번 노드를 찾아가는 과정이고, 오른쪽 그림은 삭제할 1번 노드 대신 None을 리턴함으로써 1번 노드를 삭제 하고, 재귀 호출 이력을 따라 루트 노드까지 거꾸로 되돌아가면서 리턴되는 과정이다.[8]

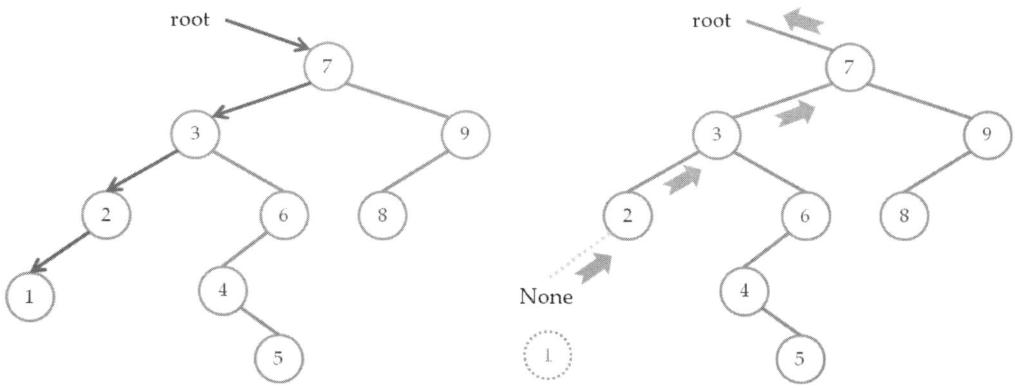

7) 자식이 없는 노드는 그 노드가 트리에서 삭제되더라도 나머지 트리에 전혀 영향을 주지 않기 때문이다.

8) 코드의 14번째 줄

두 번째, 자식이 하나인 노드를 삭제하는 case #1은 왼쪽 자식만 있든 오른쪽 자식만 있든 상관없이 그 자식 노드를, 삭제할 노드를 건너뛰어, 삭제할 노드의 부모 노드로 직접 연결해주면 된다.[9] 아래 예는 자식이 하나인 9번 노드를 삭제하는 두 단계를 나타낸다. 왼쪽 그림은 첫 번째 단계인 삭제할 9번 노드를 찾아가는 과정이고, 오른쪽 그림은 9번 노드 대신 9번 노드의 하나뿐인 자식인 8번 노드를 리턴함으로써 9번 노드를 호출한 7번 노드의 자식으로 직접 연결되도록 하고, 재귀 호출 이력을 따라 루트 노드까지 거꾸로 되돌아가며 리턴되는 과정을 나타낸다.[10]

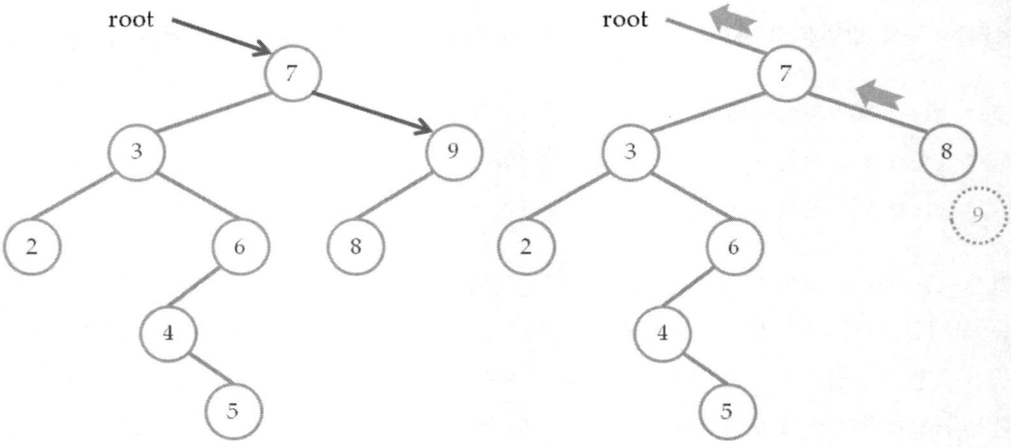

세 번째는 자식이 둘인 노드를 삭제하는 case #2이다. 앞에서 언급한 것처럼 이러한 내부 노드를 삭제한 후 트리를 재구성하는 방법은 수도 없이 많다.[11] 아래 그림을 보자. 왼쪽 그림에서 3번 노드를 삭제할 때, 3번 노드 위치를 대체할 수 있는 노드는 6번, 4번, 5번 등 다양하다. 관건은 어떤 노드로 대체하는가에 따라 트리를 재구성하는 일의 양도 달라진다는 점이다.

---

9) 자식이 하나만 있는 노드가 트리에서 삭제되면 그 노드의 자식 서브트리와 나머지 트리가 서로 분리된다. 분리된 두 서브트리를 이진탐색트리 조건에 부합하도록 연결하는 최적의 방법은 분리된 자식 서브트리를 삭제된 노드의 부모 노드의 자식으로 연결하는 것이다.

10) 위 코드의 16번째 줄과 18번째 줄

11) 자식이 둘인 노드가 트리에서 삭제되면 그 노드의 왼쪽 자식 서브트리, 오른쪽 자식 서브트리, 그리고 그 노드의 부모 노드가 포함된 나머지 트리의 3개 서브트리로 분리된다. 세 개의 서브트리를 이진탐색트리 조건에 부합하도록 다시 연결하는 방법은 간단하지는 않다.

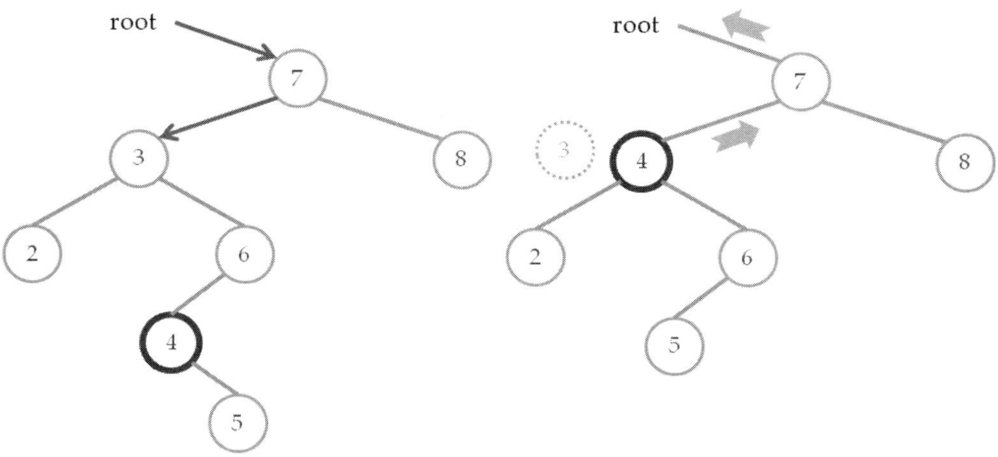

그 일을 최소화할 수 있는 방법의 하나는 삭제할 노드와 순서상으로 가장 가까운 노드, 즉 삭제할 노드의 바로 직전 또는 바로 다음 순서 노드로 대체하는 것이다. 이진탐색트리에서 어떤 노드의 바로 직전 노드는 그 노드의 왼쪽 자식 서브트리에서 가장 큰 노드이고, 바로 다음 노드는 그 노드의 오른쪽 자식 서브트리에서 가장 작은 노드이다. 위의 오른쪽 그림은 삭제할 3번 노드 위치에, 순서상 그 노드의 바로 다음 노드, 곧 오른쪽 자식 서브트리에서 가장 작은 노드인 4번 노드로 대체한 결과이다.

어떤 서브트리에서 가장 작은 노드를 찾는 코드는 minimum( ) 메소드이다.[12] 그 알고리즘은, 서브트리의 왼쪽 자식만 따라 내려가다가 처음으로 왼쪽 자식이 None인 노드가 바로 가장 작은 노드이다. 이 노드를, 삭제한 노드 위치로 옮긴다.[13] 옮겨진 노드는 원래 위치에서 제거되어야한다. 이를 처리하는 코드가 deleteMinimum( ) 메소드이다.[14] 그 알고리즘은, 자식이 하나인 노드를 삭제하는 일로써 바로 case #1과 같다.

22번째 줄의 renewNode는 삭제된 노드 위치로 옮겨올 노드, 즉 minimum( ) 메소드로 찾은 노드를 복제한 노드이다. 위 그림과 같이 삭제한 3번 노드를 대체할 노드는 4번 노드이지만 코드에서는 4번 노드를 옮기는 대신 그 노드를 복제한 renewNode를 새로 만들어 3번 노드 위치에 넣었다.[15]

---

12) deleteRecursive( ) 메소드의 27번째 줄
13) 위 코드에서는 옮기지 않고 복제를 했다. 22번째 줄의 renewNode가 복제한 노드이다.
14) 33번째 줄
15) 4번 노드를 직접 옮기지 않고 복제를 하는 이유는 코드가 보다 간단하고 깔끔해지기 때문이다.

시간복잡도 분석

먼저 찾기 연산을 보자. 찾는 과정은, 루트 노드부터 시작해서 한 번 비교할 때마다 트리의 다음 레벨로 진행되므로 최대 비교 횟수는 곧 트리의 높이가 된다. 노드의 개수가 n일 때 포화 이진트리나 완전 이진트리의 높이는 $O(\log_2 n)$이지만 한쪽으로 편향된 트리의 높이는 최대 n이므로 찾기 연산의 시간복잡도는 평균 $O(\log_2 n)$, 최대 $O(n)$이다.

넣기, 빼기 알고리즘은 둘 다 1) 위치 찾기, 2) 트리 재구성의 두 단계로 구성된다. 첫 번째 단계의 소요 시간은 비교 횟수로써 찾기 연산과 같다. 두 번째 단계는 첫 번째 단계의 재귀 호출 과정 종료 후 리턴되는 과정이므로 첫 번째 단계에 종속적이다.

따라서 넣기, 빼기 알고리즘의 시간복잡도 또한 찾기 알고리즘과 마찬가지로 각각 평균 $O(\log_2 n)$, 최대 $O(n)$이다.

이진탐색트리 자료구조	3대 기본 연산		빅오 복잡도	
			평균	최대
시간복잡도	넣기	add( )	$O(\log_2 n)$	$O(n)$
	빼기	delete( )	$O(\log_2 n)$	$O(n)$
	찾기	find( )	$O(\log_2 n)$	$O(n)$

트리 순회 연산

트리 순회 알고리즘도 구현해보자. 이진탐색트리 역시 모든 노드의 자식은 최대 둘 이하라는 속성은 이진트리와 같기 때문에 트리 순회 알고리즘도 동일하다.

아래는 이진탐색트리인 BST 클래스에 중위 순회, 전위 순회, 후위 순회, 그리고 레벨 순서 순회 메소드를 구현한 것이다. 코드를 7.2절의 이진트리의 트리 순회 메소드와 비교해보자.

```
def inorder(self, node):                # 중위 순회
    if node is None:
        return
    else:                               # 왼쪽 자식 -> 현재 노드 -> 오른쪽 자식
        self.inorder(node.left)
        print(node.key)
        self.inorder(node.right)

def preorder(self, node):               # 전위 순회
    if node is None:
        return
    else:                               # 현재 노드 -> 왼쪽 자식 -> 오른쪽 자식
        print(node.key)
        self.preorder(node.left)
        self.preorder(node.right)

def postorder(self, node):              # 후위 순회
    if node is None:
        return
    else:                               # 왼쪽 자식 -> 오른쪽 자식 -> 현재 노드
        self.postorder(node.left)
        self.postorder(node.right)
        print(node.key)

def levelorder(self):                   # 레벨 순서 순회
    queue = list()
    queue.append(self.root)
    while len(queue) != 0:
        node = queue.pop(0)
        print(node.key)
        if node.left:                   # node.left가 비어있지 않으면
            queue.append(node.left)
        if node.right:                  # node.right가 비어있지 않으면
            queue.append(node.right)
```

메인 테스트 코드

아래는 BST 클래스의 메인 테스트 코드이다. 트리 형태는 앞의 그림 예를 그대로 따라 작성했다. 앞의 그림과 비교하면서 제대로 실행되는지 확인해보자.[16]

```
### 메인 테스트 코드
tree = BST()                # BST 객체 생성

keys = [7, 3, 9, 2, 6, 8, 1, 4]
for key in keys:            # ==>
    tree.add(key)

tree.add(5)                 # 넣기 연산
tree.levelorder()

tree.delete(1)              # 앞의 case #0 빼기 연산의 그림 예 실행
tree.levelorder()

tree.delete(9)              # 앞의 case #1 빼기 연산의 그림 예 실행
tree.levelorder()

tree.delete(3)              # 앞의 case #2 빼기 연산의 그림 예 실행
tree.levelorder()
```

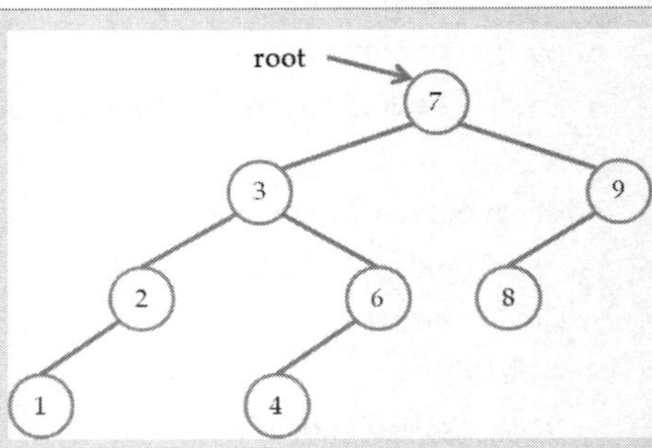

16) 테스트 코드에서 add( ) 또는 delete( ) 메소드 후 levelorder( ) 메소드를 호출한 이유는 트리 형태를 확인하는데 레벨 순서 순회가 직관적이기 때문이다.

8.3 AVL 트리

이진탐색트리의 장점은 3대 기본 연산의 평균 시간복잡도가 모두 $O(\log_2 n)$이라는 점이다. 이는 n에 대한 알고리즘의 7단계 시간복잡도[17] 중 가장 낮은 수준이라 할 수 있다. 문제는 최대 시간복잡도이다. 트리가 한 쪽으로 편향된 경우, 즉 트리의 균형이 맞지 않으면 최대 $O(n)$이다. 어떻게 하면 최대 시간복잡도를 낮출 수 있을까?

이진탐색트리의 3대 기본 연산 알고리즘의 시간복잡도는 트리의 높이에 비례하므로 트리의 높이를 낮추면 최대 시간복잡도를 줄일 수 있다. 트리의 높이를 낮추는 가장 좋은 방법은 트리의 모든 노드들을 루트 노드부터 차곡차곡 빠짐없이 채우는 것이다. 즉 완전 이진트리 또는 포화 이진트리로 만들면 된다. 하지만 트리에 변화가 생길 때마다, 즉 넣기나 빼기 후 트리를 다시 완전 이진트리나 포화 이진트리로 재구성하는 것은 결코 간단한 일이 아니다. 좀 더 쉬운 방법은 없을까. 바로 트리의 균형을 맞추는 것이다.

이진탐색트리가 한 쪽으로 편향되지 않도록 넣기 또는 빼기 연산 후 트리를 회전시켜 좌우 서브트리의 높이를 서로 비슷하게 맞춘 트리를 자가균형 이진탐색트리라고 한다.[18] 대표적인 자가균형 이진탐색트리들을 보면 아래와 같다.

- 2-3 트리
- AA 트리
- AVL 트리
- B-트리
- 레드-블랙 트리

이번 절에서는 가장 대표적인 자가균형 이진탐색트리인 AVL 트리에 대해 알아본다.

아래는 트리, 이진트리, 이진탐색트리, 자가균형 이진탐색트리, 그리고 AVL 트리 간의 포함 관계를 그림으로 나타낸 것이다.

---

17) 7단계 시간복잡도는 $O(\log_2 n)$, $O(n)$, $O(n\log_2 n)$, $O(n^2)$, $O(n^3)$, $O(2^n)$, $O(n!)$이다.

18) 영어로는 self-balancing binary search tree 또는 height-balanced binary search tree라고 한다.

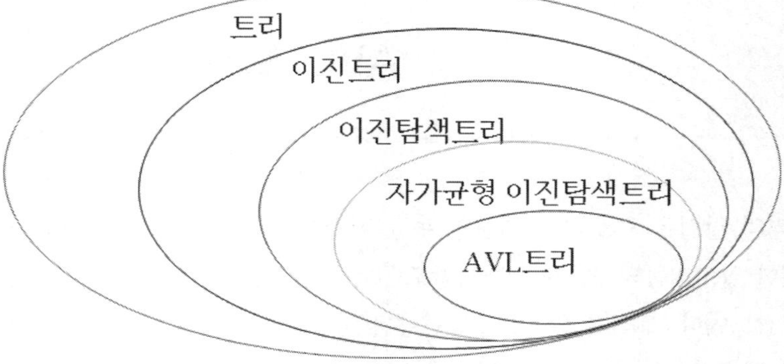

AVL 트리 개요

AVL 트리는 여러 자가균형 이진탐색트리 중 가장 먼저 제안된 트리이다.[19] AVL 트리에서 임의의 노드의 왼쪽과 오른쪽, 두 자식 서브트리의 높이의 차이는 1보다 크지 않다. 만약 그 높이 차이가 1보다 커지면 재균형화 작업을 통해 AVL 트리의 속성을 복원한다.

AVL 트리의 최대 높이는 $\log_2 n$이므로 AVL 트리의 넣기, 빼기, 찾기 연산의 시간복잡도는, 평균과 최대, 모두 $O(\log_2 n)$이다. 다만 넣기와 빼기 연산 후에는 부가적으로 트리 재균형화 작업이 필요하다.

AVL 트리는 레드-블랙 트리와 함께 가장 널리 쓰이는 자가균형 이진탐색트리이다. 둘 다 최대 시간복잡도가 $O(\log_2 n)$으로 같지만 AVL 트리의 찾기 연산이 좀 더 빠르다.[20]

AVL 트리의 구현

AVL 트리는 기본적으로 이진탐색트리이므로 AVL 트리의 구현 또한 이진탐색트리와 크게 다르지 않다. 다만 트리 재균형화를 위한 트리 회전 작업이 추가로 필요하다.

먼저 AVL 트리 클래스부터 정의해보자. 노드 클래스는 물론 AVL 트리 클래스의 정의 또한 이진탐색트리와 동일하다.[21] 클래스 이름은 AVLTree이다.

---

19) AVL이란 명칭은 Adelson-Velsky and Landis의 약자로써 1962년에 이 트리를 처음 제안한 러시아의 과학자, Georgy Adelson-Velsky와 Evgenii Landis의 이름을 따서 지었다.

20) 출처: https://en.wikipedia.org/wiki/AVL_tree

21) 구체적인 코드 구현은 수도 없이 많다. 여기서는 앞 절의 이진탐색트리 구현, 즉 BST 클래스 코드와의 차이를 최소화하는데 중점을 두었다.

```
### AVL 트리 클래스 - 필드변수는 self.root, BST와 동일
class AVLTree:
    class Node:                                     # Node 클래스, BST의 Node와 동일
        def __init__(self, key, left=None, right=None):
            self.key = key
            self.left = left
            self.right = right

    def __init__(self):
        self.root = None
```

트리 회전 연산

임의의 노드의 왼쪽과 오른쪽 자식 서브트리의 높이 차이가 1보다 커지면 트리 재균형화가 필요하다.[22] 즉 높이의 차이가 1 이하가 되도록 트리를 적절히 회전시켜야 한다. 트리 회전을 위한 기본 연산은 아래 그림과 같이 두 가지이다. 트리 재균형화는 이 두 연산의 조합으로 수행할 수 있다.

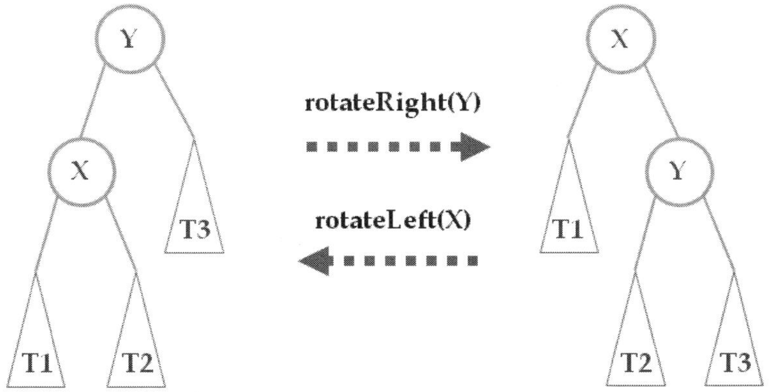

첫째, rotateRight(Y) 연산은 위의 왼쪽 그림처럼 노드 Y를 기준으로 왼쪽 자식 서브트리의 높이가 오른쪽보다 더 클 때 수행하는 연산으로, Y를 오른쪽으로 회전시켜 한 레벨 내리고 Y의 왼쪽 자식을 새로운 루트로 끌어올린다. 결과적으로 왼쪽 서브트리의 높이는 1만큼 줄어들고 오른쪽 서브트리의 높이는 1만큼 늘어난다.

22) 두 서브트리의 높이 차이의 변화가 생기는 경우는 트리에 새로운 노드가 추가되거나 기존 노드가 삭제될 때이다. 즉 넣기 또는 빼기 연산이 수행되는 경우이다.

둘째, rotateLeft(X) 연산은 위의 오른쪽 그림처럼 노드 X를 기준으로 오른쪽 자식 서브트리의 높이가 왼쪽보다 더 클 때 수행하는 연산으로, X를 왼쪽으로 회전시켜 한 레벨 내리고 X의 오른쪽 자식을 새로운 루트로 끌어올린다. 결과적으로 오른쪽 서브트리의 높이는 1만큼 줄어들고 왼쪽 서브트리의 높이는 1만큼 늘어난다. 두 메소드를 구현하면 아래와 같다.

```
def rotateRight(self, parent):        # 트리를 오른쪽으로 회전
    newParent = parent.left           # 현재 노드의 왼쪽을 준비
    temp = newParent.right            # 현재 노드의 왼쪽의 오른쪽을 tmep에 저장
    newParent.right = parent          # 현재 노드를 새 루트의 오른쪽 자식으로
    parent.left = temp                # temp를 현재 노드의 왼쪽 자식으로
    return newParent

def rotateLeft(self, parent):         # 트리를 왼쪽으로 회전
    newParent = parent.right          # 현재 노드의 오른쪽을 준비
    temp = newParent.left             # 현재 노드의 오른쪽의 왼쪽을 temp에 저장
    newParent.left = parent           # 현재 노드를 새 루트의 왼쪽 자식으로
    parent.right = temp               # temp를 현재 노드의 오른쪽 자식으로
    return newParent
```

두 메소드의 파라미터 이름은, 회전 대상인 서브트리의 루트라는 의미로 parent로 정했다. 위 그림에서 왼쪽 트리를 오른쪽 트리로 회전하는 rotateRight(Y) 메소드의 코드를 따라가 보자. Y의 왼쪽 자식인 X가 새로운 parent 위치로 올 것이므로 X를 newParent 변수로 저장했다. Y는 X의 새로운 오른쪽 자식이 되어야 하므로 그 전에 X의 기존 오른쪽 자식을 잠시 temp로 저장해둔다. 이제 남은 일은 newParent, 즉 X의 새로운 오른쪽 자식으로 Y를, Y의 새로운 왼쪽 자식으로 temp를 지정하면 된다.

AVL 트리 재균형화

아래 그림처럼 임의의 서브트리에서 그 서브트리의 루트 노드인 Z 입장에서 두 자식 서브트리의 높이 차이가 1보다 커지는 경우는 네 가지이다. 예를 들어 왼쪽 첫 번째 그림은 노드 Z를 기준으로, Z의 왼쪽 자식 서브트리의 높이가 오른쪽 자식 서브트리보다 2 이상 큰 경우이고, 맨 오른 쪽 그림은 Z의 오른쪽 자식 서브트리의 높이가 왼쪽 자식 서브트리보다 2 이상 큰 경우를 나타낸다.[23)]

각각의 경우는, Z에서 Z의 자식 노드 Y와 그 Y의 자식 노드 X로 연결되는 방향에 따라

Left Left, Left Right, Right Left, Right Right로 부른다.[24)]

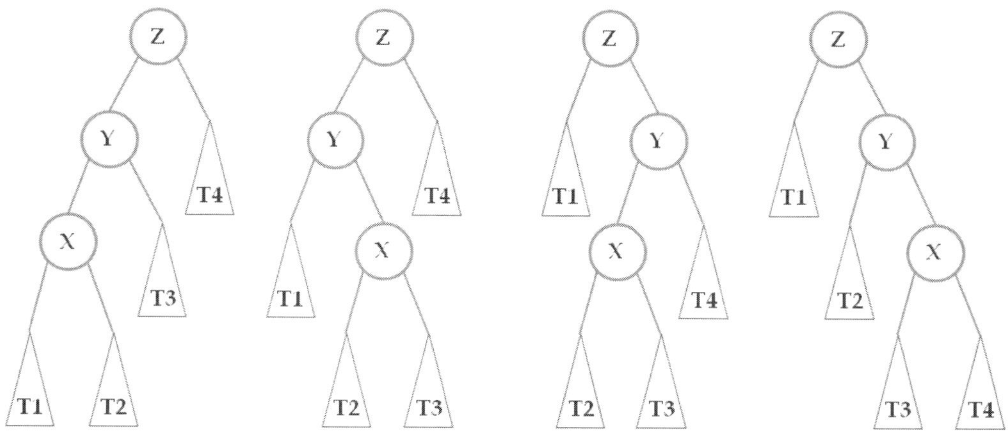

(a) Left Left (b) Left Right (c) Right Left (d) Right Right

각각의 경우에 대해 트리 재균형화를 어떻게 수행하는지 알아보자. 결론부터 말하자면 트리 재균형화는 앞의 두 가지 트리 회전 연산, 즉 rotateRight( ) 연산과 rotateLeft( ) 연산의 조합으로 완성된다.

첫 번째는 Left Left 경우이다. 이 경우는 아래 그림과 같이 rotateRight(Z) 연산 한 번으로 충분하다.

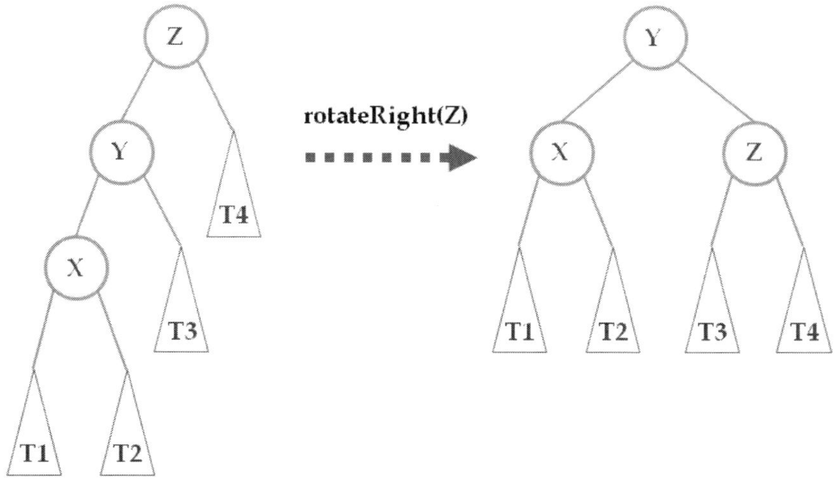

23) 삼각형으로 표시된 서브트리의 높이는 모두 같다고 가정한다.
24) 줄여서 LL, LR, RL, RR로 표기하기도 한다.

두 번째, Left Right 경우이다. 아래 그림과 같이 먼저 중간 레벨의 Y에 대해 rotateLeft(Y) 연산을 수행하여 위 첫 번째 경우인 Left Left 경우로 변환하고, 이어서 위 첫 번째와 같이 rotateRight(Z) 연산을 수행한다.

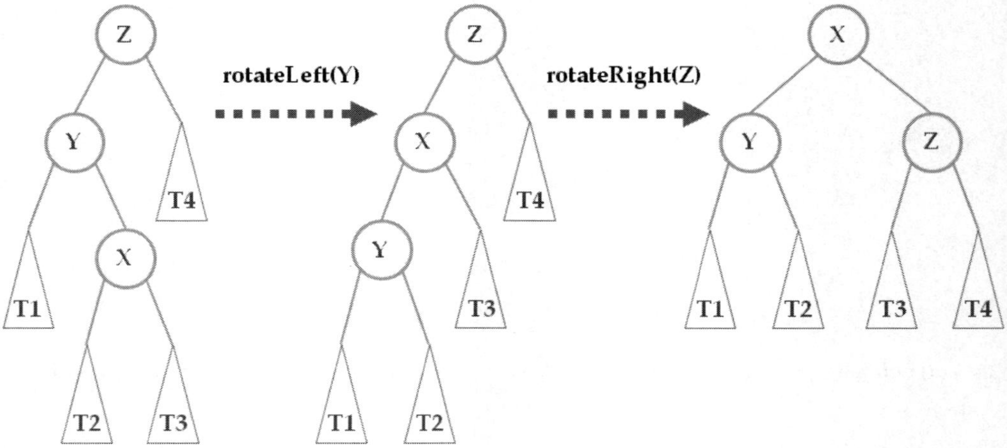

세 번째, Right Right 경우를 먼저 보자. 이 경우는 첫 번째 Left Left 경우의 반대 경우로써 아래 그림과 같이 rotateLeft(Z) 연산 한 번으로 충분하다.

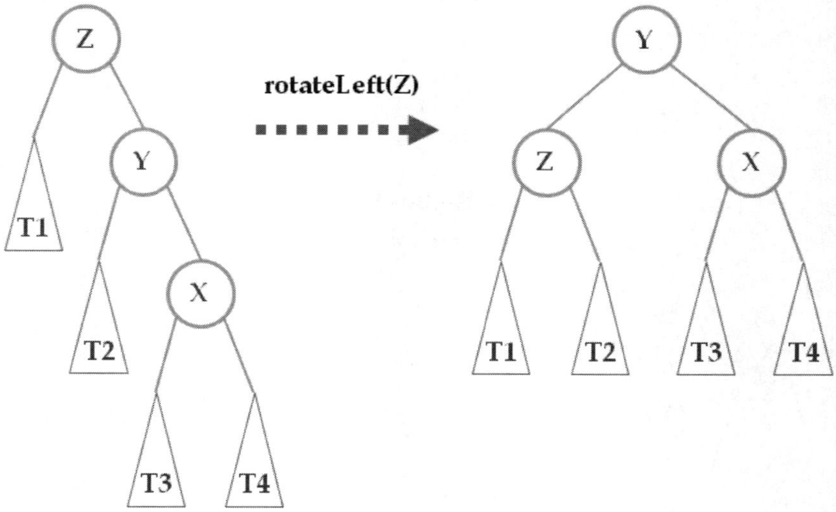

끝으로 Right Left 경우이다. 아래 그림과 같이 먼저 중간 레벨의 Y에 대해 rotateRight(Y) 연산을 수행하여 위 세 번째 경우인 Right Right 경우로 변환하고, 이어서 세 번째와 같이

rotateLeft(Z) 연산을 수행한다.

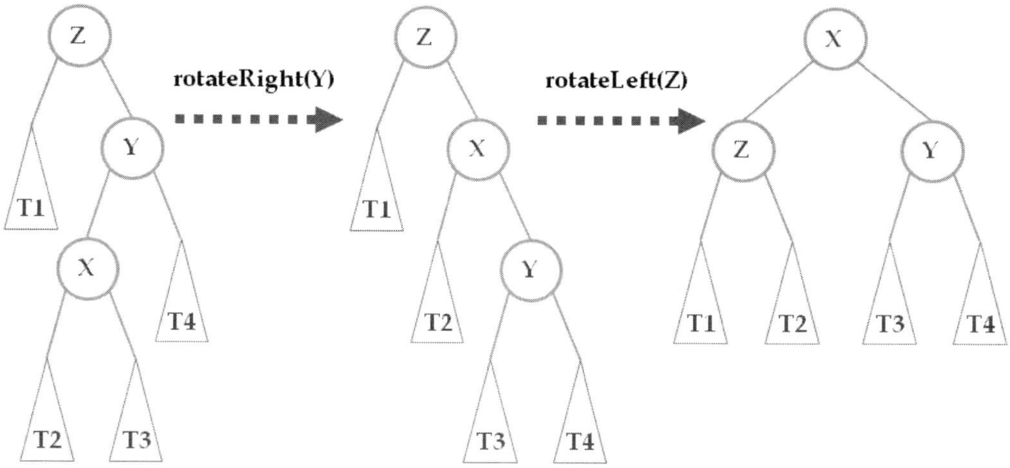

넣기 연산의 구현

두 자식 서브트리의 높이 차이가 1보다 큰 상태, 즉 트리 재균형화가 필요한 상태는 트리에 변화가 생겼을 때 발생한다. 대표적인 트리 변화는 넣기 연산 또는 빼기 연산을 수행했을 때이다.[25] 여기서는 넣기 연산을 구현해보자.

AVL 트리의 넣기 연산, add( ) 메소드의 앞부분은 BST의 구현과 동일하다. 차이점은 AVL 트리의 add( ) 메소드에서는 새 노드를 추가한 후 그 추가된 노드로 인해 트리 불균형[26]이 발생할 수 있고, 그 트리 불균형이 발생 가능한 대상은 루트 노드에서 새로 추가된 노드에 이르는 경로 상의 모든 노드들이므로, 재귀 호출된 addRecursive( ) 메소드가 거꾸로 되돌아가면서 리턴될 때마다, 리턴 직전에 트리 재균형화를 수행해야 한다.

완성된 코드는 아래와 같다. 11번째 줄까지는 8.2절의 일반 이진탐색트리인 BST의 add( ) 메소드 및 addRecursive( ) 메소드와 동일하다. 차이점은 노드를 리턴하는 "return node" 문장을 트리 재균형화까지 모두 마친 뒤인 27번째 줄로 옮긴 것뿐이다.

25) 다수의 노드로 구성된 서브트리를 넣거나 빼는 경우도 물론 있을 수 있지만 여기서는 생략한다.
26) 즉 두 자식 서브트리의 높이 차이가 1보나 커지는 경우

```
1  def add(self, key):                             # 넣기 연산 - 외부 인터페이스 용도
2      self.root = self.addRecursive(self.root, key)
3
4  def addRecursive(self, node, key):              # 넣기 연산 - 내부 재귀 호출 용도
5      if node is None:
6          return self.Node(key)
7      else:
8          if key > node.key:
9              node.right = self.addRecursive(node.right, key)
10         elif key < node.key:
11             node.left = self.addRecursive(node.left, key)
12
13     balanceFactor = self.height(node.right) - self.height(node.left)27)
14     if balanceFactor > 1:        # bf = 오른쪽 자식의  높이 - 왼쪽 자식의 높이
15         if key > node.right.key:             # case (d)
16             node = self.rotateLeft(node)
17         elif key < node.right.key:           # case (c)
18             node.right = self.rotateRight(node.right)
19             node = self.rotateLeft(node)
20     elif balanceFactor < -1:                 # 왼쪽 서브트리의 높이가 더 클 때
21         if key < node.left.key:              # case (a)
22             node = self.rotateRight(node)
23         elif key > node.left.key:            # case (b)
24             node.leftt = self.rotateLeft(node.left)
25             node = self.rotateRight(node)
26
27     return node                  # 재균형화된 현재 노드를 재귀 호출의 결과로 리턴
```

AVL 트리에서 추가된 코드를 보자. 13번째 줄에서 현재 노드의 좌우 자식 서브트리의 높이 차이를 계산하여 balanceFactor에 저장했다.[28] 14번째부터 25번째 줄까지는 앞의 AVL 트리 재균형화에서 설명한 내용 그대로, 네 가지 경우에 따라 기본 회전 연산인 rotateRight( )와 rotateLeft( )를 수행한다. 이와 같이 트리 재균형화까지 모두 마치면 27번째 줄과 같이 현재 노드를 리턴한다.[29]

---

27) 해당 노드의 높이를 구하는 self.height( ) 메소드는 BST와 동일하다.
28) 여기서는 (오른쪽 높이 - 왼쪽 높이)로 계산했다. 역으로 계산해도 된다.
29) AVL 트리의 찾기 연산은 BST와 동일하고 빼기 연산은 연습문제로 남긴다.

메인 테스트 코드

아래는 AVLTree 클래스의 메인 테스트 코드이다. 7개의 키를 차례대로 넣고 levelorder( ) 메소드로 트리 구성 상태를 확인한다. levelorder( ) 메소드는 BST와 동일하다.

```
### AVLTree 클래스의 메인 테스트 코드
tree = AVLTree()                    # AVLTree 객체 생성

keys = [1, 2, 3, 4, 5, 6, 7]
for key in keys:
    tree.add(key)                   # 넣기 연산

tree.levelorder()                   # 레벨 순서 순회로 전체 트리 출력
```

수행 결과는 4 2 6 1 3 5 7로써 트리 높이는 2임을 확인할 수 있다. 만약 AVL 트리가 아닌 원래 이진탐색트리에서 위와 똑같은 7개의 키를 넣고 levelorder( ) 메소드를 호출했을 때의 결과는 1 2 3 4 5 6 7로써 이는 오른쪽으로 편향된, 높이가 6인 트리이다.

시간복잡도 분석

원래 이진탐색트리의 3대 기본 연산의 시간복잡도는 재귀 호출 횟수로 구할 수 있고, 재귀 호출 횟수는 트리의 높이에 비례하므로, 트리의 높이를 h라 하면 $O(h)$이다.

자가균형 이진탐색트리인 AVL 트리의 높이 h는 트리 재균형화를 통해 항상 $h = \log_2 n$으로 유지되므로 AVL 트리의 3대 기본 연산의 시간복잡도는 평균과 최대 모두 $O(\log_2 n)$이다.

AVL 트리 자료구조	3대 기본 연산		빅오 복잡도	
			평균	최대
시간복잡도	넣기	add( )	$O(\log_2 n)$	$O(\log_2 n)$
	빼기	delete( )	$O(\log_2 n)$	$O(\log_2 n)$
	찾기	find( )	$O(\log_2 n)$	$O(\log_2 n)$

연습문제

01 이진탐색의 시간복잡도를 구하시오.

02 순차탐색의 시간복잡도를 구하시오.

03 이진탐색트리의 정의를 쓰시오.

04 코드 리팩토링이란 무엇인가.

05 정렬된 배열, 링크드 리스트, 이진탐색트리 자료구조의 3대 기본 연산의 시간복잡도를 비교하시오.

06 이진탐색트리의 단점은 무엇인가?

07 BST 클래스의 빼기 연산에서 삭제한 노드를, 순서상 삭제한 노드의 바로 직전 노드로 대체하는 메소드를 작성하시오.

08 AVLTree 클래스에서 빼기 연산인 delete( ) 메소드를 구현하시오. 메소드 형식은 delete(self, key)와 deleteRecursive(self, node, key)이다.

CHAPTER

09 그래프

그래프는 도로, 운송, 전력망, 상하수도망, 신경망, 분자 구조, 단백질 네트워크, 인터넷, 금융 네트워크, 소셜 네트워크 등 다양한 분야에서 활용된다. 앞에서 살펴본 트리 또한 그래프의 일종이다. 아래는 다양한 그래프의 예이다.[1)]

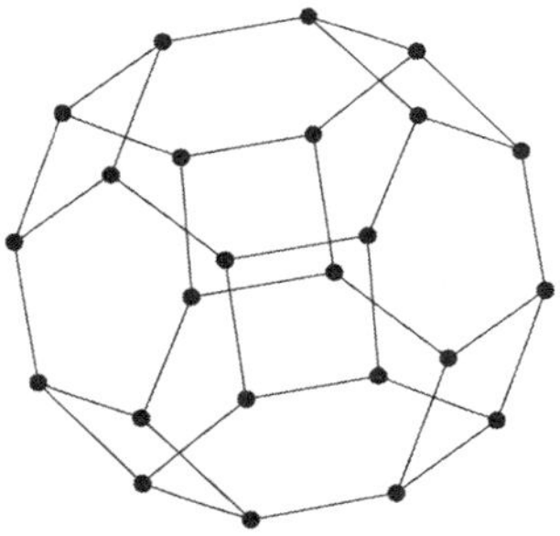

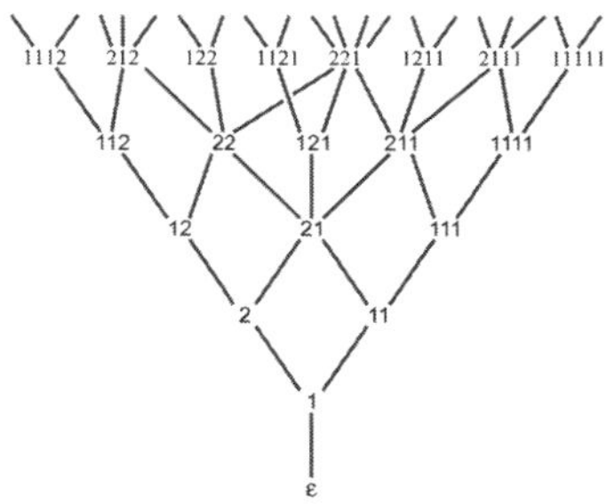

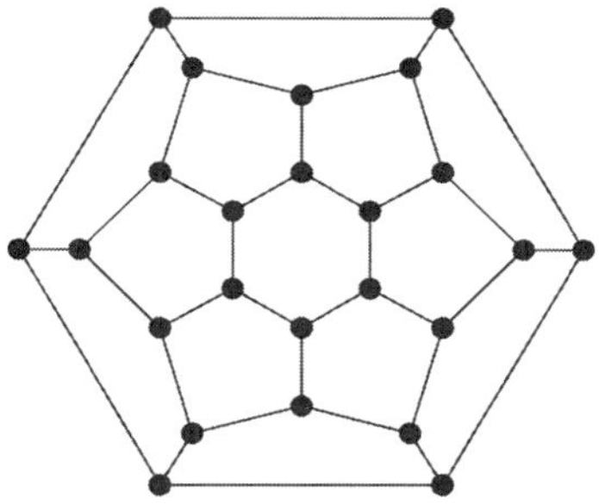

이번 장에서는 그래프 관련 용어들과 그래프의 표기에 대하여 알아보고 그래프 자료구조의 연산과 구현, 그리고 대표적인 그래프 응용 알고리즘들을 살펴본다.

1) 그림 출처: 위키피디어, https://en.wikipedia.org/wiki/Gallery_of_named_graphs

9.1 그래프 개요

그래프는 수학의 이산수학, 위상수학, 함수 분야와 컴퓨터과학의 자료구조 및 인지과학 등 광범위한 분야에서 사용된다. 여기서는 당연히 자료구조로써의 그래프를 살펴본다.

그래프는 수학의 그래프 이론에 기초한 자료구조로써 버텍스와 에지로 구성된다. 버텍스(vertex)는 노드 또는 정점으로 부르기도 한다. 에지(dege)는 링크 또는 간선이라고도 하며 두 개의 버텍스로 표현되고 각 버텍스는 에지의 양쪽 끝단이다. 방향 그래프에서는 에지에 방향이 있으므로 두 버텍스의 순서가 다르면 서로 다른 에지이지만, 무방향 그래프에서는 두 버텍스의 순서가 바뀌어도 서로 같은 에지를 나타낸다.

그래프 용어

그래프 관련 주요 용어들을 알아보자. 먼저 그래프 형태와 관련된 용어들이다.

- 방향 그래프(directed graph 또는 digraph): 에지에 방향성이 있는 그래프
- 무방향 그래프(undirected graph): 에지에 방향성이 없는 그래프
- 가중치 그래프(weighted graph): 에지에 가중치가 있는 그래프
- 부분 그래프(subgraph): 그래프의 일부분으로 이루어진 그래프
- 연결 그래프(connected graph): 모든 임의의 두 버텍스 사이에 경로가 있는 그래프
- 연결성분(connected components): 최대 연결 부분 그래프

아래 그림에서 (a)는 방향 그래프, (b)는 무방향 그래프, (c)는 가중치가 있는 방향 그래프의 예이다. (a)나 (b)와 같이 가중치가 없는 그래프에서 모든 에지의 가중치는 1로 간주한다.

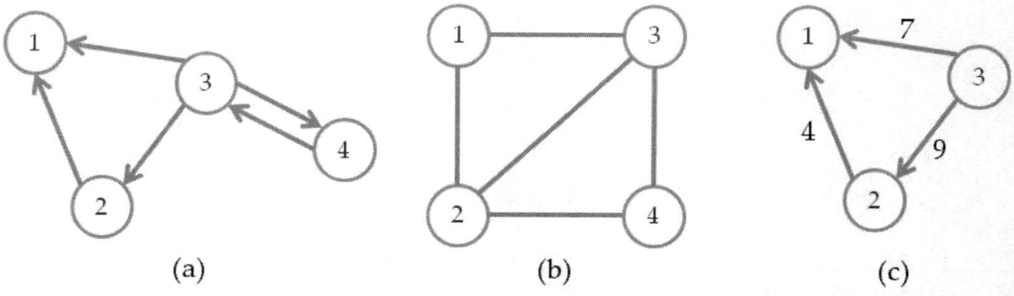

다음 그림의 (a)는 {1, 2, 3, 4}와 {5, 6}의 두 연결성분으로 구성된 그래프로써 연결 그래프는 아니다.[2] (c)와 (d)는 각각 그래프 (a)의 두 연결성분이다. (b)는 그래프 (a)의 부분 그래프의 하나이다.

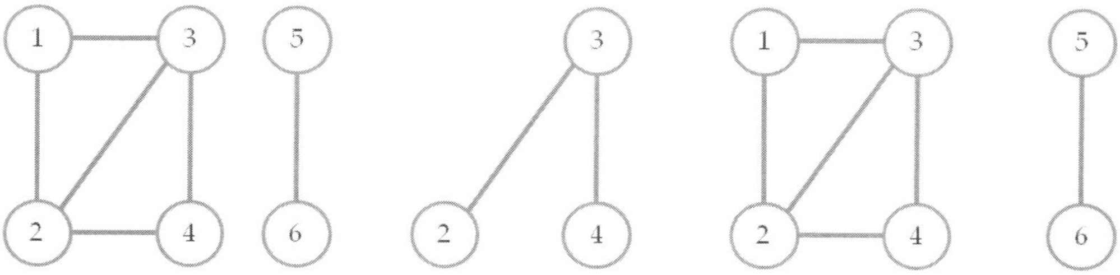

(a) (b) (c) (d)

그래프 특성과 관련된 용어들은 아래와 같다.

- **차수**(degree): 한 버텍스에 연결된 에지의 수. 방향 그래프에서는 그 버텍스로 향하는 에지의 수를 진입차수(in-degree), 나가는 에지의 수를 진출차수(out-degree)라고 함
- **경로**: 시작 버텍스에서 도착 버텍스까지 연결된 버텍스들의 나열로써 버텍스나 에지의 중복이 없어야 함[3]
- **사이클**: 시작 버텍스와 도착 버텍스가 같은 단순경로
- **트리**: 사이클이 없는 연결 그래프
- **스패닝 트리**(spanning tree): 그래프의 모든 버텍스를 포함하는 트리. 또는 그래프의 모든 버텍스를 연결하는 에지들의 최소 집합[4]

위 그림의 그래프 (a)에서 버텍스 1의 차수는 2이고 버텍스 2의 차수는 3이다. 한편, 버텍스 1에서 버텍스 4로 가는 경로는 [1, 2, 3, 4], [1, 3, 2, 4], [1, 2, 4], [1, 3, 4]의 네 개이다.[5]

---

2) 그래프 또는 연결성분을 꼭 집합으로 표시해야 하는 것은 아니다.
3) 버텍스와 에지의 중복 여부 상관없이 경로를 정의하기도 한다. 이 경우 일반 경로와 구분하기 위해 버텍스와 에지의 중복이 없는 경로를 단순경로(simple path)라 한다.
4) 우리말로는 신장 트리라고 쓰기도 한다. 여기서는 스패닝 트리라고 쓴다.
5) 경로의 표시를 꼭 중괄호로 표시해야하는 것은 아니다.

그래프의 표기

그래프의 구현 방법은 그래프 표기 방법에 따라 달라진다. 그래프의 구성 요소는 버텍스와 에지이므로 이 둘을 표현하는 방법이 곧 그래프 표기 방법이다. 그래프 표기 방법은 그래프 해석 측면에서 버텍스 중심인가 에지 중심인가, 또한 저장 방식 측면에서 행렬인가 리스트인가에 따라 아래 표와 같이 네 종류로 구분할 수 있다.

저장 방식 / 그래프 해석	행렬 기반	리스트 기반
버텍스 중심	인접 행렬 (adjacency matrix)	인접 리스트 (adjacency list)
에지 중심	간선 행렬 (incidence matrix)	간선 리스트 (incidence list)

그래프 해석 측면에서 보면, 에지를 버텍스간의 관계로 간접적으로 나타내는 버텍스 중심 그래프 해석과 에지들을 직접 표기하는 에지 중심 그래프 해석으로 나누어볼 수 있다. 저장 방식 측면에서는 2차원 행렬로 저장하는 행렬 기반 방식과 에지 정보만을 나열하는 리스트 방식으로 구분할 수 있다.

먼저 버텍스 중심 그래프 해석을 보자. 저장 방식에 따라 인접 행렬과 인접 리스트가 있다. 인접 행렬에서 행렬의 크기는 가로, 세로 각각 버텍스 개수이고 행렬의 값은 에지의 여부 또는 가중치이다. 아래 그림은 가중치가 없는 무방향 그래프를 인접 행렬로 나타낸 예이다. 행렬의 인덱스는 버텍스의 일련번호이고 행렬의 값은 에지가 있으면 1, 없으면 0이다. 오른쪽 그림은 행렬을 2차원 배열로 작성한 파이썬 코드이다.

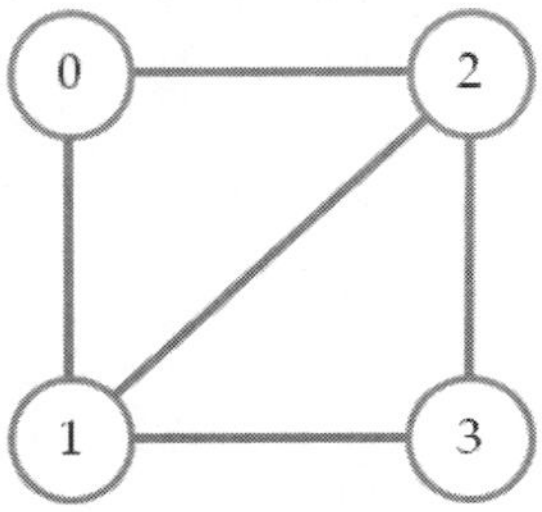

$$
\begin{array}{c} \\ 0 \\ 1 \\ 2 \\ 3 \end{array}
\begin{array}{c} \begin{array}{cccc} 0 & 1 & 2 & 3 \end{array} \\ \begin{bmatrix} 0 & 1 & 1 & 0 \\ 1 & 0 & 1 & 1 \\ 1 & 1 & 0 & 1 \\ 0 & 1 & 1 & 0 \end{bmatrix} \end{array}
$$

```
graph = [ [0, 1, 1, 0],
          [1, 0, 1, 1],
          [1, 1, 0, 1],
          [0, 1, 1, 0] ]
```

아래 그림은 가중치가 있는 방향 그래프를 인접 행렬로 표기한 예이다. 에지에 방향이 있으므로 행렬의 행은 에지의 출발 버텍스이고 열은 도착 버텍스이다. 예를 들어 아래 행렬에서 3번째 행의 1번째 열의 값이 4라는 것은 왼쪽 그림과 같이 버텍스 3에서 버텍스 1로 향하는 에지가 있고 그 가중치는 4임을 나타낸다.

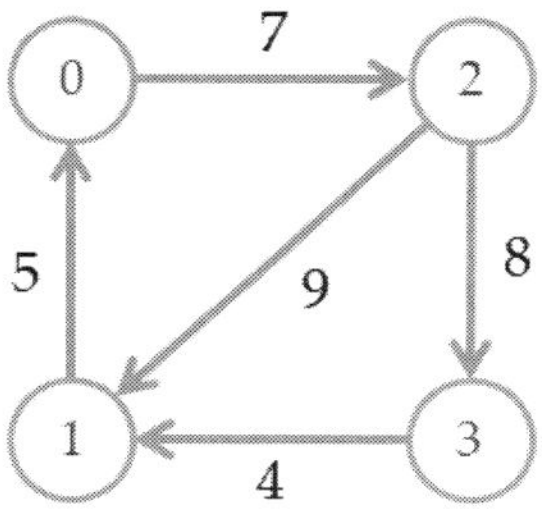

	0	1	2	3
0	0	0	7	0
1	5	0	0	0
2	0	9	0	8
3	0	4	0	0

```
graph = [ [0, 0, 7, 0],
          [5, 0, 0, 0],
          [0, 9, 0, 8],
          [0, 4, 0, 0] ]
```

인접 행렬은 직관적이고 간단하다는 장점이 있는 반면, 버텍스가 추가되거나 삭제될 때에는 2차원 배열 자체를 수정해야 하고, 특히 희소 그래프[6]인 경우에는 버텍스의 수가 커질수록 메모리 낭비가 커진다는 단점이 있다.

인접 리스트는 각 버텍스별로 에지로 연결된 버텍스만을 나열하는 방법이다. 아래는 무방향 그래프를 인접 리스트로 표기한 예이다. 두 번째 그림을 보자. 버텍스 0과 인접한 버텍스는 1과 2이고, 버텍스 1과 인접한 버텍스는 0, 2, 3임을 나타낸다. 오른쪽 그림은 인접 리스트를 2차원 배열로 작성한 파이썬 코드이다.

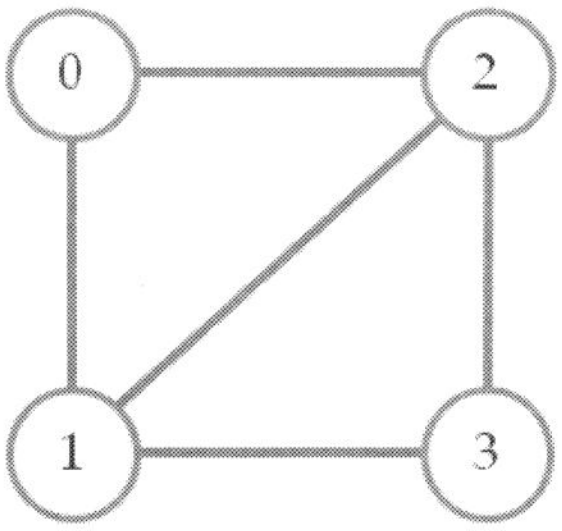

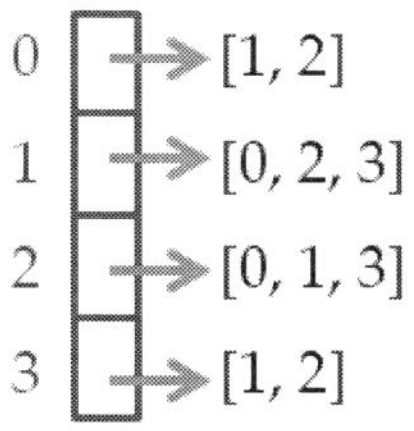


```
graph = [ [1, 2],
          [0, 2, 3],
          [0, 1, 3],
          [1, 2] ]
```

6) 영어로는 sparse graph로써 에지가 상대적으로 적은 그래프이다. 반대는 조밀 그래프(dense graph)라고 한다. 버텍스가 n개인 무방향 그래프의 에지는 최대 $n(n-1)/2$개이다.

아래는 가중치가 있는 방향 그래프를 인접 리스트로 표기한 예이다. 각 버텍스별로 인접한 버텍스 정보를, 버텍스 번호와 가중치의 묶음으로 표기했다. 가운데 그림을 보자. 인덱스 0에 인접한 버텍스는 2이고 그 에지의 가중치는 7임을, 인덱스 1에 인접한 버텍스는 0이고 그 에지의 가중치는 5임을 알 수 있다. 오른쪽 그림은 인접한 버텍스 정보를 파이썬 튜플로 표기한 파이썬 코드이다. 결론적으로 인접 리스트는 메모리 낭비가 없어 희소 그래프 표기에 적합한 반면, 버텍스나 에지를 삭제할 때에는 전체 인접 리스트를 모두 훑어보아야 하는 단점이 있다.

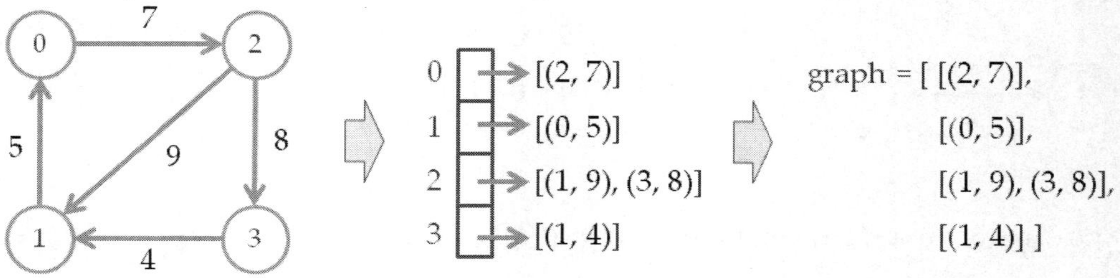

두 번째로 에지 중심 그래프 해석을 보자. 에지 중심 그래프 해석이란 에지를 직접적으로 표기하는 방법으로 저장 방식에 따라 간선 행렬과 간선 리스트로 구분한다.[7)] 간선 행렬에서 행의 크기는 버텍스의 개수이고 열의 크기는 에지의 개수이다. 간선 행렬에서 행렬의 값은 에지의 여부 또는 가중치이다. 마지막으로, 간선 리스트 방식은 거의 사용되지 않는다.

---

7) 영어로는 incidence matrix, incidence list라고 하고 우리말로는 발생 행렬, 발생 리스트라고 번역하기도 한다. 여기서는 에지 중심 표기라는 본래 의미를 살려 간선 행렬, 간선 리스트로 쓴다.

Python
9.2 그래프 연산

그래프 자료구조의 3대 기본 연산 중 넣기, 빼기 연산을 보면 아래와 같다. 그래프의 구성 요소가 버텍스와 에지이므로 각각에 대해 넣기와 빼기를 수행할 수 있다.

- addVertex(v): 버텍스 v를 넣기
- removeVertex(v): 버텍스 v를 빼기
- addEdge(u, v) 또는 addEdge(u, v, w): 버텍스 u에서 v로, 가중치가 w인 에지 넣기
- removeEdge(u, v): 버텍스 u에서 버텍스 v로의 에지 빼기

이 외에도 어떤 버텍스에 인접한 모든 버텍스들을 나열하는 neighbors(v), 두 버텍스가 서로 인접한지를 점검하는 adjacent(u, v), 가중치 있는 그래프에서 에지의 가중치를 읽거나 수정하는 getEdgeValue(u, v)와 setEdgeValue(u, v, w) 등이 있다.

그래프 자료구조의 구현

앞 절에서 살펴본 것처럼 그래프 자료구조를 구현하는 대표적인 방법은 버텍스 중심 그래프 해석인 인접 행렬과 인접 리스트이다. 이번 절에서는 먼저 인접 리스트로 구현해 보고 다음 절에서는 인접 행렬로 구현해본다. 아래는 가중치 없는 무방향 그래프 자료구조로써 클래스 이름은 UnweightedUndirectedGraph이다.

UnweightedUndirectedGraph 클래스의 핵심 필드변수, self.graph는 2차원 배열로써 파이썬 리스트 객체로 구현했다. 생성자 __init__( ) 메소드에서는 그래프 객체 생성과 동시에 버텍스 개수 크기의 1차원 배열을 준비하고 배열의 각 항목, 즉 인접 리스트 표기 방식에 따라 각 버텍스에 인접한 버텍스들을 저장할 공간인 빈 배열을 초기화했다.

addEdge( )는 에지를 추가하는 메소드로써 에지를 구성하는 두 버텍스, u와 v를 받아 self.graph의 u번째 항목에 v를 추가한다. 즉 그래프의 인접 리스트 표기를 그대로 따른다. printGraph( ) 메소드는 self.graph에 저장된 그래프를 확인하는 메소드이다.

```
### 인접 리스트로 구현한 그래프 자료구조 - 가중치 없는 무방향 그래프
class UnweightedUndirectedGraph:
    def __init__(self, V):
        self.V = V                          # 버텍스의 수
        self.graph = []                     # 1차원 배열 준비
        for i in range(V):                  # 1차원 배열의 각 원소로 빈 배열 생성
            self.graph.append([])           # 따라서 2차원 배열

    def addEdge(self, u, v):
        self.graph[u].append(v)             # 버텍스 u에서 v로의 에지 넣기8)

    def printGraph(self):                   # self.graph 출력하기
        print(self.graph)
```

아래는 UnweightedUndirectedGraph 클래스의 객체 생성과 addEdge( ) 메소드를 테스트하는 코드이다.[9] 실행 결과는 [[1, 2], [0, 2, 3], [0, 1, 3], [1, 2]]로써 앞 절의 그림과 같음을 확인할 수 있다.

```
### UnweightedUndirectedGraph 클래스의 넣기 연산, addEdge() 메소드 테스트 코드
V = 4                       # 버텍스 개수
graph1 = UnweightedUndirectedGraph(V)   # 그래프 객체 생성

edges = [(0, 1), (0, 2),
         (1, 0), (1, 2), (1, 3),
         (2, 0), (2, 1), (2, 3),
         (3, 1), (3, 2)]  # ==>
for (u, v) in edges:
    graph1.addEdge(u, v)

graph1.printGraph()        # 예상 결과는 [[1, 2], [0, 2, 3], [0, 1, 3], [1, 2]]
```

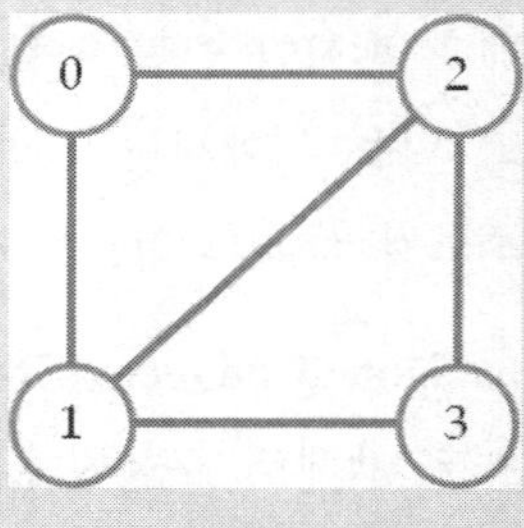

8) 무방향 그래프의 경우 에지 (u, v)와 함께 (v, u) 추가도 확인해야 함. 여기서는 모두 외부에서 설정함을 가정

9) edges[ ] 배열과 for 반복문을 보자. edges[ ]는 그래프의 각 에지를 튜플로 저장한 1차원 배열이고 for 반복문은 edges[ ] 배열에 저장된 에지들, 즉 (u, v)를 하나씩 꺼내 addEdge( ) 메소드로 graph1 객체에 추가한다.

그래프 순회

위상정렬, 최소 스패닝 트리, 최단 경로 등 여러 그래프 응용들이 다루는 문제들은 대부분 그래프 전체를 조사해보는 일을 수반한다. 그래프의 모든 버텍스들을 방문하는 것을 그래프 순회(graph traversal)라고 한다.

앞에서 살펴본 트리 순회 또한 그래프 순회의 일종이다. 그래프 순회가 트리 순회와 다른 점은, 트리는 계층구조이기 때문에 한 번 방문한 노드는 다시 방문하지 않아도 되는 반면 그래프는 정형화된 구조가 따로 없기 때문에 이미 방문한 버텍스이더라도 다른 경로를 통해 다시 방문하게 되는 일이 빈번하다. 따라서 그래프 순회 알고리즘에서는 이미 방문한 버텍스를 다시 방문하게 되는 중복 처리를 방지하기 위해 버텍스 방문 여부를 표시하는 작업이 추가로 필요하다.

그래프 순회 방법은 두 가지이다. 바로 깊이우선탐색과 너비우선탐색이다. 깊이우선탐색(Depth First Search: DFS)은 형제 버텍스보다 자식 버텍스를 우선 방문하는 방법이고 너비우선탐색(Breadth First Search: BFS)은 자식 버텍스보다 형제 버텍스를 우선 방문하는 방법이다. 알고리즘 측면에서 깊이우선탐색은 스택을 활용하고[10] 너비우선탐색은 큐를 사용한다.

깊이우선탐색

깊이우선탐색 알고리즘은 형제 버텍스보다 자식 버텍스를 우선 방문하는 그래프 순회 방법으로 재귀 구조로 구현할 수 있다. 구현은 아래와 같이 외부에서 호출하는 외부 인터페이스 용도의 dfs( ) 메소드와 내부에서 사용하는 재귀 구조의 dfsRecursive( ) 메소드로 분리하였다.[11]

먼저 dfsRecursive( ) 메소드를 보자. 현재 방문한 버텍스, vertex를 방문했음으로 표시하고 정보를 출력한다. 그리고 그 vertex의 인접 버텍스들, 즉 self.graph[vertex]에 저장된 버텍스들 각각에 대하여 그 인접 버텍스가 아직 방문 전이면 다시 그 버텍스로부터 dfsRecursive( ) 메소드를 재귀적으로 호출하여 DFS를 수행한다.

---

10) 재귀 호출 구조로 구현할 수 있다. 운영체제는 함수의 재귀 호출을 처리할 때 스택을 사용하기 때문에 재귀 호출 구조가 곧 스택의 활용이라 할 수 있다.

11) 트리와 달리 그래프는 계층적 구조가 없다. 즉 그래프에서는 트리의 루트 노드처럼 특정한 역할이나 우선순위를 갖는 노드는 따로 없다. 따라서 대부분의 그래프 응용에서 그래프 순회를 어떤 노드에서부터 시작하든, 깊이우선탐색 또는 너비우선탐색으로 순회하든 결과에 별다른 영향을 주지 않는다.

```
def dfs(self):                              # 깊이우선탐색 - 외부 인터페이스
    visited = [False] * self.V              # 방문 여부 표시 배열 초기화12)

    for i in range(self.V):
        if not visited[i]:
            self.dfsRecursive(i, visited)

def dfsRecursive(self, vertex, visited):  # 깊이우선탐색 - 내부 재귀 호출용
    visited[vertex] = True                  # vertex를 방문했음으로 표시
    print(vertex)

    for i in self.graph[vertex]:            # vertex에 인접한 버텍스 i에 대하여
        if not visited[i]:                  # i가 아직 방문 전이라면 재귀 호출
            self.dfsRecursive(i, visited)
```

dfs( ) 메소드는 외부에서 호출하는 인터페이스 메소드로써 버텍스들의 방문 여부를 표시할 visited[ ] 배열을 초기화하고, for 반복문을 통해 각각의 버텍스에 대해 아직 방문 전이면 dfsRecursive( ) 메소드의 재귀 호출을 시작시킨다. 재귀 호출을 시작시키는데 특정 버텍스 하나면 충분하지 않은가, 왜 for 반복문을 통해 모든 버텍스로부터 재귀 호출을 시작할까? 그 이유는 아래 예와 같이 부분 그래프들이 완전히 분리된 그래프, 즉 둘 이상의 연결 성분으로 구성된 그래프들도 있기 때문이다.

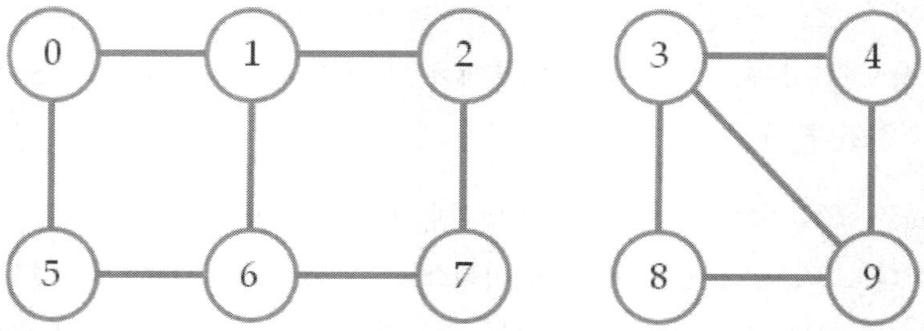

위의 그림과 같은 그래프를 만들고 dfs( ) 메소드를 실행해보자. 메인 테스트 코드는 아래와 같다.

12) visited[ ]는 1차원 배열이고 배열의 크기는 self.V이고 각 항목의 초기값은 부울값인 False이다.

```
### 메인 테스트 코드
V = 10        # 버텍스 개수
graph1 = UnweightedUndirectedGraph(V)                    # 그래프 생성

edges = [(0, 1), (0, 5), (1, 0), (1, 2), (1, 6),
         (2, 1), (2, 7), (3, 4), (3, 8), (3, 9),
         (4, 3), (4, 9), (5, 0), (5, 6),
         (6, 1), (6, 5), (6, 7), (7, 2), (7, 6),
         (8, 3), (8, 9), (9, 3), (9, 4), (9, 8)]
for (u, v) in edges:                                     # 에지들 추가
    graph1.addEdge(u, v)

graph1.dfs()                      # DFS 실행 - 예상 결과: 0 1 2 7 6 5 3 4 9 8
```

위 코드의 실행 과정을 그림으로 나타내면 아래와 같다.

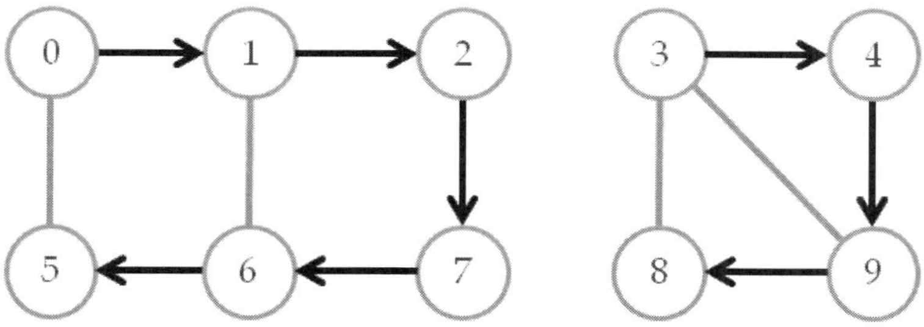

dfs( ) 메소드는 for 반복문을 통해 순서에 따라 버텍스 0으로 dfsRecursive( ) 메소드를 호출한다. dfsRecursive( ) 메소드에서는 현재 방문 버텍스인 버텍스 0을 방문했음으로 표시하고 출력한다. 이어서 for 반복문으로 버텍스 0에 인접한 모든 버텍스들 중 첫 번째 버텍스인 버텍스 1로 다시 재귀 호출한다. 두 번째로 재귀 호출된 dfsRecursive( ) 메소드에서는 현재 버텍스 1의 첫 번째 인접 버텍스인 버텍스 2로 다시 재귀 호출한다. 이러한 과정은 버텍스 5까지, 그래프의 두 연결성분 중 왼쪽 연결성분에 속한 모든 버텍스들의 방문을 마칠 때까지 계속된 후 리턴된다. 두 번째 부분 그래프인 오른쪽 연결성분의 방문은 다시 dfs( ) 메소드의 for 반복문으로부터 시작된다. 즉 순서에 따라 아직 방문하지 않은 버텍스 3번부터 dfsRecursive( ) 메소드 재귀 호출이 시작된다.

너비우선탐색

너비우선탐색 알고리즘은 자식 버텍스보다 형제 버텍스를 우선 방문하는 방법으로 트리의 레벨 순서 순회 알고리즘과 같이 큐를 사용하여 구현할 수 있다. 구현은 DFS와 마찬가지로 외부 인터페이스 용도의 bfs( ) 메소드와 bfs( )에 의해 호출되는 bfsRepetitive( ) 메소드로 분리하였다.

```
def bfs(self):                                   # 너비우선탐색 - 외부 인터페이스
    visited = [False] * self.V                   # 방문 여부 표시 배열 초기화
    for i in range(self.V):                      # 연결성분이 둘 이상일 수 있기 때문에
        if not visited[i]:
            self.bfsRepetitive(i, visited)

def bfsRepetitive(self, vertex, visited):  # 너비우선탐색 - 내부 호출용
    queue = []                                   # 큐 준비
    visited[vertex] = True                       # vertex를 방문했음으로 표시
    queue.append(vertex)

    while len(queue) != 0:                       # 큐가 비어있지 않으면
        u = queue.pop(0)                         # 큐에서 버텍스를 꺼내 출력
        print(u)
        for v in self.graph[u]:  # 현재 방문 버텍스 u의 모든 인접 버텍스에 대하여
            if not visited[v]:
                visited[v] = True
                queue.append(v)
```

bfs( ) 메소드의 역할은 버텍스들의 방문 여부를 표시하는 visited[ ] 배열을 초기화하고, 두 개 이상의 연결성분으로 분리된 그래프도 처리할 수 있도록 for 반복문을 통해 아직 방문하지 않은 버텍스들로부터 bfsRepetitive( ) 메소드의 실행을 시작시키는 일이다.

bfsRepetitive( ) 메소드를 보자.[13] 알고리즘의 핵심은 while 반복문이다. 한 번 반복할 때마다 큐에서 버텍스를 꺼내 방문하고, 그 버텍스에 인접한 모든 버텍스들을 큐에 넣는다. 따라서 현재 방문하는 버텍스에 대해 그 버텍스에 인접한 버텍스들이, 그들의 인접한 버텍스들 보다 우선 방문될 기회를 얻게 된다.

---

13) 큐 자료구조를 나타내는 변수 queue는 간단히 파이썬 리스트 객체를 사용했다. 파이썬 리스트 객체의 append( ) 메소드와 pop(0) 메소드는 각각 큐 자료구조의 한 쪽 끝에서는 넣기만 하는 enqueue( )와 다른 쪽 끝에서는 빼기만하는 dequeue( )에 해당하기 때문이다.

bfs( ) 메소드를 호출하는 메인 테스트 코드는 아래와 같다.

```
### 메인 테스트 코드
V = 10          # 버텍스 개수
graph1 = UnweightedUndirectedGraph(V)                            # 그래프 생성

edges = [(0, 1), (0, 5), (1, 0), (1, 2), (1, 6), (2, 1), (2, 7),
         (3, 4), (3, 8), (3, 9), (4, 3), (4, 9), (5, 0), (5, 6),
         (6, 1), (6, 5), (6, 7), (7, 2), (7, 6),
         (8, 3), (8, 9), (9, 3), (9, 4), (9, 8)]
for (u, v) in edges:                                             # 에지들 추가
    graph1.addEdge(u, v)

graph1.bfs()                    # BFS 실행 - 예상 결과: 0 1 5 2 6 7 3 4 8 9
```

실행 결과를 그림으로 나타내면 아래와 같다.

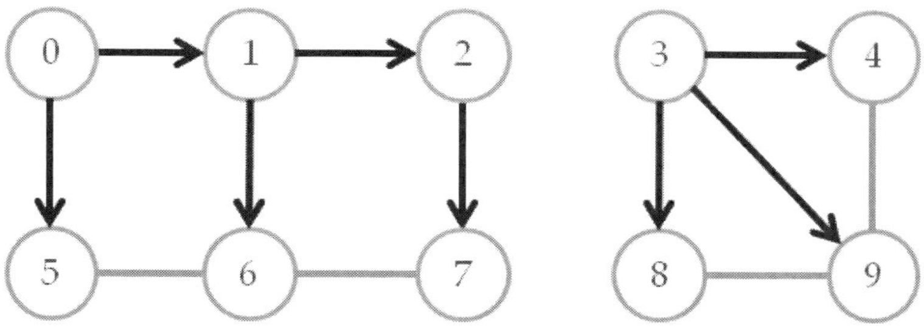

bfs( ) 메소드의 for 반복문에서 저장된 순서에 따라 버텍스 0으로 bfsRepetitive( ) 메소드를 호출한다. bfsRepetitive( ) 메소드는 큐를 준비하고 현재 방문하는 버텍스 0을 방문했음으로 표시하고 큐에 넣는다. while 반복문에서는 큐에서 버텍스를 꺼내, 즉 버텍스 0을 꺼내 출력하고, 그 버텍스의 모든 인접 버텍스들, 1과 5를 큐에 넣는다. 따라서 다음 반복에서, 큐에서 꺼내 출력되는 버텍스는 1과 5가 된다.

시간복잡도 분석

시간복잡도를 개략적으로 구하기 위해 버텍스와 에지의 방문 횟수를 세어보자. 먼저 DFS를 보자. 모든 버텍스들을 차례로 방문하면서 각 버텍스별로 그 버텍스에 인접한 모든 버텍스들을 방문한다. 각 버텍스의 인접 버텍스들을 모두 합하면 곧 에지의 수이다. 따라서

어떤 그래프의 버텍스의 수가 n이고 에지의 수가 m이면 DFS 알고리즘의 시간복잡도는 $O(n+m)$이다.

BFS는 큐에 저장된 버텍스를 방문하고 그 버텍스에 인접한 모든 버텍스들을 큐에 넣으므로 결과적으로 모든 버텍스들을 한 번씩 방문하고, 각 버텍스에 인접한 버텍스들, 즉 에지들을 방문하므로 BFS 알고리즘의 시간복잡도 역시 $O(n+m)$이다.

그래프 자료구조	그래프 순회 알고리즘	빅오 복잡도
시간복잡도	DFS	$O(n+m)$
	BFS	$O(n+m)$

에지의 수, m은 희소 그래프의 경우 버텍스의 수, n에 가깝고 조밀 그래프의 경우 최대 $n(n-1)/2$이므로 DFS와 BFS 알고리즘의 시간복잡도를 버텍스의 수인 n에 대한 함수로 표시하면 $O(n)$과 $O(n^2)$ 사이라고 할 수 있다.

9.3 그래프 알고리즘

그래프는 의외로 다양한 문제들에 적용된다. 주요 응용 분야를 주제별로 분류해보면 아래와 같다.

- **그래프 시각화**: 2차원 평면 또는 3차원 공간에 그래프 그리기
- **네트워크 분석**: 웹페이지 랭크와 같은 웹 링크 분석
- **네트워크 용량 분석**: 그래프의 에지 또는 경로의 유동성 또는 용량 분석
- **경로 찾기**: 최소 스패닝 트리, 최단 경로, 외판원 문제 등 조건에 맞는 경로 찾기
- **그래프 탐색**: DFS 또는 BFS 기반의 그래프 탐색
- **부분 그래프**: 연결 성분 등의 부분 그래프 찾기

이번 절에서는 위상정렬, 최소 스패닝 트리, 최단 경로 문제를 살펴보고 직접 구현해본다.

위상정렬

위상정렬(topological sort 또는 topological ordering)은 방향 그래프에서, 버텍스 u에서 v로 향하는 임의의 에지, (u, v)가 있을 때 출발 버텍스 u가 도착 버텍스 v보다 앞에 나오도록 순서를 결정하는 문제이다.

예를 들어 아래 그림은 대학 전공과목의 선수, 후수 관계를 표시한 이수체계도의 일부이다. 선수, 후수 관계를 만족하는 수강 순서는 어떻게 될까, 바로 위상정렬이다.

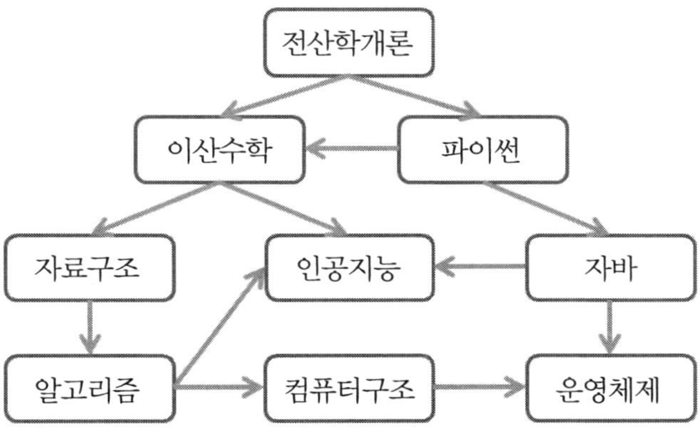

그래프에 사이클이 있으면 사이클에 포함된 버텍스들 사이에는 순서를 결정할 수 없으므로 위상정렬이 적용 가능한 그래프는 사이클이 없는 방향 그래프(directed acyclic graph: DAG)이다. 위상정렬의 응용 분야는 작업이나 상품의 선후 관계 결정이 필요한 제조업, 마케팅 등 다양하다.

위상정렬 알고리즘은 깊이우선탐색을 사용하는 대표적인 응용 중 하나로써 그 아이디어는 간단하다. 예를 들어 위의 이수체계도를 보면 나가는 화살표가 없는 인공지능과 운영체제가 위상정렬 순서의 마지막이 되어야 할 것이다. 그리고 그 두 과목으로 들어오는 에지에 있는 자바나 컴퓨터구조가 그들 앞에 있어야 할 것이다. 아이디어를 정리하면, DFS 알고리즘을 통해 에지들을 따라가다가 더 이상 진출 에지가 없는, 더 정확히 표현하면 아직 방문하지 않은 버텍스로의 진출 에지가 없는 버텍스들부터 기록하는 것이다. 이렇게 저장된 순서는 우리가 원하는 위상정렬의 역순이기 때문에 최종 출력 전에 그 순서를 뒤집어주어야 한다. UnweightedUndirectedGraph 클래스에서 구현한 위상정렬 알고리즘은 아래와 같다.

```
def topologicalSort(self):       # 위상정렬 메소드
    def dfs(v):                  # 위상정렬에서 사용하는 dfs() 함수[14]
        visited[v] = True
        for w in self.graph[v]:
            if not visited[w]:
                dfs(w)
        sortedOrder.append(v) # 버텍스 v에 인접한, 미방문 버텍스가 더 이상 없을 때

    visited = [False] * self.V  # 방문 표시 배열 초기화
    sortedOrder = []            # 위상정렬 결과 배열 준비
    for i in range(self.V):     # 모든 버텍스들에 대하여
        if not visited[i]:
            dfs(i)              # 내부 dfs() 함수 호출
    sortedOrder.reverse()       # 완성된 역순의 위상정렬 배열을 뒤집음
    print(sortedOrder)          # 위상정렬 결과 출력
```

14) 여기서 사용하는 dfs( ) 함수는 앞 절에서 구현한 UnweightedUndirectedGraph 클래스의 원래 dfs( ) 메소드와의 중복을 피하기 위해 topologicalSort( ) 메소드의 내부 함수로 작성했다.

위의 topologicalSort( ) 메소드를 테스트하는 코드는 아래와 같다.

```
### 위상정렬 메인 테스트 코드
V = 9          # 버텍스 개수
graph1 = UnweightedUndirectedGraph(V)

edges = [(0, 1), (0, 2), (1, 3), (1, 4),
         (2, 1), (2, 5), (3, 6), (5, 4), (5, 8),
         (6, 4), (6, 7), (7, 8)]
for (u, v) in edges:
    graph1.addEdge(u, v)

graph1.topologicalSort()
```

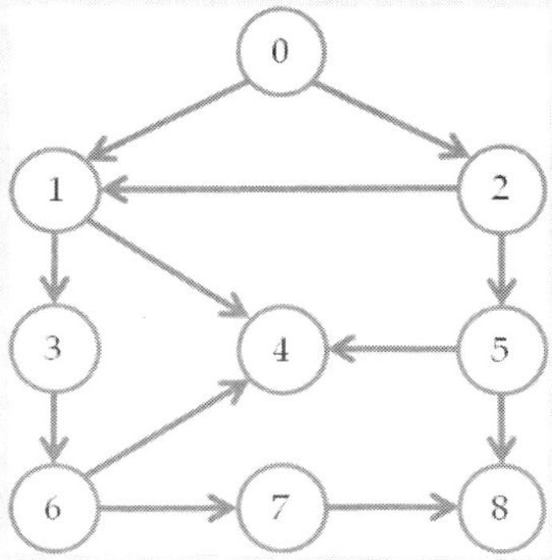

위의 메인 테스트 코드에서 사용한 그래프는 앞의 이수체계도를 그래프로 표시한 것으로써 그래프 내용은 동일하다. 실행 결과는 [0, 2, 5, 1, 3, 6, 7, 8, 4]이다. 왜 그렇게 되는지 실행 과정을 따라가 보자. topologicalSort( ) 메소드가 호출되면 9번째와 10번째 줄의 visited[ ]와 sortedOrder[ ] 배열을 준비한 후 11번째 줄의 for 반복문에서 저장된 버텍스 순서에 따라 dfs(0)가 호출된다. 2번째 줄의 dfs( ) 함수에서는 4번째 줄의 for 반복문에 의해 버텍스 0에 인접한 1과 2 중에 순서에 따라 dfs(1)이 재귀 호출된다. 다시 불려진 dfs( ) 함수에서 버텍스 1에 인접한 3과 4 중에 순서에 따라 dfs(3)이 재귀 호출되고, 이를 따라가면 dfs(6), dfs(4)가 재귀 호출된다. 버텍스 4는 인접 버텍스가 없기 때문에 7번째 줄에서 sortedOrder[ ] 배열에 추가된다.

이제 재귀 호출을 거슬러 올라가서 dfs(4)를 호출한 버텍스 6의 두 번째 인접 버텍스 7에 대해 dfs(7)이 재귀 호출된다. 다시 불려진 dfs( ) 함수에서 버텍스 7에 인접한 8에 대해 dfs(8)이 호출되고, 다시 불려진 dfs( ) 함수에서, 버텍스 8은 인접 버텍스가 없으므로 7번째 줄에서 sortedOrder[ ] 배열에 추가된다.

다시 재귀 호출을 거슬러 올라가서 dfs(8)을 호출한 버텍스 7에 대해 7의 인접 버텍스 중 아직 방문하지 않은 버텍스는 더 이상 없으므로 for 반복문을 빠져나가 7번째 줄에서 7이 sortedOrder[ ] 배열에 추가된다. 이와 같은 과정으로 11번째 줄의 for 반복문이 모두 끝나면 14번째 줄과 같이 sortedOrder[ ] 배열을 뒤집는다.

위의 실행 결과를 다시 이수체계도에 표시하면 아래와 같다.

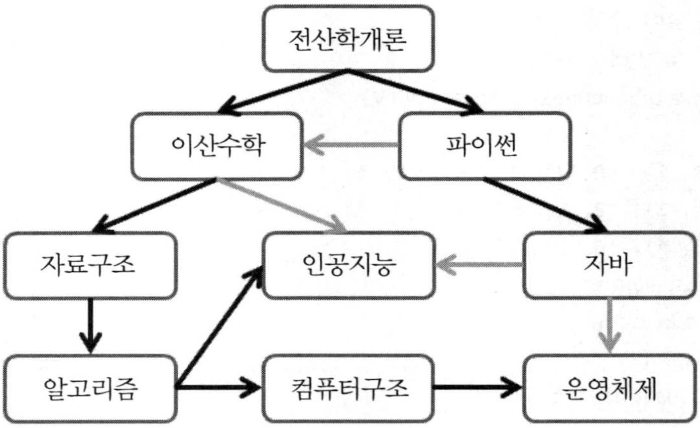

위상정렬 알고리즘의 시간복잡도는 기본적으로 DFS와 같다. 원래의 DFS에서 추가된 작업은 1) 10번째 줄의 sortedOrder[ ] 배열 준비, 2) 7번째 줄의 sortedOrder[ ] 배열에 버텍스 추가, 3) 14번째 줄의 sortedOrder[ ] 배열 뒤집기다. 버텍스가 n개이고 에지가 m개일 때, 1)과 2)는 단순히 $O(1)$이고, 3)은 $O(n)$이므로 원래 DFS의 시간복잡도 $O(n+m)$과 추가된 $O(n)$을 더해도 최종 시간복잡도는 $O(n+m)$이다.

최소 스패닝 트리

최소 스패닝 트리(minimum spanning tree)의 정의부터 보자. 먼저 트리는 사이클이 없는 그래프이다. 그 중 스패닝 트리는 그래프의 모든 버텍스들을 포함하는 트리이다.[15] 따라서 그래프의 버텍스의 수가 n일 때 스패닝 트리의 에지의 수는 항상 $n-1$이라는 관계가 성립한다. 그 중 최소 스패닝 트리는 모든 에지들의 가중치의 합이 최소인 스패닝 트리이다.

최소 스패닝 트리의 적용 대상은 하나의 연결성분으로 구성된 가중치가 있는 무방향 그래프이다. 최소 스패닝 트리의 응용 분야는 최적의 선로나 경로 선택이 필요한 통신망, 전력망, 상하수도망, 항공 노선 등 다양하다. 아래 그림은 최소 스패닝 트리를 표시한 두

15) 모든 버텍스들을 포함한다는 것은 모든 버텍스가 서로 연결되어 있다는 의미이다. 즉 모든 임의의 두 버텍스간에 경로가 있음을 뜻한다.

그래프의 예이다.16)17) 굵은 에지들이 최소 스패닝 트리이다.

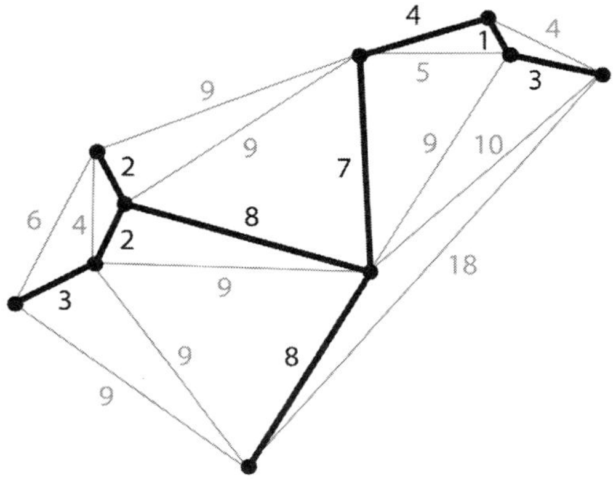

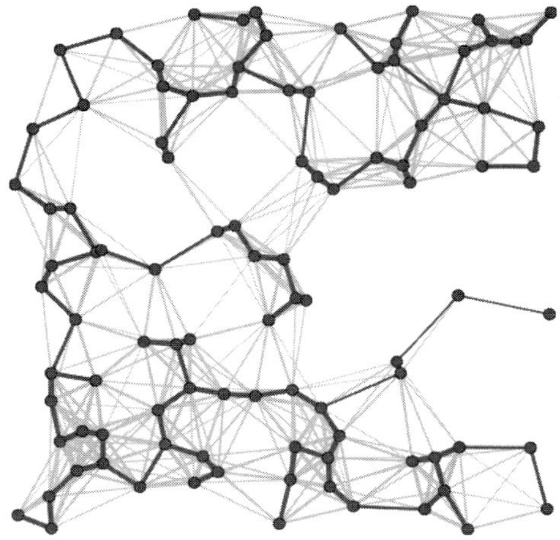

최소 스패닝 트리 문제를 푸는 알고리즘 또한 다양하다. 그중 가장 유명한 알고리즘은 프림 알고리즘(Prim's algorithm)과 크루스칼 알고리즘(Kruskal's algorithm)이다. 알고리즘 분류 측면에서는 둘 다 그리디 알고리즘이고18) 시간복잡도는 모두 $O(m\log_2 n)$이다.

여기서는 전형적인 그리디 알고리즘이라 할 수 있는 크루스칼 알고리즘을 구현해보자. 크루스칼 알고리즘의 아이디어는 간단하다. 1) 에지들을 가중치에 따라 오름차순으로 정렬한다. 2) 가중치가 가장 작은 에지를 선택한다. 3) 사이클을 만들지 않으면 MST 에지로 추가하고 사이클이 되면 버린다. 단계 2)와 3)을 $N-1$개의 에지가 선택될 때까지 반복한다.19)

크루스칼 알고리즘을 그림으로 살펴보자. 아래 왼쪽의 가중치 있는 무방향 그래프에서 최소 스패닝 트리를 찾아보자. 알고리즘에 따라 가중치가 가장 작은 에지, (2, 7)을 선택하고 사이클을 만들지 않으므로 MST 에지로 추가한다(아래 오른쪽 그림).

---

16) 그림 출처: 위키피디어, https://en.wikipedia.org/wiki/Minimum_spanning_tree

17) 그림 출처: http://cneurocvs.rmki.kfki.hu/igraph/screenshots2.html

18) 대표적인 알고리즘의 종류는 분할정복(divide-and-conquer), 동적 프로그래밍(dynamic programming), 그리디 알고리즘(greedy algorithm) 등이 있다. 그중 그리디 알고리즘은 주어진 정책에 따라 최고, 최대, 최소 등 매 순간 현재 상태에서의 최적의 값을 반복적으로 선택함으로써 문제를 해결하는 방식이다.

19) MST는 minimum spanning tree의 약자이고 N은 버텍스의 수이다.

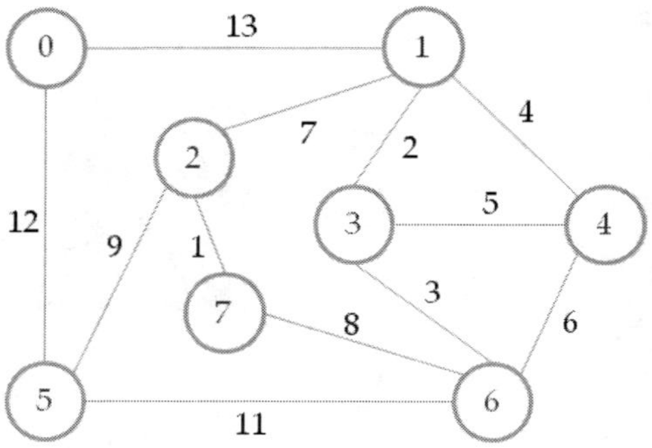

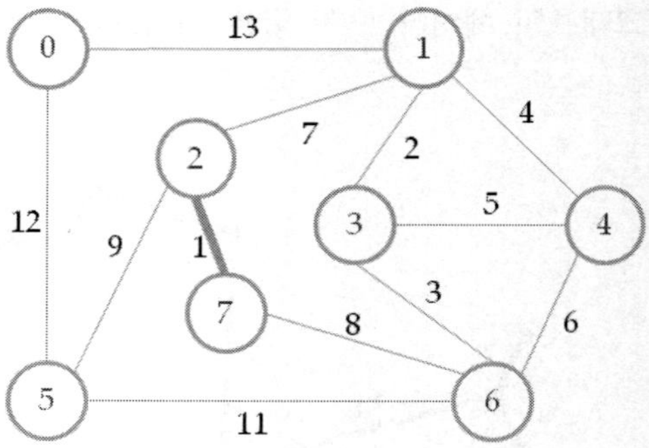

다음 가중치가 가장 작은 에지, (1, 3)을 선택하고 사이클을 만들지 않으므로 MST 에지로 추가한다(아래 왼쪽 그림). 다음 가중치가 가장 작은 에지, (3, 6)을 선택하고 역시 사이클을 만들지 않으므로 MST 에지로 추가한다(아래 오른쪽 그림).

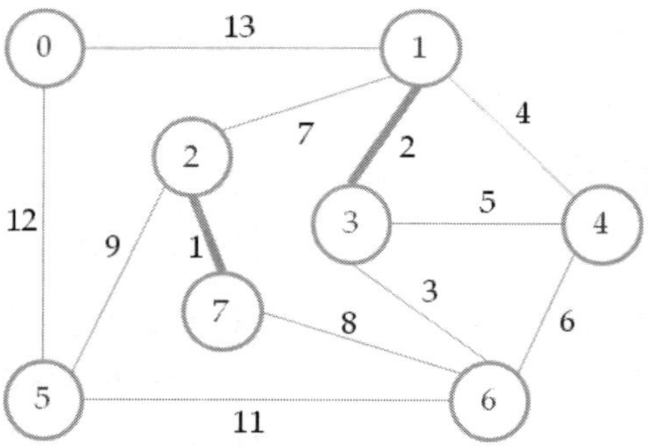

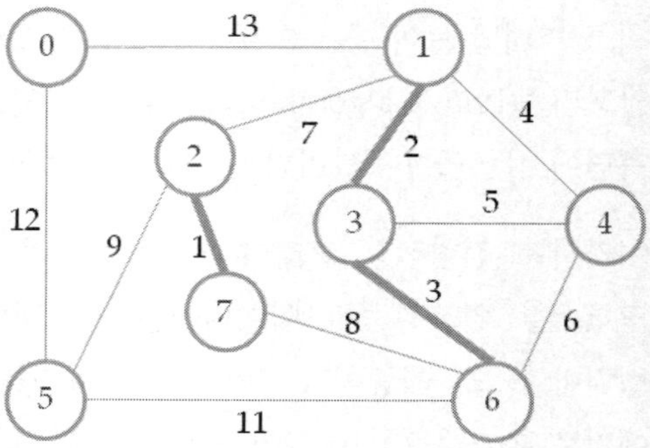

다음 에지, (1, 4)를 선택하고 사이클을 만들지 않으므로 MST 에지로 추가한다(아래 왼쪽 그림). 다음 에지, (3, 4)를 선택하고 사이클을 만들므로 선택하지 않는다(아래 오른쪽 그림).

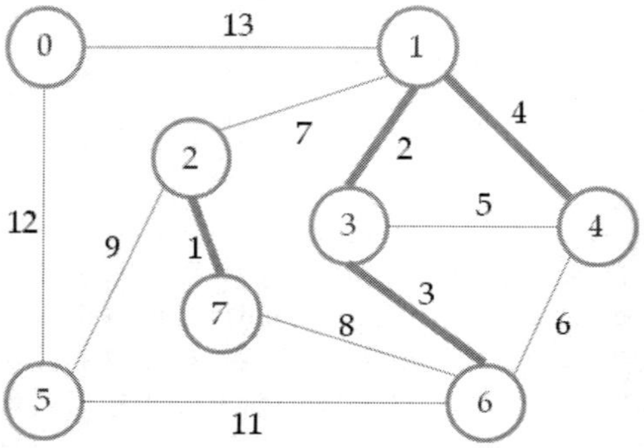

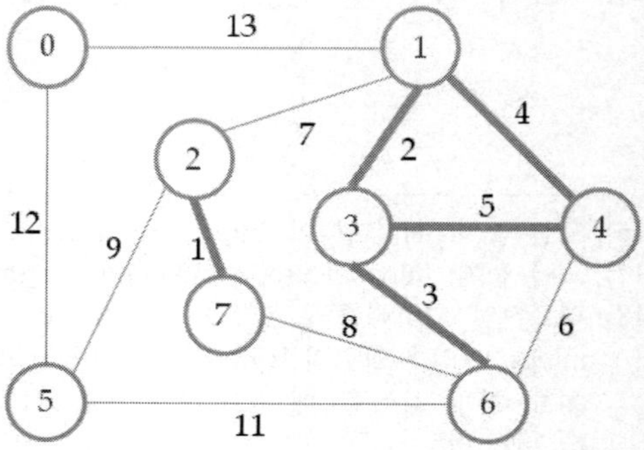

다음 에지, (6, 4)를 선택하고 사이클을 만들므로 선택하지 않는다(아래 왼쪽 그림). 다음 에지, (1, 2)를 선택하고 사이클을 만들지 않으므로 MST 에지로 추가한다(아래 오른쪽 그림).

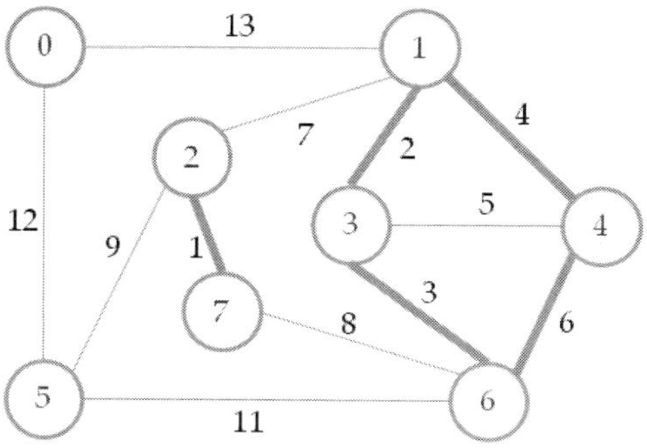

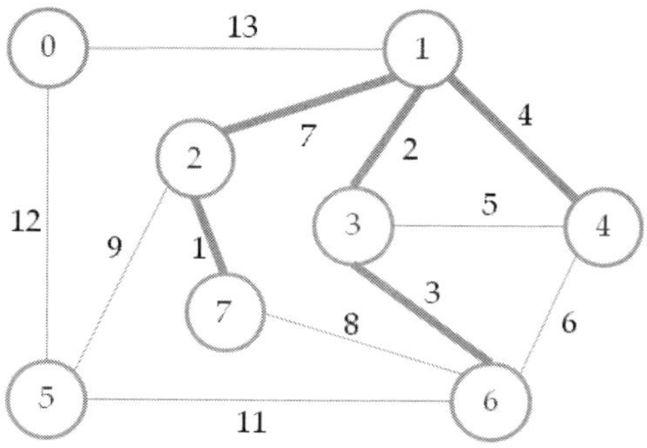

다음 에지, (7, 6)을 선택하고 사이클을 만들므로 선택하지 않는다(아래 왼쪽 그림). 다음 에지, (2, 5)를 선택하고 사이클을 만들지 않으므로 MST 에지로 추가한다(아래 오른쪽 그림).

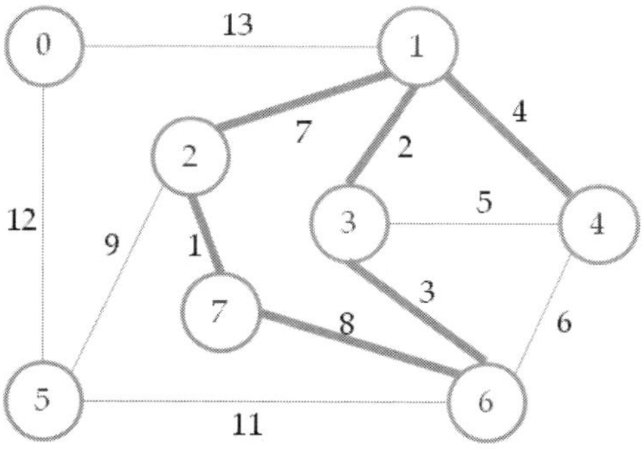

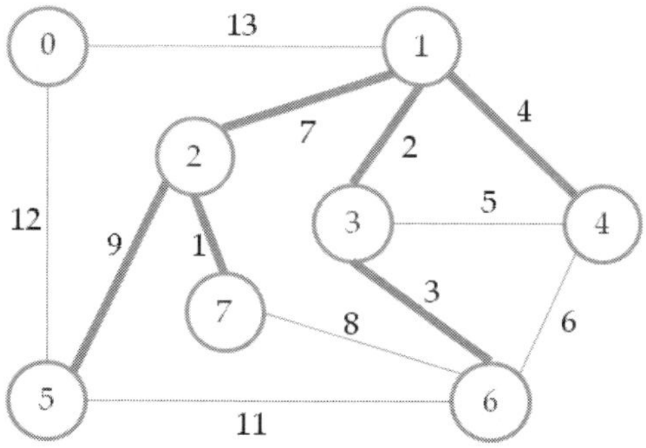

다음 에지, (5, 6)을 선택하고 사이클을 만들므로 선택하지 않는다(아래 왼쪽 그림). 다음 에지, (0, 5)를 선택하고 사이클을 만들지 않으므로 MST 에지로 추가한다(아래 오른쪽 그림).

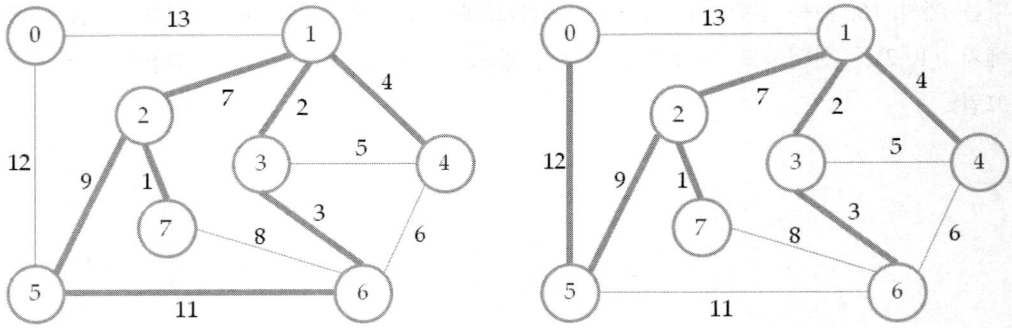

다음 에지를 선택하기에 앞서 MST에 포함된 에지의 수가 7개로써 버텍스의 수에서 1을 뺀 수와 같으므로 알고리즘은 종료된다. 간단하지 않은가. 문제는, 사이클이 만들어지는지 아닌지를 어떻게 확인할 수 있을까. 크루스칼의 아이디어는 서로소 집합을 활용하는 것이다. 즉 먼저 각각의 버텍스 하나를 원소로 갖는, 버텍스 수만큼의 집합들을 준비한다. 그러고 나서 다음을 반복한다. 즉 에지를 하나 선택했을 때 그 에지의 두 버텍스가 같은 집합에 있다면 사이클이 만들어지는 것이고, 서로 다른 집합에 있다면 사이클이 만들어지지 않는 것이므로 그 에지를 MST 에지로 추가하고 두 집합을 합친다.

그렇다면 이러한 집합은 어떻게 구현할 수 있을까. 1차원 배열만 있으면 간단히 해결할 수 있다. 그림으로 살펴보자. 아래는 집합의 초기 상태이다. 배열의 인덱스는 곧 버텍스 번호를 나타내고 배열의 각 값은 집합의 대표 원소를 나타낸다.

인덱스	0	1	2	3	4	5	6	7
parent[]	0	1	2	3	4	5	6	7
집합	{0}	{1}	{2}	{3}	{4}	{5}	{6}	{7}

이제 앞의 크루스칼 알고리즘을 다시 따라가 보자. 먼저 가중치가 가장 작은 에지, (2, 7)을 선택하고 에지의 두 버텍스, 2와 7이 같은 집합에 있는지 확인한다. 확인 방법은 버텍스 2와 7의 대표 원소, 즉 배열의 인덱스 2와 7의 대표 원소 값이 같은지를 비교하면 된다.[20)]

20) 배열의 각 인덱스의 값은 그 인덱스, 즉 버텍스가 속한 집합의 대표 원소를 나타낸다. 즉 인덱스와 그 값이 같으면 그 인덱스가 그 집합의 대표 원소이고, 같지 않으면 그 인덱스의 대표 원소는 그 값을 인덱스로 하는 배열 값을 따라가서 찾아보아야 한다.

parent[2]의 값, 즉 대표 원소는 2이고 parent[7]의 값, 즉 대표 원소는 7로써 다르므로 서로 다른 집합이다. 따라서 그 에지를 MST 에지로 추가하고 두 집합을 합친다.

버텍스와 2와 7을 합쳐 하나의 집합으로 만드는 방법은 둘 중 하나를 대표 원소로 정하고 다른 하나는 그 대표 원소를 가리키도록 하는 것이다. 합친 결과는 아래와 같다. 7을 합친 집합의 대표 원소로 정하고 parent[2]에는 대표 원소인 7을 넣었다.

인덱스	0	1	2	3	4	5	6	7
parent[]	0	1	7	3	4	5	6	7
집합	{0}	{1}		{3}	{4}	{5}	{6}	{2, 7}

다음 가중치가 가장 작은 에지, (1, 3)을 선택한다. parent[1]과 parent[3]의 값이 다르므로, 즉 두 버텍스 1과 3이 서로 다른 집합이므로 그 에지를 MST에 추가하고 두 집합을 합친다. 합친 집합 {1, 3}의 대표 원소는 3으로 정했다. 결과는 아래와 같다.

인덱스	0	1	2	3	4	5	6	7
parent[]	0	3	7	3	4	5	6	7
집합	{0}			{1, 3}	{4}	{5}	{6}	{2, 7}

다음 가중치가 가장 작은 에지, (3, 6)을 선택한다. parent[3]과 parent[6]의 값이 다르므로, 즉 두 버텍스 3과 6이 서로 다른 집합이므로 그 에지를 MST에 추가하고 두 집합을 합친다. 합친 집합 {1, 3, 6}의 대표 원소는 3으로 정했다.[21] 따라서 parent[6]을 대표 원소인 3으로 변경한다. 결과는 아래와 같다.

---

21) 두 집합을 합칠 때 어느 쪽의 대표 원소를 새로 합쳐진 집합의 대표 원소로 정하느냐는 크게 중요하지 않다. 단 대표 원소를 찾아가는 경로가 길어지면 알고리즘 성능에 영향을 미칠 수 있으므로 보통은 랜덤으로 결정한다.

인덱스	0	1	2	3	4	5	6	7
parent[]	0	3	7	3	4	5	3	7
집합	{0}			{1, 3, 6}	{4}	{5}		{2, 7}

다음 가중치가 가장 작은 에지, (1, 4)를 선택한다. parent[1]과 parent[4]의 값을 비교해야 하는데 parent[1]의 값이 인덱스와 같은 1이 아니므로 인덱스 1이 속한 집합의 대표 원소를 찾아야 한다. parent[1]은 3이므로 그 값을 따라 parent[3]을 확인한다. parent[3]은 3으로써 인덱스와 같으므로 3이 집합 {1, 3, 6}의 대표 원소이다. 이 3은 parent[4]의 값과 다르므로 서로 다른 집합이다. 따라서 그 에지를 MST에 추가하고 두 집합을 합친다. 합친 집합 {1, 3, 6, 4}의 대표 원소는 3으로 정했다. 따라서 parent[4]의 값을 대표 원소인 3으로 변경한다. 결과는 아래와 같다.

인덱스	0	1	2	3	4	5	6	7
parent[]	0	3	7	3	3	5	3	7
집합	{0}			{1, 3, 6, 4}		{5}		{2, 7}

다음 가중치가 가장 작은 에지, (3, 4)를 선택한다. parent[3]과 parent[4]의 값이 같으므로 버텍스 3과 4는 같은 집합이다. 이는 사이클이 만들어지는 것이므로 이 에지는 버린다. 다음 가중치가 가장 작은 에지, (6, 4)를 선택한다. parent[6]과 parent[4]의 값이 같으므로 버텍스 6과 4도 같은 집합이다. 이는 사이클이 만들어지는 것이므로 이 에지도 버린다.

다음 가중치가 가장 작은 에지, (1, 2)를 선택한다. parent[1]과 parent[2]의 대표 원소가 3과 7로써 다르므로 서로 다른 집합이다. 따라서 그 에지를 MST에 추가하고 두 집합을 합친다. 합친 집합의 대표 원소를 3으로 정하고, parent[2]의 대표 원소인 parent[7]의 값을 다른 쪽 대표 원소인 3으로 변경한다. 결과는 아래와 같다.

인덱스	0	1	2	3	4	5	6	7
parent[]	0	3	7	3	3	5	3	3
집합	{0}			{1, 3, 6, 4, 2, 7}		{5}		

이후 과정은 생략하고 이제 코드를 만들어보자. 최소 스패닝 트리 문제의 대상은 가중치가 있는 무방향 그래프이므로 앞의 9.2절의 가중치가 없는 무방향 그래프 자료구조인 UnweightedUndirectedGraph 클래스를 그대로 사용할 수 없다. 또한 크루스칼 알고리즘은 에지를 중심으로 수행되므로 에지 중심 그래프 해석 방식의 하나인 에지들을 1차원 배열로 저장하는 간선 리스트(incidence list) 방식으로 구현해보자.

각 에지는 두 버텍스 u, v와 가중치 w로 구성된 튜플 (u, v, w)로 표기하고, 필드변수는 그 튜플을 저장하는 1차원 배열이다. 클래스 이름은 WeightedUndirectedGraph이다.

```
### 간선 리스트로 구현한 그래프 자료구조 - 가중치 있는 무방향 그래프
class WeightedUndirectedGraph:
    def __init__(self, V):
        self.V = V                      # 버텍스의 개수
        self.graph = []                 # 필드변수는 에지들을 저장하는 1차원 배열

    def addEdge(self, u, v, w):         # 넣기 연산: u, v는 에지의 버텍스, w는 가중치
        self.graph.append((u, v, w))  # 각 에지를 (u, v, w) 튜플로 저장
```

우선 크루스칼 알고리즘에서 사용하는 서로소 집합 연산을 구현하면 아래와 같다. 연산은 find( ) 메소드와 union( ) 메소드의 두 가지이다. find( ) 메소드는 해당 버텍스가 포함된 집합의 대표 원소를 찾는 메소드이다.

union( ) 메소드는 두 버텍스가 각각 속해 있는 두 집합을 합치는 메소드이다. 각 버텍스의 대표 원소, root1과 roo2를 찾고, 한 집합의 대표 원소를 다른 집합의 대표 원소로 변경하면 된다. 아래 코드에서는 root1을 대표 원소로 정했으므로 root2의 값을 root1으로 변경했다.

```
    def find(self, parent, v):          # 버텍스 v가 속한 집합의 대표 원소 찾기
        if parent[v] == v:              # 배열의 인덱스와 값이 같으면 대표 원소이다.
            return v
        else:
            return self.find(parent, parent[v])  # parent[v] 값으로 다시 find() 호출

    def union(self, parent, u, v):      # 버텍스 u와 v가 속한 두 집합 합치기
        root1 = self.find(parent, u)    # 버텍스 u가 속한 집합의 대표 원소
        root2 = self.find(parent, v)    # 버텍스 v가 속한 집합의 대표 원소
        parent[root2] = root1           # 두 집합 합치기: root2의 대표 원소를 변경
```

이제 크루스칼 알고리즘을 구현하는 kruskal( ) 메소드를 구현해보면 아래와 같다.

```
1       def kruskal(self):                              # 크루스칼 알고리즘
2           mst = []                                    # MST 에지들을 저장할 배열 준비
3           edges = 0                                   # MST에 포함된 에지들의 수
4
5           self.graph.sort(key = self.keyFunction)     # 에지들을 오름차순으로 정렬
6
7           parent = []                                 # 서로소 집합 배열 준비
8           for i in range(self.V):
9               parent.append(i)                        # 배열의 각 초기값은 곧 인덱스
10
11          while edges < self.V - 1:       # MST 에지 수가 버텍스 수보다 하나 작으면
12              u, v, w = self.graph.pop(0)             # 가중치가 가장 작은 에지 선택
13              if self.find(parent, u) != self.find(parent, v):  # 서로 다른 집합이면
14                  mst.append((u, v, w))
15                  edges = edges + 1
16                  self.union(parent, u, v)
17          return mst
18
19      def keyFunction(self, edge):        # 에지들 정렬 키는 튜플의 2번째 값, 즉 가중치
20          return edge[2]
```

2번째 줄에서 MST에 포함될 에지들을 저장할 mst[ ] 배열을 준비하고, 3번째 줄에서 현재 MST에 포함되어 있는 에지들의 수를 저장할 edges 변수를 준비했다.

5번째 줄은 에지들이 저장된 self.graph[ ] 배열을 가중치를 기준으로 오름차순으로 정렬하는 코드이다.[22] 7번째 줄에서 서로소 집합을 표시할 parent[ ] 배열을 준비하고 8, 9번째 줄에서 버텍스 개수만큼의 크기의 배열을 준비하고, 각 배열의 초기 값을 곧 인덱스 값으로 설정했다.

11번째 줄의 while 반복문은 MST 에지의 수가 버텍스의 수보다 하나 작은 수가 될 때까지 반복된다. 각 반복에서 현재 남은 에지 중 가중치가 가장 작은 에지를 선택한다. 그 에지의 두 버텍스가 서로 다른 집합이라면 그 에지를 mst[ ] 배열에 추가하고, edges를 증가시키고, 두 버텍스가 각각 속해 있는 두 집합을 합친다. kruskal( ) 메소드의 리턴값은 MST 에지들이 저장된 1차원 배열, mst이다.

아래는 kruskal( ) 메소드를 테스트하는 코드이다. WeightedUndirectedGraph 클래스로부터 버텍스가 8개인 그래프 객체를 생성하고, edges[ ] 배열에 미리 튜플로 준비해 놓은 에지들을 addEdge( ) 메소드로 그래프에 추가했다. 그래프는 앞에서 그림으로 설명한 가중치 그래프와 동일하다. kruskal( ) 메소드 실행 결과는 [(2, 7, 1), (1, 3, 2), (3, 6, 3), (1, 4, 4), (1, 2, 7), (2, 5, 9), (0, 5, 12)]로써 앞의 그림과 같다.

```
### 메인 테스트 코드 - WeightedUndirectedGraph 클래스의 kruskal() 메소드 테스트
V = 8        # 버텍스 개수
graph1 = WeightedUndirectedGraph(V)

edges = [(0, 1, 13), (0, 5, 12),
         (1, 2, 7), (1, 3, 2), (1, 4, 4),
         (2, 5, 9), (2, 7, 1),
         (3, 4, 5), (3, 6, 3),
         (4, 6, 6), (5, 6, 11), (6, 7, 8)]
for (u, v, w) in edges:
   graph1.addEdge(u, v, w)

print(graph1.kruskal())             # 크루스칼 메소드 호출 및 결과 출력
```

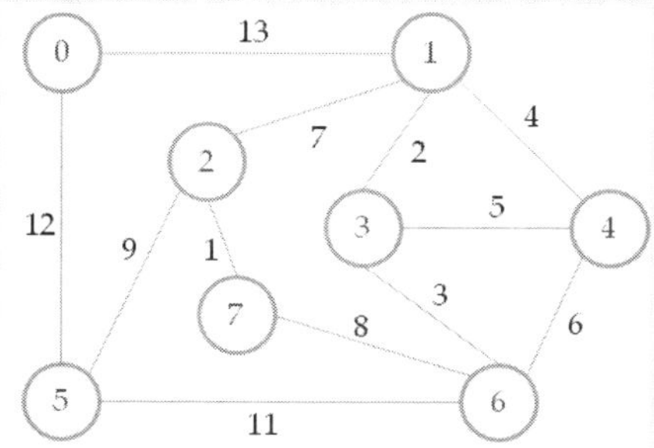

22) 파이썬 리스트 객체가 제공하는 sort( ) 메소드를 사용했다. sort( ) 메소드의 key 파라미터는 keyFunction( ) 함수로써 19번째 줄의 keyFunction( ) 메소드에서 에지 튜플의 2번째 값인 가중치를 정렬 기준으로 설정했다.

끝으로 크루스칼 알고리즘의 시간복잡도를 계산해보자. 버텍스가 n개이고 에지가 m개일 때 소요 시간이 n 또는 m과 비례하는 주요 코드는 아래와 같다.

- 5번째 줄, self.graph 정렬: 에지들을 정렬하는 것이므로 $O(m\log_2 m)$
- 8번째 줄, parent[ ] 배열 초기화: 버텍스의 수만큼 반복하므로 $O(n)$
- 11번째 줄, while 반복문: 에지의 수만큼 반복하므로 $O(m)$이고, 13번째 줄과 16번째 줄의 find( )와 union( ) 메소드는 각각 $O(\log_2 n)$이므로[23] 전체 while 반복문의 시간복잡도는 $O(m\log_2 n)$

한편 에지의 수, m의 최대값은 $n(n-1)/2$이므로 첫 번째, self.graph 정렬의 시간복잡도는, $O(m\log_2 m) = O(m\log_2 n^2) = O(2m\log_2 n)$이므로, $O(m\log_2 n)$이다. 따라서 위의 세 과정을 모두 더하면 $O(m\log_2 n) + O(n) + O(m\log_2 n)$이므로 결론적으로 크루스칼 알고리즘의 시간복잡도는 $O(m\log_2 n)$이다.

최단 경로 문제

최단 경로 문제[24]는 두 버텍스 간에 경로 상의 에지들의 가중치의 합이 최소인 경로를 찾는 문제이다. 최단 경로 문제의 대표적인 응용 분야는 자동차 내비게이션은 물론 컴퓨터 네트워크, 통신망, 로보틱스, 운송망, 경영과학의 의사결정 등 다양하다.

최단 경로 알고리즘은 컴퓨터과학 분야의 대표적인 알고리즘 중 하나로써 단일 출발지에서 단일 목적지로, 단일 출발지에서 나머지 모든 목적지로, 모든 출발지에서 모든 목적지로의 세부 문제에 따라 다양한 알고리즘들이 고안되었다. 그중 대표적인 알고리즘은 이번 절에서 다루는 다익스트라 알고리즘을 포함하여 벨만-포드 알고리즘, 플로이드-워셜 알고리즘, A* 알고리즘 등이 있다.

최단 경로 알고리즘 중 제일 유명한 다익스트라 알고리즘[25]은 동적 프로그래밍 방식의 알고리즘으로 원래는 단일 출발지에서 단일 목적지 알고리즘으로 발표되었지만 이후에 다양한 변형 알고리즘들이 만들어졌고 오히려 그 변형 알고리즘이 더 널리 알려지기도 했다. 이번 절에서는 단일 출발지에서 모든 목적지로의 다익스트라 알고리즘을 살펴본다.

---

23) 참고: 서로소 집합 자료구조, 위키피디어, https://en.wikipedia.org/wiki/Disjoint-set_data_structure
24) shortest path problem
25) Dijkstra's algorithm

먼저 여기서 대상으로 하는 그래프는 가중치가 있는 무방향 그래프이다.[26] 다익스트라 알고리즘은 모든 버텍스들 간의 가중치 또는 거리를 빈번하게 읽거나 수정하기 때문에 버텍스 중심 그래프 자료구조가 적합하다. 따라서 대표적인 버텍스 중심 그래프 자료구조인 인접 행렬 방식으로 구현해보자.

아래는 인접 행렬로 구현한 그래프 자료구조이다. 클래스 이름은 AdjMatrixGraph이다.

```
import sys                              # 컴퓨터 최대값인 sys.maxsize를 사용하기 위해

### 인접 행렬로 구현한 그래프 자료구조 - 필드변수는 2차원 배열, self.graph
class AdjMatrixGraph:
    def __init__(self, V):
        self.V = V                          # 버텍스의 개수
        self.graph = [[0 for _ in range(V)] for __ in range(V)]  # VxV 2차원 배열[27]

    def addEdge(self, u, v, weight): # 가중치가 weight인 에지 (u, v) 추가하기
        self.graph[u][v] = weight     # 가중치를 행렬의 u행 v열에 저장
        self.graph[v][u] = weight     # 무방향 그래프이므로 v행 u열에도 저장
```

필드변수는, 버텍스의 수가 V일 때, $V \times V$ 2차원 배열인 self.graph이다. addEdge( ) 메소드 형식[28]은 앞의 최소 스패닝 트리의 addEdge( ) 메소드와 동일하다.

다익스트라 알고리즘은 출발 버텍스부터 버텍스의 수만큼 반복한다. 각 반복에서 한 번에 하나씩, 현재 상태에서 출발 버텍스와 가장 가까운 버텍스를 찾고, 나머지 모든 버텍스들에 대하여 그 버텍스를 경유하는 경로가 더 짧은지 검토하고 자신의 거리를 갱신하게 한다.

각각의 반복에서 수행하는 두 단계 작업을 그림으로 나타내면 아래와 같다. 첫 번째 단계는 아직 방문하지 않은 남은 버텍스들 중에서 출발 버텍스와 가장 가까운 minVertex를 찾는 일이고, 두 번째 단계는 아직 방문하지 않은 나머지 모든 버텍스들에 대하여 minVertex를 경유하는 경로의 거리가 더 짧은지를 비교하여 그 버텍스들의 경로를 갱신하는 일이다.

---

26) 가중치는 0보다 큰 값이다. 가중치가 0이면 에지가 없는 것으로 간주한다.

27) 파이썬에서 2차원 배열을 생성하고 초기화하는 방법은 다양하다.

28) 메소드 형식이란 메소드 이름과 파라미터 목록으로써 구현 내용과 관계없이 밖에서 보이는 형식을 의미한다. 메소드 형식이란 말의 어원은 자바 언어로써 자바에서는 method signature라고 한다.

즉 아래 그림에서 첫 번째 단계를 통해 선택된 minVertex는 버텍스 w이다.[29] 두 번째 단계로 아직 방문하지 않은 남은 버텍스들 중 버텍스 v의 경우를 보면, 새로 선택된 minVertex인 버텍스 w를 경유하는 경로의 길이는 35+5=40이고, 버텍스 u를 경유하는 기존 경로의 길이 distance[v]=41로써 minVertex를 경유하는 경로의 길이가 더 짧으므로 distance[v]를 40으로 갱신하고 갱신된 경로를 previous[v]에 저장한다.[30]

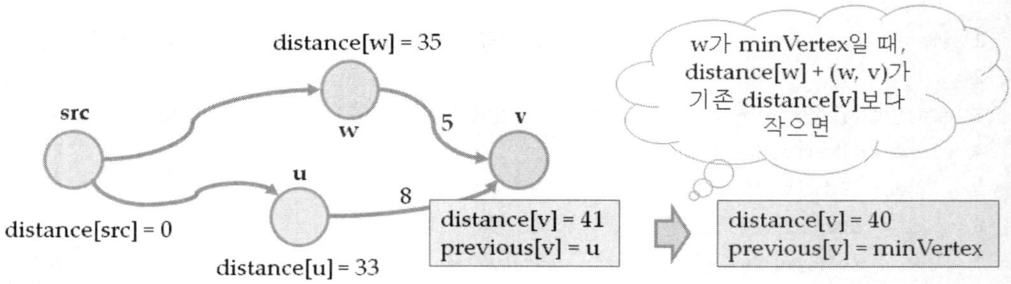

알고리즘에서 사용하는 주요 변수들을 살펴보자.

- distance[ ]: 버텍스 개수 크기의 1차원 배열. 현재까지의 최단 거리를 저장
- previous[ ]: 버텍스 개수 크기의 1차원 배열. 최단 경로의 바로 직전 버텍스 저장
- visited[ ]: 버텍스 개수 크기의 1차원 배열. 방문 여부 표시
- minVertex: 남은 버텍스들 중 출발 버텍스에서 가장 가까운 버텍스
- minDistance: 출발 버텍스에서 minVertex까지의 거리

알고리즘을 슈도코드[31] 형태로 정리하면 아래와 같다.

```
distance[]의 각 항목을 ∞로 초기화. 단 distance[src] = 0, src는 출발 버텍스
previous[]의 각 항목을 None으로 초기화. 단 previous[src] = src
visited[]의 각 항목을 False로 초기화

버텍스 수만큼 반복:
    minDistance 준비, 초기값은 ∞
```

29) 현재 상태, 즉 첫 번째 단계인 minVertex를 선택하기 직전의 상태는 버텍스 src로부터 버텍스 u까지 방문한 상태이다.

30) previous[ ]는 최단경로 상의 버텍스들을 저장한다.

31) Pseudo code. 알고리즘의 동작 과정을 설명하는 유사 프로그래밍 언어.

```
    minVirtex 준비, 초기값은 -1

    [1 단계] 아직 방문하지 않은 버텍스들 중 가장 가까운 minVertex 찾기
    [2 단계] 남아있는 각 버텍스들에 대해, minVertex를 경유하는 경로가 더 짧다면,
        distance[] 갱신
        previous[] 갱신
```

아래는 완성된 dijkstra( ) 메소드이다. 파라미터는 출발 버텍스인 src이다.

```
def dijkstra(self, src):                  # src로부터 모든 버텍스로의 최단 경로 구하기
    distance = [sys.maxsize] * self.V   # src로부터 각 버텍스로의 거리 초기화
    distance[src] = 0                   # src에서 src로의 거리는 0

    previous = [None] * self.V          # 최단 경로상의 바로 직전 버텍스 배열 초기화
    previous[src] = src                 # src의 직전 버텍스는 바로 src

    visited = [False] * self.V          # 방문 여부 표시 배열 초기화

    for _ in range(self.V):             # 버텍스 개수만큼 반복
        minDistance = sys.maxsize       # 가장 가까운 버텍스까지 거리 변수 준비
        minVertex = -1                  # 그 가장 가까운 버텍스 번호 준비

        for v in range(self.V):         # minVertex 찾기
            if visited[v] is False and distance[v] < minDistance:
                minDistance = distance[v]
                minVertex = v
        visited[minVertex] = True       # minVertex를 방문할 것임

        for v in range(self.V):         # minVertex 추가에 따른 각 distance[] 갱신
            if visited[v] is False and self.graph[minVertex][v] > 0:
                newPath = distance[minVertex] + self.graph[minVertex][v]
                if newPath < distance[v]:  # minVertex를 거치는 거리가 더 짧다면
                    distance[v] = newPath    # distance[]를 갱신하고
                    previous[v] = minVertex  # 최단 경로 상의 직전 버텍스도 갱신

    print(distance)
    self.printPath(src, previous)       # 경로 출력해보기
```

코드를 보자. 2번째 줄, sys.maxsize는 컴퓨터가 표현할 수 있는 가장 큰 수로써 sys 모듈에 저장되어 있다. 용도는, 아직 경로의 길이가 결정되지 않았다는 의미로써 무한대 값을 대신한다. 10번째 줄, for-in 문장 안에 언더바 변수, _는 반복은 하지만 그 반복 변수를 사용할 필요는 없음을 나타낸다. 각 반복에서 수행하는 일은 두 단계, 즉 14번째 줄의 for 반복문을 통해 minVertex를 찾는 첫 번째 단계와, 20번째 줄의 for 반복문에서 아직 방문하지 않은 모든 버텍스들에 대해 minVertex를 경유하는 경로, 즉 newPath의 거리가 기존의 거리, 즉 distance[v]보다 작으면 distance[v]와 previous[v]를 갱신하는 두 번째 단계이다.

27번째 줄과 28번째 줄은 알고리즘의 최종 결과인 최단 경로의 거리와 경로를 출력해보는 코드이다. 28번째 줄, previous[ ] 배열의 내용을 통해 경로를 출력하는 printPath( ) 메소드는 아래와 같다.

printPath( ) 메소드의 for 반복문은 모든 목적지 버텍스들에 대한 반복을 나타내고, 각 목적지로의 경로는 while 반복문을 통해 previous[ ]의 값이 출발 버텍스인 src와 같을 때까지 previous[ ]를 거슬러 올라가며 경로를 출력한다.

```
40     def printPath(self, src, previous):  # previous[] 배열을 이용 최단 경로 출력
41         for i in range(self.V):          # 각 목적지에 대해, 역순으로 출력함
42             print(i, end="")             # 먼저 목적지 출력[32]
43
44             prev = i                     # 직전 버텍스를 저장
45             while prev != src:           # 직전 버텍스가 출발 버텍스일 때까지
46                 print( " <-", previous[prev], end="")   # 직전 버텍스 출력
47                 prev = previous[prev]   # 출발 버텍스를 향해 한 칸 뒤로
48             print()                      # 줄 바꾸고 다음 목적지로
```

dijkstra( ) 메소드를 구현한 AdjMatrixGraph 클래스의 메인 테스트 코드는 아래와 같다.

```
49 ### 다익스트라 알고리즘 메인 테스트 코드
50 V = 8          # 버텍스의 개수
51 graph1 = AdjMatrixGraph(8)

52 edges = [(0, 1, 13), (0, 5, 12),
```

32) print( ) 함수의 end 파라미터, 즉 end=""은 출력 후 줄바꾸기를 하지 않는다는 지시이다.

```
          (1, 2, 7), (1, 3, 2), (1, 4, 4),
          (2, 5, 9), (2, 7, 1),
          (3, 4, 5), (3, 6, 3),
          (4, 6, 6), (5, 6, 11), (6, 7, 8)]
for (u, v, w) in edges:
    graph1.addEdge(u, v, w)

graph1.dijkstra(0)    # 최단 경로 구하기, 출발은 버텍스 0
```

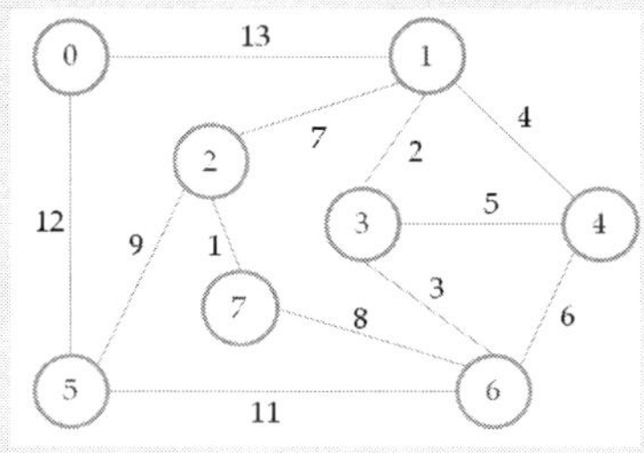

먼저 위 테스트 코드에서 사용한 그래프가 인접 행렬로 저장된 AdjMatrixGraph 클래스의 필드변수, self.graph를 확인해 보면 아래와 같다.

```
[ [0, 13, 0, 0, 0, 12, 0, 0],
  [13, 0, 7, 2, 4, 0, 0, 0],
  [0, 7, 0, 0, 0, 9, 0, 1],
  [0, 2, 0, 0, 5, 0, 3, 0],
  [0, 4, 0, 5, 0, 0, 6, 0],
  [12, 0, 9, 0, 0, 0, 11, 0],
  [0, 0, 0, 3, 6, 11, 0, 8],
  [0, 0, 1, 0, 0, 0, 8, 0] ]
```

최종 실행 결과는 아래와 같다. 첫 번째 줄은 distance[ ] 배열의 내용으로써 버텍스 0에서 모든 버텍스로의 최단 경로의 길이이고, 그 다음은 printPath( ) 메소드에 의해 출력된 출발 버텍스 0에서 나머지 모든 버텍스로의 최단 경로이다. 그 경로를 그림으로 나타내면 아래와 같다.

```
[0, 13, 20, 15, 17, 12, 18, 21]

0
1 <- 0
2 <- 1 <- 0
3 <- 1 <- 0
4 <- 1 <- 0
5 <- 0
6 <- 3 <- 1 <- 0
7 <- 2 <- 1 <- 0
```

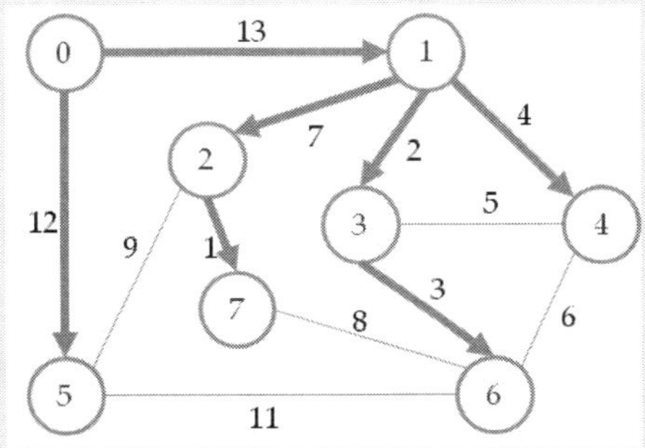

끝으로 다익스트라 알고리즘의 시간복잡도를 구해보자. 버텍스의 수가 n이고 에지의 수가 m이라고 할 때 dijkstra( ) 메소드에서 소요 시간이 n 또는 m과 비례하는 주요 코드를 보면 아래와 같다.

- 10번째 줄, 버텍스의 수만큼 반복하므로 n
- 14번째 줄, minVertex를 찾기 위해 버텍스의 수만큼 반복하므로 $O(n)$
- 20번째 줄, 각 버텍스마다 distance[ ]를 갱신하므로 $O(n)$

정리하면 10번째 줄의 반복에 대해 두 개의 반복이 수행된다. 따라서 $n(O(n)+O(n))$이므로 다익스트라 알고리즘의 시간복잡도는 $O(n^2)$이다.

연습문제

01 아래 용어를 설명하시오.

1) 연결 성분
2) 부분 그래프
3) 방향 그래프
4) 가중치 그래프
5) 스패닝 트리

02 그래프를 표기하는 네 가지 자료구조, 즉 인접 행렬, 인접 리스트, 간선 행렬, 간선 리스트를 설명하시오.

03 왼쪽은 가중치 없는 무방향 그래프를 인접 행렬로 나타낸 것이다. 아래 물음에 답하시오.

$$\begin{bmatrix} 0 & 1 & 1 & 1 & 0 & 0 \\ 1 & 0 & 1 & 0 & 1 & 0 \\ 1 & 1 & 0 & 0 & 0 & 0 \\ 1 & 0 & 0 & 0 & 1 & 1 \\ 0 & 1 & 0 & 1 & 0 & 0 \\ 0 & 0 & 0 & 1 & 0 & 0 \end{bmatrix}$$

1) 그래프를 그림으로 그려보시오.
2) 인접 행렬 자료구조인 9.3절의 AdjMatrixGraph 객체로 저장하시오.
3) AdjMatrixGraph 객체로 저장된 그래프를 인접 리스트 자료구조인 9.2절의 UnweightedUndirectedGraph 객체로 변환하는 함수를 작성하시오.

04 UnweightedUndirectedGraph 클래스에서 재귀 호출 없이 스택을 사용하는 깊이우선 탐색 메소드, dfsStack( ) 메소드를 작성하시오.

05 아래 그래프를 인접 행렬 자료구조인 9.3절의 AdjMatrixGraph 객체로 저장하고 AdjMatrixGraph 클래스에서 위상정렬을 수행하는 메소드를 작성하시오.

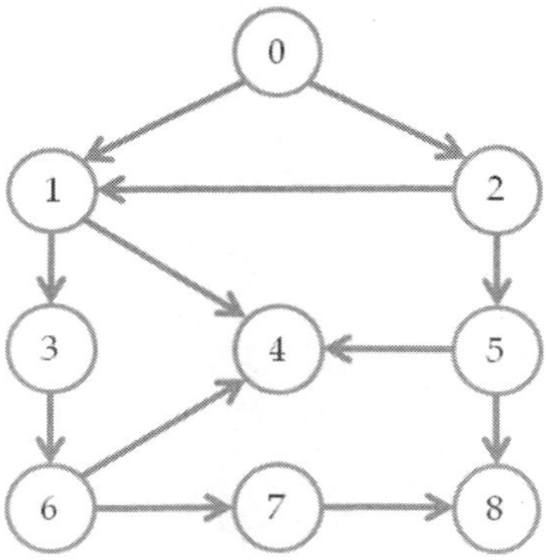

CHAPTER

10 해시 테이블

4대 자료구조 중 지금까지 살펴본 배열, 링크드 리스트, 트리를 넣기, 빼기, 찾기의 3대 기본 연산의 시간복잡도 측면에서 보면 배열과 링크드 리스트는 $O(\log_2 n)$과 $O(n)$이 섞여있고, 트리는 세 연산 모두 $O(\log_2 n)$이다. 좀 더 효율적인 방법은 없을까? 바로 해시 테이블이다. 결론부터 말하면 해시 테이블의 시간복잡도는 3대 기본 연산 모두 $O(1)$이다. 즉 데이터의 크기에 관계없이 단지 수 개의 명령어만 수행하면 된다.

이번 장에서는 해시 테이블 자료구조에 대해 살펴본다.

10.1 직접 주소 테이블

3대 기본 연산을 어떻게 $O(1)$ 시간에 수행할 수 있을까. 아이디어는 직접 주소 방식이다.[1] 즉 데이터의 키값 자체를 메모리 주소로 사용하는 방식이다. 예를 들어 우리나라 주민등록 데이터를 보자. 개별 주민등록 데이터에는 고유의 주민등록번호가 있다. 이 주민등록번호를 13자리 숫자로 간주하고 이 숫자를 해당 주민등록 데이터가 저장된 혹은 저장될 메모리의 주소로 사용하면 어떨까, 아래 그림처럼.[2]

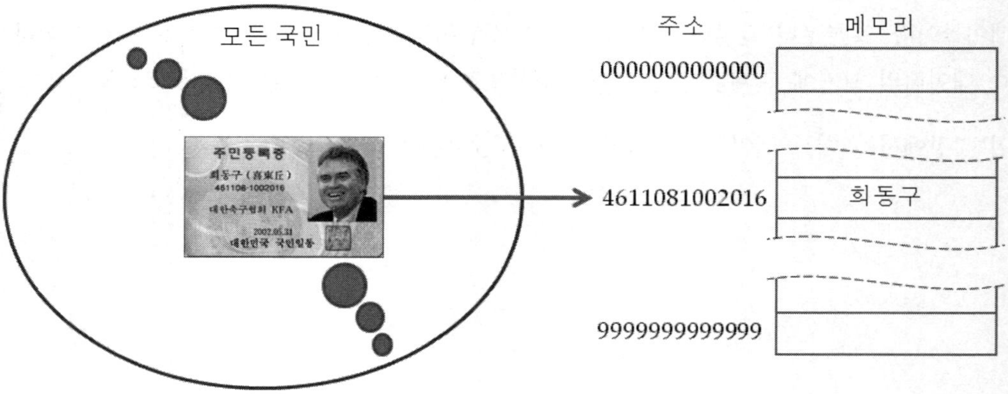

우리나라 모든 국민은 각자 고유의 13자리 주민등록번호를 갖고 있다. 주민등록번호를 수로 보면 13자리로 만들 수 있는 모든 숫자는 0부터 9999999999999이고 가능한 숫자들의 개수는 10조개이다. 하나의 주민등록 데이터를 저장하는데 대략 1 KB가 필요하다고 가정하면[3] 10조개의 주민등록 데이터를 저장할 메모리는 10조×1 KB, 즉 1경 킬로바이트이다.

예를 들어 희동구의 주민등록번호는 461108-1002016이고 이를 숫자로 쓰면 4,611,081,002,016이므로 희동구의 주민등록 데이터는 메모리의 4조6천백십억8천백만2천16번지에 저장된다.

---

1) 직접 주소 테이블을 영어로는 direct address, 또는 direct address table
2) 사진 출처: http://www.mcnews.co.kr/45958
3) KB는 킬로바이트

이와 같이 데이터의 키값 자체를 메모리 주소로 사용하는 방법을 직접 주소 테이블이라고 한다. 직접 주소 테이블 자료구조의 시간복잡도는 어떨까. 먼저 넣기 연산은? 희동구의 주민등록번호는 유일하므로 주민번호가 부여되는 순간 해당 주소의 메모리에 그대로 접근하면 된다. 따라서 $O(1)$. 빼기와 찾기도 마찬가지로 주민등록번호만 알면 바로 메모리에 접근할 수 있으므로 $O(1)$이다.

10.2 해시 테이블

직접 주소 테이블의 단점은 키값의 범위와 데이터의 크기가 다르면 메모리의 낭비가 크다는 점이다. 다시 주민등록 데이터의 예를 보자. 키값인 주민등록번호의 범위는 10조개나 되는 반면 데이터의 크기, 즉 우리나라 인구는 2020년 기준 5,130만 명이고 최근 사망자나 앞으로 태어날 인구를 감안해서 넉넉히 1억 명이라고 하더라도 10조개 중 1억은 십만분의 1이므로 99.999%의 메모리가 사용되지 않고 낭비된다.

해결책은 없을까, 바로 해싱이다.[4] 해싱은 데이터의 키값을 메모리, 즉 배열의 크기에 맞게 분산시키는 것으로써 해시 함수를 통해 키값으로부터 해시를 구하고 이 해시를 주소로 사용한다. 가장 간단한 해시 함수는 키값을 배열의 크기로 나눈 나머지를 구하는 것이다.

주민등록 예에서 메모리의 크기를 우리나라 인구 규모인 1억 개로 줄여보자. 해시 함수는, 13자리 숫자로 변환된 주민번호를 메모리 크기인 1억으로 나눈 나머지를 구하는 함수라고 하고 그 결과값인 해시를 메모리의 주소로 사용하자. 이제 희동구의 데이터는 아래 그림과 같이 4,611,081,002,016을 1억으로 나눈 나머지 값, 8천1백만2천16번지에 저장된다.

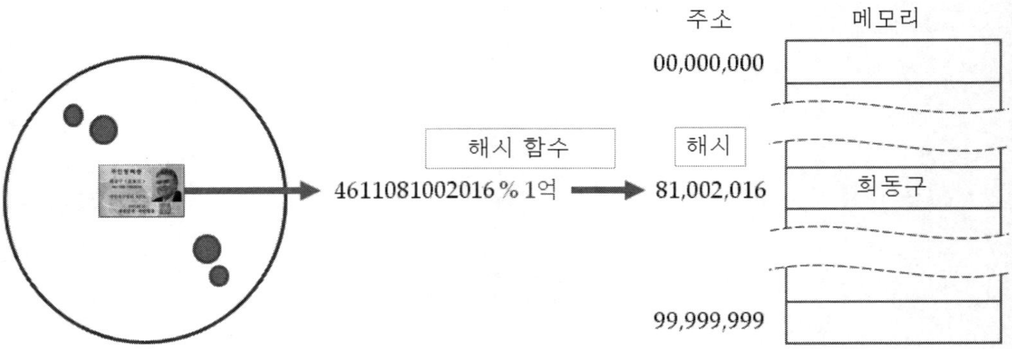

이처럼 해시 테이블은 직접 주소 테이블 방식의 메모리 낭비를 획기적으로 해결할 수 있다. 자, 그럼 해시 테이블은 완벽한 해결책일까. 또 다른 문제가 있다. 바로 주소의 충돌이다.[5]

---

4) 해싱을 영어로는 hashing, 해시 함수는 hash function, 해시 함수의 결과는 해시 또는 해시값이라 한다.

충돌은 서로 다른 둘 이상의 키값에 대해 해시 함수가 같은 해시값을 생성할 때 발생한다. 충돌 시 해결 방안에 대해서는 아래 충돌 해결 기법에서 살펴본다.

해시 함수

해시 함수는 임의의 데이터로부터 일정 범위의 숫자를 만들어내는 함수이다. 해시 함수의 결과값을 해시값, 해시 코드, 다이제스트, 또는 해시라고 한다. 해시는 해시 테이블의 주소로 사용된다. 해시 함수는 아래 그림과 같이 *h*( ) 함수로 표시한다.

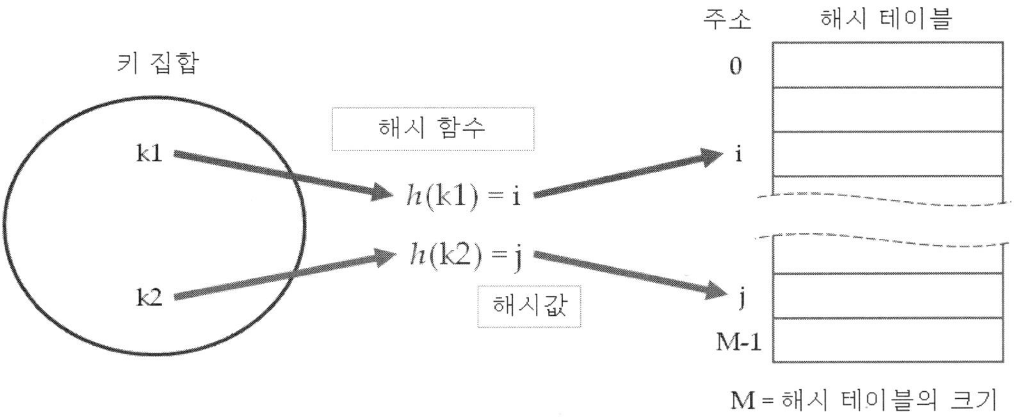

해시 함수 *h*( ), 데이터의 키 key와 해시값 *i*의 관계는 아래와 같다.

$$h(\text{key}) = i$$

좋은 해시 함수란 어떤 함수일까. 좋은 해시 함수가 갖추어야 할 특징을 살펴보면 아래와 같다.

- **균등성**: 해시 함수의 결과인 해시값의 분포가 고르다.
- **효율성**: 해시 함수의 계산 과정이 빠르다.
- **범용성**: 해시 테이블의 크기 변화에도 대응 가능하고 숫자뿐만 아니라 다양한 종류의 키값을 처리할 수 있다.
- **결정성**: 같은 키값에 대해 항상 같은 해시를 생성해야 한다.

---

5) 영어로는 collision

위와 같은 특징들을 고려한 주요 해시 함수 설계 기법들을 보면 아래와 같다.

- **나눗셈 함수**: 키를 소수로 나눈 나머지를 취하는 방법으로 $h(key)=key\%M$ 형식
- **곱셈 함수**: 1보다 작은 실수 δ를 키에 곱하여 얻은 숫자의 소수 부분을 테이블 크기 M과 곱한 결과의 정수 부분을 해시값으로 사용. $h(key)=((key\times\delta)\%1)\times M$
- **중간 제곱 함수**: 키를 제곱하고 적절한 크기의 중간 부분을 해시값으로 사용
- **접기 함수**: 큰 자릿수의 십진수가 키인 경우 몇 자리씩 일정하게 끊어 만든 숫자들의 합을 해시값으로 사용

충돌 해결 기법

해시 테이블에서 충돌은 서로 다른 둘 이상의 키값에 대해 해시 함수가 같은 해시값을 생성할 때 발생한다. 앞의 예와 같이 주민등록 데이터를 저장하는 해시 테이블의 해시 함수가 키값인 주민등록번호를 1억으로 나눈 나머지라 할 때 아래 그림처럼[6] 희동구와 홍길순의 주민등록번호는 분명히 다른데 해시 함수의 결과인 해시값이 같다면 충돌이 발생한다.

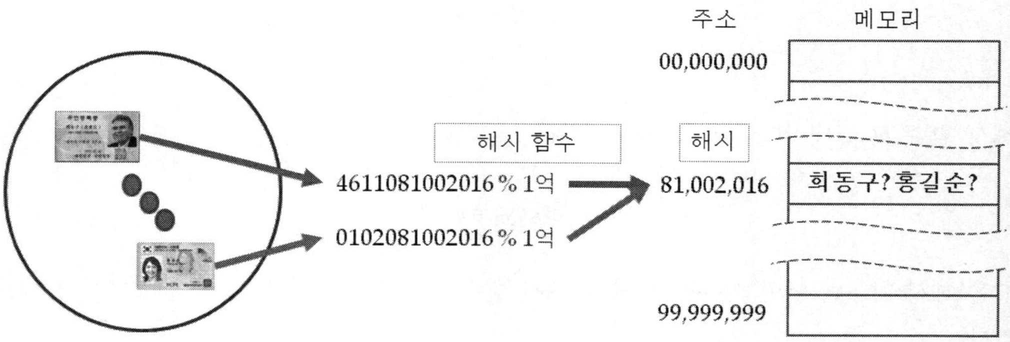

충돌이 발생했을 때 이를 처리하는 과정을 충돌 해결이라 한다.[7] 충돌 해결 기법은 크게 두 종류로 분류할 수 있다. 즉 개방 주소 방식(open addressing)과 개별 연결 방식(separate chaining)이다. 개방 주소 방식은 해시 테이블 전체를 열린 공간으로 가정하고 충돌된 키를 정해진 방법에 따라 찾은 빈 공간에 저장하는 방식이다. 여러 가지 개방 주소 방식을 보면

---

6) 그림의 아래 사진 출처: http://scienceon.hani.co.kr/32145
7) 충돌 해결을 영어로는 collision resolution

아래와 같다.

- **선형 조사**(linear probing): 충돌이 일어난 위치에서부터 순차적으로 검색하여 발견한 첫 번째 비어있는 위치에 키를 저장하는 방법. 단점으로는 충돌이 잦아지면 키들이 한 군데로 뭉쳐지는 군집화(clustering) 현상 발생
- **이차 조사**(quadratic probing): 선형 조사 방식의 군집화 현상을 완화하기 위해 제안됨. 선형 조사에서는 충돌 후 비어있는 위치를 찾기 위해 순차적으로 검색하는 반면 이차 조사 방식에서는 일정 간격씩 건너뛰어 검색하는 방법
- **랜덤 조사**(random probing): 비어있는 위치를 찾기 위해 순차적 또는 일정 간격씩이 아니라 간격을 랜덤하게 결정하는 방법
- **이중 해싱**(double probing): 충돌 발생 시 제2의 해시 함수로 다음 위치를 결정하는 방법으로 군집화 현상이 발생하지 않음

개별 연결 방식은 충돌이 발생한 키들을 별도의 공간에 모아 저장하는 방식이다. 개방 주소 방식과 비교하여 폐쇄 주소 방식(closed addressing)이라고도 하며 이를 구현하는 대표적인 방법은 체이닝(chaining)이다. 체이닝은 첫 번째 키를 저장하는 방법에 따라 아래와 같이 세분할 수 있다.

- 첫 번째 키는 해시 테이블에 저장
- 모든 키를 링크드 리스트에 저장
- 충돌이 발생한 키들을 링크드 리스트가 아닌 다른 자료구조로 저장

아래 그림은 첫 번째 키는 해시 테이블에 저장하고 충돌이 발생한 키들은 링크드 리스트로 저장하는 체이닝 방법의 예이다.[8]

8) 그림 출처: https://en.wikipedia.org/wiki/Hash_table

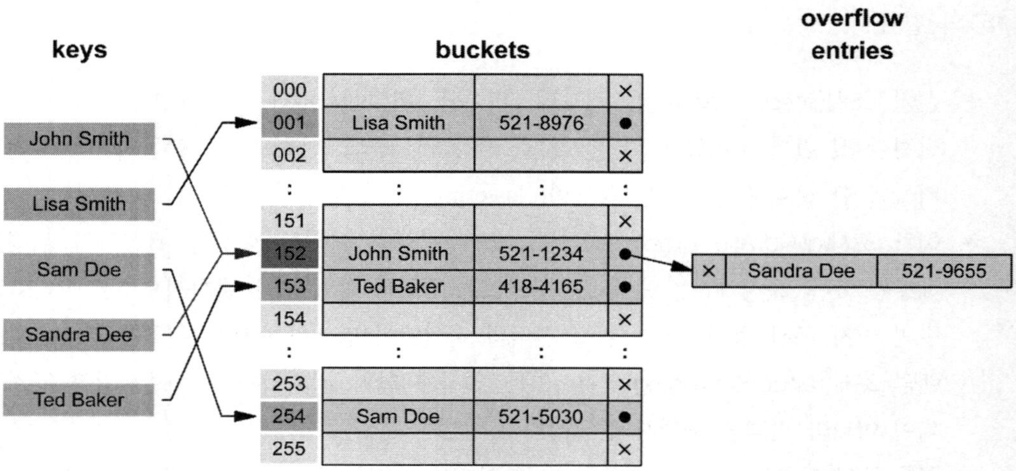

위의 방법은 직관적이고 단순한 반면 빼기 연산은 다소 비효율적일 수 있다. 예를 들어 첫 번째로 저장된, 즉 해시 테이블에 저장된 키를 삭제하면 링크드 리스트에 있는 키 하나를 삭제된 해시 테이블 위치로 옮겨야 하기 때문이다. 이를 보완한 방법의 하나로 아래 그림과 같이 모든 키를 링크드 리스트에 저장하는 방법도 있다.

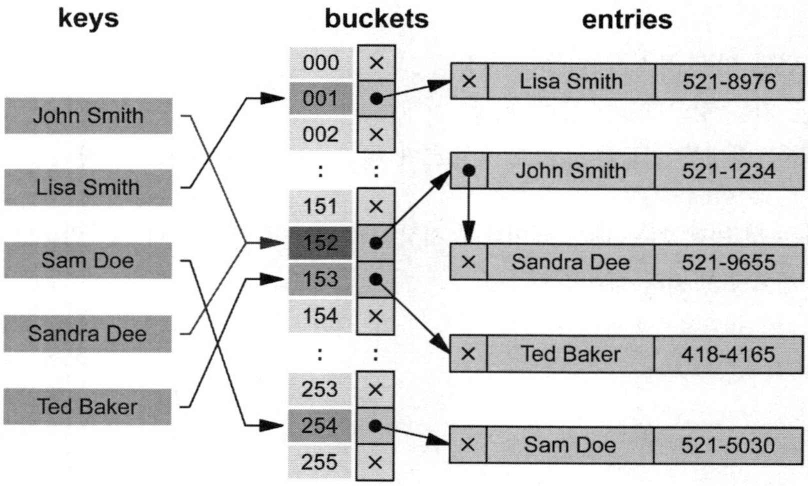

해시 테이블의 구현

체이닝 방식으로 구현한 해시 테이블 자료구조를 먼저 보자. 클래스 이름은 HashTable 이다.

```
import SList                    # 싱글 링크드 리스트 클래스 임포트 - 5.1절 참고

### 해시 테이블 자료구조 - 필드변수는 해시 테이블의 크기, size와 1차원 배열, hashTable
class HashTable:
    def __init__(self, size):
        self.size = size
        self.hashTable = [None for _ in range(self.size)]  # 1차원 배열 초기화

    def getKey(self, word):          # word 문자열의 첫 문자값을 키로 사용
        return ord(word[0])          # 파이썬의 ord() 함수는 문자의 ASCII 코드 리턴

    def hashFunction(self, key):     # 해시 함수 메소드
        return key % self.size       # 해시 함수는 키를 해시 테이블의 크기로 나눈 나머지

    def add(self, word):             # 넣기 연산
        key = self.getKey(word)      # word로부터 키 추출
        address = self.hashFunction(key)            # 키로로부터 해시값 생성

        if self.hashTable[address] is None:
            self.hashTable[address] = SList.SList()  # SList 객체 생성
        self.hashTable[address].add(word)           # SList에 넣기

    def delete(self, word):                         # 빼기 연산
        key = self.getKey(word)                     # word로부터 키 추출
        address = self.hashFunction(key)            # 키로로부터 해시값 생성

        if self.hashTable[address] is not None:
            self.hashTable[address].delete(word)    # SList에서 빼기

    def find(self, word):                           # 찾기 연산
        key = self.getKey(word)                     # word로부터 키 추출
        address = self.hashFunction(key)            # 키로로부터 해시값 생성

        if self.hashTable[address] is not None:
            return self.hashTable[address].find(word)

    def printHashTable(self):        # 해시 테이블 전체 내용 출력해보기
        for entry in self.hashTable: # 해시 테이블의 각 항목, 즉 SList 객체에 대해
            if entry != None:
                entry.printList()
```

HashTable 클래스의 필드변수는 1차원 배열, hashTable이고 지정된 크기만큼 None 값으로 초기화했다. HashTable 클래스에서 사용한 충돌 해결 기법은 모든 키를 링크드 리스트로 저장하는 체이닝 방식이다. 즉 self.hashTable의 각 항목은 싱글 링크드 리스트, SList 객체를 저장한다.

위 해시 테이블 자료구조의 응용 대상은 3장에서 다룬 단어장이다. 따라서 3대 기본 연산, 즉 add( ), delete( ), find( ) 메소드의 파라미터는 모두 word이고 각 메소드의 처음 두 줄은 해시 함수로 해시값을 얻는 과정으로 역시 모두 같다.

getKey( ) 메소드는 단어 해석 또는 단어 문자열로부터 키를 추출하는 메소드로써 여기서의 키는 문자열 첫 글자의 ASCII 코드값으로 정했다.

hashFunction( ) 메소드는 키로부터 해시를 구하는 함수이다. 여기서는 키를 해시 테이블의 크기로 나눈 나머지로 정했다.

넣기 연산인 add( ) 메소드를 보자. 단어 해석 문자열 word로부터 키를 추출하고 키로부터 해시 함수를 통해 해시값을 구한다. 해시값은 곧 주소이다. 해시 테이블의 해당 주소의 값이 None이라면, 즉 첫 번째 단어라면 SList 객체를 생성하고 그 단어를 링크드 리스트에 추가한다. None이 아니면 충돌이 발생한 것이므로 그 단어를 링크드 리스트에 추가한다.

끝으로 printHashTable( ) 메소드는 해시 테이블의 각 항목에 저장된 SList 객체의 노드들을 출력한다.

위 HashTable 클래스의 메인 테스트 코드는 아래와 같다. 응용은 단어장이므로 3장과 같이 myNotebook 변수를 사용했다. 아래 코드는 네 개의 add( ) 메소드 실행 후 해시 테이블의 내용을 출력한다.

```
### 메인 테스트 코드
myNotebook = HashTable(10)                      # 해시 테이블 객체 생성, 크기는 10

myNotebook.add("computer: 컴퓨터")
myNotebook.add("algorithm: 알고리즘")
myNotebook.add("babbage: 배비지")
myNotebook.printHashTable()

print(myNotebook.find("babbage"))
```

한편 3장의 싱글 링크드 리스트 자료구조, SList 클래스 코드를 다시 보면 아래와 같다.

```
### 싱글 링크드 리스트 자료구조 - 필드변수는 self.head. 상세 설명은 3장 참고
class SList:
    class Node:
        def __init__(self, data, link):
            self.data = data
            self.next = link

    def __init__(self):
        self.head = None

    def add(self, word):                                    # 넣기 연산
        newNode = self.Node(word, None)
        if self.head == None:
            self.head = newNode
        else:
            temp = self.head
            while temp.next != None:
                temp = temp.next
            temp.next = newNode

    def delete(self, word):                                 # 빼기 연산
        if self.match(self.head.data, word):
            self.head = self.head.next
        else:
            temp = self.head
            before = self.head
            while temp != None:
                if self.match(temp.data, word):
                    before.next = temp.next
                    return
                else:
                    before = temp
                    temp = temp.next

    def find(self, word):                                   # 찾기 연산
        temp = self.head
        while temp != None:
```

```
            if self.match(temp.data, word):
                return temp.data
            else:
                temp = temp.next

    def match(self, word, wordToFind):
        for i in range(len(wordToFind)):
            if word[i] != wordToFind[i]:
                return False
        return True

    def printList(self):
        temp = self.head
        while temp != None:
            print(temp.data)
            temp = temp.next
```

시간복잡도 분석

HashTable 클래스의 add( ), delete( ), find( ) 메소드의 시간복잡도를 구해보자. 예를 들어 find( ) 메소드의 경우 getKey( ) 메소드는 $O(1)$, hashFunction( ) 메소드도 $O(1)$, if 비교문도 $O(1)$이다. 남은 일은 SList 객체의 find( ) 메소드를 수행하는 일이다. 싱글 링크드 리스트의 find( ) 메소드의 시간복잡도는, 리스트의 노드 수를 k라 할 때, $O(k)$이고 해시 테이블 입장에서 보면 k는 곧 해당 주소의 충돌 횟수로써 해시 테이블의 충돌이 없다면 $k=1$이므로 이 또한 $O(1)$이다. 따라서 find( ) 메소드의 시간복잡도는 $O(1)$이다. 물론 충돌이 발생하면 SList의 노드 수가 늘어날 수 있지만 해시 테이블에 저장된 전체 키들의 수, n과는 무관하므로 어느 정도 충돌이 발생하더라도 시간복잡도는 $O(1)$이라 할 수 있다.

add( )와 delete( ) 메소드 또한 find( ) 메소드와 마찬가지이므로 시간복잡도는 $O(1)$이다.

해싱의 응용

해싱의 응용 분야는 의외로 다양하다. 여기서 살펴본 해시 테이블 자료구조 외에 주요 해싱 응용 분야를 보면 아래와 같다.

- **메시지 다이제스트**: 데이터 무결성 검증을 위해 임의의 크기의 메시지를 일정 길이의

숫자로 변환하는 것. 이때 사용되는 해시 함수는 일방향성 함수로써 해시값으로부터 역으로 원래 메시지를 복구할 수 없다. 메시지 다이제스트를 위한 표준 해시 함수로는 MD5, SHA1, SHA-512 등이 있다.

- **패드워드 검증**: 웹사이트에 로그인을 할 때 입력한 패스워드는 암호화되어 전송된다. 여기서 암호화는 곧 해싱이다. 메시지 다이제스트와 같이 해싱된 패스워드가 분실되더라도 유출된 해시값으로부터 암호를 복구할 수는 없다.
- **분산 해시 테이블**: 비트토렌토와 같은 P2P 네트워크에서 분산 파일의 생성 및 관리의 핵심은 분산 해시 테이블이다.
- **블록체인**: 블록체인에서 블록 생성 과정의 핵심 알고리즘이 해싱이다. 또한 비트코인 암호 화폐 채굴의 핵심 알고리즘 또한 해싱이다.
- **컴파일러 심볼 테이블**: 컴파일러는 프로그램 코드를 기계어로 변환하는 프로그램이다. 코드에 포함된 키워드나 명칭들은 심볼 테이블에 저장되는데 이 심볼 테이블은 해시 테이블로 구현된다.

연습문제

01 아래 용어를 설명하시오.

1) 해싱
2) 해시 함수
3) 해시값
4) 해시 테이블

02 해시 테이블 자료구조에서 충돌 빈도는 해시 테이블의 크기와 관련이 있다. 해시 테이블의 크기를 정하는 방법들을 조사해보시오.

03 좋은 해시 함수를 선택하는 기준들은 무엇이 있는지 조사해보시오.

04 선형조사 방식을 사용하는 해시 테이블의 문제점은 군집화이다. 2차 군집화, 3차 군집화란 무엇인지 설명하시오.

05 유니버설 해싱이란 무엇인지 조사해보시오.

06 충돌 회피 전략으로 선형조사 방식을 사용하는 해시 테이블 자료구조를 파이썬 리스트로 구현하시오. 용도는 단어장 앱이다.

07 암호화 해시 함수들의 모임인 SHA(Secure Hash Algorithm)란 무엇인지 조사해보시오.

08 MD5 해싱이란 무엇인지 조사해보시오.

Part III
파이썬의 자료구조

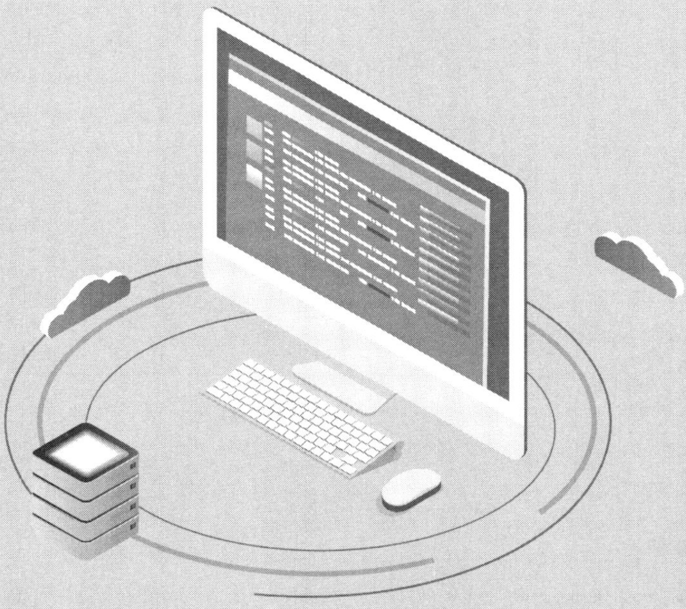

CHAPTER

11 파이썬의 자료구조

3부의 주제는 파이썬의 자료구조이다. 파이썬에 내장된 또는 파이썬의 표준 라이브러리에서 제공하는 자료구조는 무엇이 있을까?

결론부터 말하자면 이 질문에 답하기는 쉽지 않다. 그 이유는 첫째 이 질문의 주어인 자료구조의 범위를 명확히 정의하기가 쉽지 않기 때문이다. 자료구조는 말 그대로 자료의 구조이므로 세상의 모든 자료에 자료구조가 있을 수 있지만 모든 자료들이 자료구조를 필요로 하지는 않는다. 구조 측면에서 보더라도 자료들 중 구조화가 필요한 자료에만 자료구조가 있을 것이다. 구조화가 필요한 자료란 우리가 일반적으로 생각하는 것처럼 비교적 대량의 자료라 할 수 있다. 이는 2부에서 자료구조의 시간복잡도를 자료의 크기인 *n*에 대한 함수로 나타낸 것만 봐도 알 수 있다. 예를 들어보자. *n*개의 버텍스로 구성된 그래프, *n*개의 단어가 들어있는 단어장, *n*개의 글자로 이루어진 단어, *n*자리의 수, 좀 더 줄이면, 숫자 하나, 문자 하나까지, 이 모두가 자료임은 분명하지만 모두 다 자료구조가 필요하다고 단언하기는 애매하다.

두 번째 이유는 질문의 두 번째 주어라 할 수 있는 파이썬, 즉 프로그래밍 언어 자체이다. 객체지향 프로그래밍 언어인 파이썬에서 모든 것은 객체이다. list( ) 생성자로 만든 배열은 물론이고 변수, 함수, 모듈, 클래스 모두 객체이다. 심지어 정수 하나, 글자 하나도 객체이다. 객체란, 1부의 와인선물세트처럼 데이터와 연산을 함께 포장한 것이다. 예를 들어 숫자 3을 보자. 3은 정수이므로 정수 클래스 int의 생성자를 호출하여 "a = int(3)"으로 객체를 만들고 a.bit_length( )와 같이 정수 객체 메소드를 사용할 수 있다. 그렇다면 2부의 링크드 리스트 자료구조 SList 클래스의 생성자를 호출하여 "myNotebook = SList( )"로 객체를 만들고 myNotebook.find( )와 같이 메소드를 사용했던 myNotebook과 변수 a는 무엇이 다른가. 파이썬 언어 입장에서 보면 복잡한 자료 구조이든 단순한 변수이든 모두 객체이기 때문에 어디까지가 자료구조이고 어디까지는 아니라고 구분 짓기가 어렵다는 점이다.

이러한 고민은 프로그래밍 언어를 설계하는 사람들에게도 마찬가지이다. 그래서 프로그래밍 언어 입장에서는 통상적으로 자료구조라고 할 수 있는, 다수의 자료를 저장하는 클래스들을 다른 이름으로 구분하기도 한다. 바로 컬렉션이다.[1)]

컬렉션, 객체, 자료구조, 자료형은 결국 데이터를 어떻게 보다 효율적으로 다룰 것인가라는 같은 목적을 추구하는 서로 다른 표현이다. 다만 그 목적을 바라보는 관점의 차이가 있을 뿐이다. 먼저 추상적 개념 대비 구체적인 실체 측면으로 구분해보면 자료구조와 자료형은 개념에 가깝고 객체와 컬렉션은 그 개념을 구현한 실체에 보다 가깝다. 또한 다루는 대상에 포함된 데이터의 복수성 측면에서 구분해보면 컬렉션과 자료구조는 기본적으로 대량의, 다수의 데이터를 전제로 하는 반면, 자료형과 객체에서 데이터의 다수 여부는 그다지 중요한 이슈가 아니다.

이번 장에서는 2부에서 다룬 자료구조들이 실제 프로그래밍 언어에는 어떻게 반영되어 있는지를 살펴본다. 특히 주요 프로그래밍 언어별로 이 책에서 4대 자료구조라고 주장한 배열, 링크드 리스트, 트리, 해시 테이블의 반영 정도의 차이에 대해서도 한번 비교해보자. 또한 각 자료구조의 구현 측면에서도 이 책에서 3대 기본 연산이라고 주장한 넣기, 빼기, 찾기 연산이 실제 프로그래밍 언어에 구현된 자료구조에서는 어떻게 반영되어 있는지에 대해서도 주의깊게 관찰해보자.

---

1) 컴퓨터과학에서 컬렉션은 어떤 문제에 관련된 동질의 또는 유사한, 다수의 데이터들을 뜻한다. 한 컬렉션의 데이터 갯수는 물론 여러 개이지만 0개일 수도 있다. 컬렉션은 데이터들의 바구니, 꾸러미, 모임, 즉 컨테이너(container)라고도 한다. (출처: https://en.wikipedia.org/wiki/Collection_(abstract_data_type))

11.1 자바 컬렉션

대표적인 객체지향 언어인 자바의 라이브러리를 보자. 자바 JDK 안에는 무려 4천여 개의 클래스들이 구현되어 있다. 이들은 클래스 종류별로 패키지들로 분류되어 있으며 그중 자료구조 관련 클래스들을 모아놓은 패키지가 바로 컬렉션 패키지이다. 자바 컬렉션 패키지의 주요 클래스들을 그림으로 나타내면 아래와 같다.[2][3]

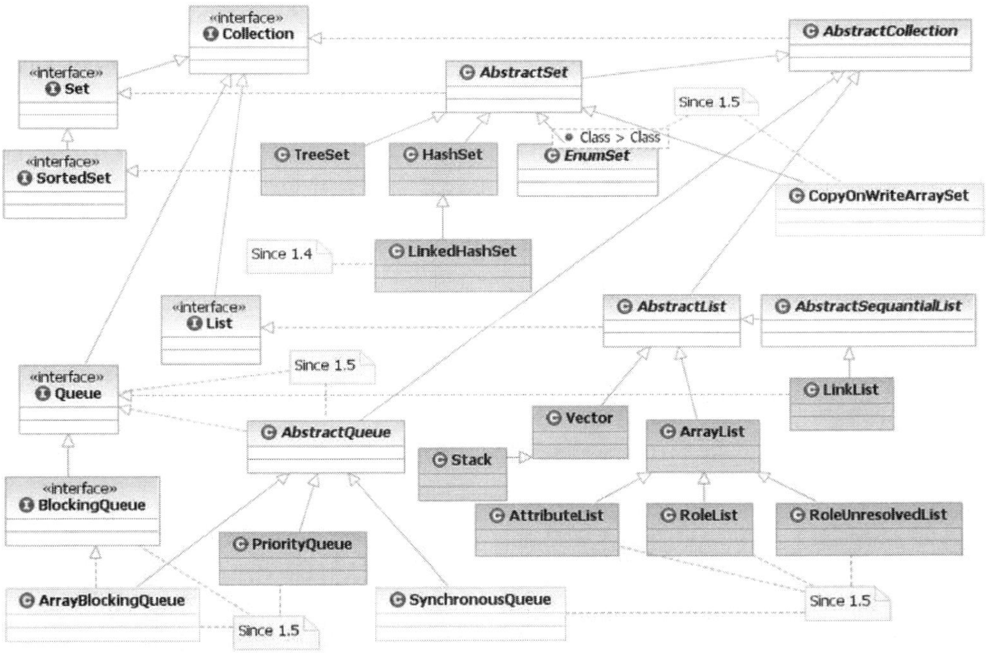

2) 그림 출처: https://commons.wikimedia.org/wiki/File:Java_collection_implementation.jpg

3) 이러한 그림을 클래스 다이어그램이라 한다. 클래스 다이어그램(class diagram)은 13종류의 UML (Unified Modeling Language) 중 가장 대표적인 UML로써 클래스들간의 관계를 나타낸다. 클래스 다이어그램에서 각 클래스는 3칸으로 구성된 사각형으로 표시한다. 첫 번째 칸은 클래스 이름, 두 번째 칸은 필드 변수들, 세 번째 칸은 메소드들이다. 위 그림에서 흰색 바탕의 클래스는 추상 클래스 또는 인터페이스이고 ArrayList, LinkedList와 같이 진한 바탕의 클래스는 구상 클래스로써 객체를 생성할 수 있는 클래스이다.

자바 컬렉션의 특징은 자료구조 이론에 가장 부합하는 클래스들로 구성되어있다는 점이다. 실제 객체를 생성할 수 있는 위 그림의 진한 바탕의 클래스들을 보자. 클래스 이름에 주로 등장하는 용어를 자세히 살펴보면 Array, Linked List, Tree, Hash임을 알 수 있다. 즉 2부 자료구조에서 강조한 4대 자료구조, 배열, 링크드 리스트, 트리, 해시 테이블과 다름이 없다. 다른 용어들을 더 살펴보면 Priority Queue, Stack, Vector 등이 있는데 역시 2부 자료구조에서 응용 자료구조로 다룬 스택, 큐, 우선순위 큐와 별반 다르지 않음을 볼 수 있다.

이번에는 컬렉션 패키지의 자료구조 클래스들의 메소드들을 보자. 컬렉션 패키지의 클래스들은 상속 관계에 따라 계층적으로 연관되어 있다. 컬렉션 계층 구조의 최상위는 위 그림의 좌측 상단에 있는 Collection 인터페이스이다. 즉 컬렉션 패키지 내의 모든 클래스들이 공통으로 사용하는 메소드들이 여기에 정의되어 있다.

아래 표는 Collection 인터페이스의 모든 메소드들이다. 18개 메소드 중 그 절반인 8개가 3대 기본 연산인 넣기, 빼기, 찾기 메소드임을 알 수 있다.

메소드	분류	비고
add( )	넣기	
addAll( )	넣기	
clear( )		
contains( )	찾기	
containsAll( )	찾기	
equals( )		
hashCode( )		
isEmpty( )		
iterator( )		
parallelStream( )		
remove( )	빼기	
removeAll( )	빼기	
removeIf( )	빼기	
retainAll( )	빼기	지정된 원소들만 남기기, 즉 일종의 빼기
size( )		
spliterator( )		
stream( )		
toArray( )		

11.2 C 언어 라이브러리

C 언어는 그 역사만큼이나 다양한 버전의 컴파일러가 있고 라이브러리의 종류 역시 같은 수만큼 있다고 할 수 있다. 라이브러리 내용은 컴파일러에 따라 다르다. 따라서 C 프로그램 코드는 라이브러리 버전, 컴파일러, 운영체제에 따라 조금씩 다를 수 있다.

C 언어의 대표적인 컴파일러는 GNU C 컴파일러이다. GNU는 Linux 운영체제 오픈소스를 비롯하여 수많은 오픈소스 소프트웨어 개발을 주도하고 있는 대표적인 오픈소스 그룹이다. GNU에서 만든 C 언어 라이브러리는 gnulib이다. gnulib에 들어있는 자료구조를 살펴보면 아래와 같다.4)

자료구조	헤더	내용
list	gl_list.h	순차 리스트 자료형
xlist	gl_xlist.h	순차 리스트 자료형, 메모리 체크 추가
array-list	gl_array_list.h	배열로 구현한 순차 리스트 자료형
carray-list	gl_carray_list.h	원형 배열로 구현한 순차 리스트 자료형
linked-list	gl_liked_list.h	링크드 리스트로 구현한 순차 리스트 자료형
avltree-list	gl_avltree_list.h	AVL 트리로 구현한 순차 리스트 자료형
rbtree-list	gl_rbtree_list.h	레드-블랙 구현한 순차 리스트 자료형
linkedhash-list	gl_linkedhash_list.h	링크드 리스트 해시 테이블로 구현한 순차 리스트 자료형
avltreehash-lsit	gl_avltreehash_list.h	AVL 트리 해시 테이블로 구현한 순차 리스트 자료형
rbtreehash-list	gl_rbtreehash_list.h	레드-블랙 트리 해시 테이블로 구현한 순차 리스트 자료형
sublist	gl_sublist.h	추가 리스트를 더한 순차 리스트 자료형
xsublist	gl_xsublist.h	추가 리스트를 더한 순차 리스트 자료형, 메모리 체크 추가
oset	gl_oset,h	순서 있는 집합 자료형
xoset	gl_xoset.h	순서 있는 집합 자료형, 메모리 체크 추가
array-oset	gl_array_oset.h	배열로 구현한 순서 있는 집합 자료형
avltree-oset	gl_avltree_oset.h	AVL 트리로 구현한 순서 있는 집합 자료형
rbtree-oset	gl_rbtree_oset.h	레드-블랙 트리로 구현한 순서 있는 집합 자료형

4) 출처: http://www.gnu.org/software/gnulib/MODULES.html#ansic_ext_container

11.3 파이썬 표준 라이브러리

파이썬 표준 라이브러리에서 제공하는 자료구조 관련 모듈들을 분류해보면 아래와 같다.5)

- 내장 자료형(built–in type): 파이썬에 내장된 자료형. 숫자, 문자열, 리스트, 튜플, 집합, 사전 등
- 일반 자료형(data type): 데이터에 대한 모든 종류의 자료형. 예를 들어 datetime, calendar, array, collections 등

내장 자료형

내장 자료형에는 숫자, 리스트와 같은 데이터 자료형은 물론 불리언이나 반복자 같은 기본 연산의 자료형도 포함된다. 그중 자료구조 관련 내장 자료형을 정리해보면 아래와 같다.6)

자료형 분류	자료구조	비고
불리언		판단가능한 모든 자료형에 적용
숫자형	int, float, complex	
반복자형7)	iterator	셀 수 있는 모든 컬렉션에 적용
순차형	list, tuple, range	
텍스트 순차형8)	str	
이진 순차형9)	bytes, bytearray, memoryview	
집합형	set, frozenset	
매핑형10)	dict	

5) 파이썬 표준 라이브러리는 파이썬 코드 실행에 필요한 모든 자원들의 집합이다. 그렇다면 파이썬 표준 라이브러리의 구성 요소들은 뭐라고 불러야 할까? 객체, 모듈, 함수, 클래스, 연산, 메소드 등 모두 맞는 답이다. 특히 모듈은 함수 한 개, 클래스 한 개부터 다수 개의 클래스들 집합까지, 작은 것에서부터 큰 것까지 광범위하게 아우를 수 있어 가장 적합한 용어라 할 수 있다.

6) 출처: https://docs.python.org/3.10/library/stdtypes.html

7) iterator types

8) text sequence type

그 밖에 내장 자료형이라 할 수 있는 요소들은 모듈, 클래스, 함수, 메소드, 코드 등이 있다. 이러한 다양한 구성 요소들을 모두 내장 자료형이라는 범주로 묶기에는 다소 무리가 있지만 공통점은 모두 객체라는 점이다. 따라서 내장 자료형 범주의 모든 항목들도, 객체라는 측면에서, 넓은 의미의 자료구조 범주에 포함시킬 수 있다.

일반 자료형

일반 자료형(data types)은 내장 자료형이라는 명칭과 구분하기 위해 일반이라는 수식어를 덧붙였을 뿐 통상적인 자료형을 뜻한다. 내장 자료형과 일반 자료형의 차이는, import 없이 사용할 수 있는 모듈은 내장 자료형, import가 필요한 모듈은 일반 자료형이라 할 수 있다.

일반 자료형 범주로 분류할 수 있는 주요 객체들을 모듈별로 살펴보면 아래와 같다.[11)]

모듈	주요 객체	비고
datetime	date, time, datetime, timedelta	날짜 및 시간 관련 객체
calendar	calendar	달력 관련 함수
collections	deque, defaultdict, namedtuple	컨테이너 자료형
heapq	heapq	힙 큐 알고리즘
bisect	bisect	배열 분할 알고리즘
array	array	숫자형 데이터 전용 배열
sets	set	순서와 중복이 없는 컬렉션
sched	sched	이벤트 스케줄러
mutex	mutex	운영체제의 상호배제
queue	queue, SimpleQueue	큐 자료구조

9) binary sequence types
10) mapping types
11) 출처: https://docs.python.org/2/library/datatypes.html

위 외에도 일반 자료형이라 할 수 있는 모듈은 수도 없이 많다. 이들은 모두 당연히 객체로 구현되어 있으며, 객체라는 측면에서 역시 넓은 의미의 자료구조 범주에 포함시킬 수 있다.

예를 들어 heapq 객체를 보자. heapq는 7.3절의 이진 힙 자료구조를 구현한 객체이다. 주요 메소드를 보면 아래와 같다. heapq 객체의 거의 모든 메소드가 3대 기본 연산의 하나임을 알 수 있다.

메소드	분류	비고
heappush( )	넣기	힙에 넣기
heappop( )	빼기	최소 힙 가정, 가장 작은 값 빼기
heappushpop( )	넣고 빼기	넣기 후 빼기 연산 수행
heapify( )	넣기	리스트를 힙으로 변환
heapreplace( )	빼고 넣기	빼기 후 넣기 연산 수행
merge( )	넣기	다수의 정렬된 컬렉션을 하나로 합치기
nlargest( )	찾기	n번째 큰 항목 찾기
nsmallest( )	찾기	n번째 작은 항목 찾기

다른 예로 date 객체를 보자. 아래는 오늘 날짜를 출력하는 간단한 코드이지만 모듈 임포트와 객체의 멤버 메소드 접근까지, 자료구조로써의 date 객체 내부가 어떻게 구성되어 있을지를 그려볼 수 있다.[12)]

```
from datetime import date           # datetime 모듈에서 date 객체를 import

today = date.today()                # date 객체로부터 오늘 날짜 객체 생성
print(today)
```

12) 출처: https://docs.python.org/2/library/datetime.html

11.4 파이썬의 자료구조

앞에서 언급한 바와 같이 교과서에 있는 자료구조들과 실제 프로그래밍 언어에서 제공하는 자료구조들을 일대일로 연관 짓기란 쉽지 않다. 대표적인 사례가 바로 파이썬이다. 하지만 앞의 1, 2절에서 살펴본 C 라이브러리나 자바 컬렉션은 우리가 2부에서 다룬 이론적 측면의 자료구조와 상대적으로 보다 많이 부합한다. 자료구조를 바라보는 프로그래밍 언어 입장에서 C 언어 및 자바와 파이썬의 차이점은 무엇일까.

파이썬의 이와 같은 관점은, 일반 언어처럼 사용하기 쉽고 직관적인 상위 레벨 프로그래밍 언어를 지향하는 설계 철학에 기초한다. 예를 들어 스택 자료구조를 사용하여 응용 시스템을 개발한다고 생각해보자. 프로그래머 입장에서는 스택이 내부적으로 배열로 구현되어 있든 링크드 리스트로 구현되어 있든 그다지 중요한 이슈가 아니다. 오히려 데이터를 꺼낼 때 최근 넣은 데이터가 나온다는 스택으로써의 정확한 동작이 더 중요할 수 있다.

파이썬의 자료구조는 두 종류로 구분할 수 있다. 즉 1) 순서가 있는 자료구조와, 2) 순서가 없는 자료구조이다.[13)]

순서가 있는 자료구조

파이썬에서 순서가 있는 자료구조는 아래와 같이 모두 7가지이다.

- 문자열
- 유니코드 문자열
- 리스트
- 튜플
- bytearray
- 버퍼
- xrange

13) 여기서는 자료구조란 말 대신에 컬렉션이나 자료형이 보다 적합하지만 이 장의 주제인 자료구조를 강조하는 의미로 사용하였다.

자료구조를 컬렉션 관점에서 본다면 위의 7가지를 모두 자료구조라고 분류하지는 않는다. 예를 들어 문자열의 경우, 문자열을 다수의 문자들의 나열로 본다면 컬렉션이지만 문자열 자체를 하나의 데이터로 보면 그렇지 않을 수도 있다.

순서가 있는 자료구조에 공통적으로 적용되는 대표적인 연산자와 함수는 아래와 같다.

- x in s　　s 안에 x가 있으면 참, 없으면 거짓(in은 키워드)
- x not in s　　s 안에 x가 없으면 참, 있으면 거짓(not과 in은 키워드)
- s + t　　s와 t를 이어붙이기
- s * n 또는 n * s　　s를 n번 이어붙이기
- s[i]　　s의 i번째 원소(인덱스는 0부터)
- s[i:j]　　s의 i번째부터 j-1번째까지 잘라내기
- s[i:j:k]　　s의 i번째부터 j-1번째까지 k개씩 건너뛰며 잘라내기
- len(s)　　s의 길이
- min(s)　　s의 원소 중 최소값
- max(s)　　s의 원소 중 최대값
- s.index(x)　　s에서 처음 나타나는 x의 인덱스
- s.count(x)　　s에 들어있는 원소 x의 개수

문자열

위의 7가지 순서가 있는 자료형에서 공통적으로 제공하는 연산자와 메소드 이외에 문자열에 특화된 주요 메소드들을 보면 아래와 같다.

- capitalize( )　　문자열의 첫 글자만 대문자로 변환
- count(sub, start, end)　　start 인덱스에서 end 인덱스 사이에 sub 문자열의 등장 횟수. start와 end는 생략 가능
- find(sub, start, end)　　start 인덱스에서 end 인덱스 사이에 sub 문자열이 처음 나타나는 위치의 인덱스. start와 end는 생략 가능
- index(sub, start, end)　　find( ) 메소드와 동일
- isalnum( )　　모든 문자가 알파벳이거나 숫자이면 참, 하나라도 아니면 거짓
- isalpha( )　　모든 문자가 알파벳이면 참, 하나라도 아니면 거짓

- isdigit( ) 모든 문자가 숫자이면 참, 하나라도 아니면 거짓
- isspace( ) 모든 문자가 공백 문자이면 참, 하나라도 아니면 거짓
- replace(old, new, count) old와 일치하는 부분 문자열을 new로 대체. count 파라미터가 있으면 count번만 대체
- split(sep, maxsplit) sep의 글자들을 기준으로 문자열을 분할. 최대 maxsplit 개만큼 분할. sep 파라미터를 생략하면 공백문자를 기준으로 분할. 결과는 분할된 부분 문자열들의 리스트
- strip(chars) 문자열 앞과 뒤에서 chars에 들어있는 글자들을 제거. 파라미터를 생략하면 공백 문자들을 제거
- lstrip(chars) 문자열 앞에서 chars에 들어있는 글자들을 제거. 파라미터를 생략하면 공백 문자들을 제거
- rstrip(chars) 문자열 뒤에서 chars에 들어있는 글자들을 제거. 파라미터를 생략하면 공백 문자들을 제거

리스트

파이썬 리스트는 다수의 데이터를 연속된 메모리에 저장하는 대표적인 순차 컬렉션이다.[14] 파이썬 리스트를 표기하는 문법은 각괄호([와])이다. 컴퓨터과학에서 인덱스의 시작은 1이 아니라 0이므로 리스트의 인덱스도 0부터 시작한다. 예를 들어 수능성적표 점수를 리스트로 나타내보면 아래와 같다.

```
score = [90, 88, 96, 75, 84]          # 리스트 객체 생성

print(score[0])                       # 0번째 인덱스의 값을 출력, 결과는 90
print(score[4])                       # 4번째 인덱스의 값을 출력, 결과는 84
```

아래 예와 같이 리스트 생성자 메소드 호출을 통해서도 리스트 객체를 만들 수 있다.

```
alpha = list()                        # list 생성자 메소드로 리스트 객체 생성
alpha.append('a')                     # alpha 객체의 append() 메소드 호출
```

14) 여기서 연속이란 논리적인 연속을 뜻하며 물리적으로는 그렇지 않을 수도 있다.

리스트의 원소로 또 다른 리스트를 넣을 수도 있다. 즉 2차원, 3차원의 다차원 배열을 만들 수 있다.

```
alpha = ['a', 'b', 'c']
number = [1, 2, 3]
alphaNumber = [alpha, number]   # alphaNumber의 두 값은 alpha 리스트와 number 리스트

print(alphaNumber)              # 출력은 [['a', 'b', 'c'], [1, 2, 3]]
print(alphaNumber[0])           # 출력은 ['a', 'b', 'c']
print(alphaNumber[0][1])        # 출력은 b
```

리스트 객체의 주요 메소드들은 아래와 같다.

- list.append(x) list의 끝에 원소 x를 넣기
- list.extend(L) list의 끝에 리스트 L의 모든 원소를 넣기
- list.insert(i, x) list의 i번째에 원소 x 넣기. 예를 들어 a.insert(0, x)는 리스트 a의 맨 앞에 x를 넣는 것이고, a.insert(len(a), x)는 리스트 a의 맨 뒤에 x를 넣는 것으로 a.append(x)와 동일
- list.remove(x) list에서 처음 나타나는 원소 x를 삭제
- list.pop(i) list의 i번째 원소 삭제. 파라미터를 생략하면 0번째, 즉 맨 처음 원소를 삭제
- list.index(x) list에서 원소 x가 처음 나타나는 인덱스 리턴
- list.count(x) list에 들어있는 x의 개수를 리턴
- list.sort( ) list에 들어있는 원소들을 정렬
- list.reverse( ) list에 들어있는 원소들의 순서 뒤집기

튜플

튜플(tuple)은 수정되지 않는 리스트이다. 변경되지 않는 데이터라면 리스트 대신에 튜플을 사용함으로써 예기치 않은 변조 위험으로부터 데이터를 보호할 수 있다. 튜플을 선언하는 문법은 괄호 안에 데이터들을 나열하는 것이다. 괄호는 생략할 수 있다.

```
t1 = (1, 2, 3)                # 튜플 객체 생성
t2 = 1, 2, 3                  # 튜플 객체 생성
```

```
print(t1)                        # 예상 출력은 (1, 2, 3)
print(t2)                        # 예상 출력은 위와 동일
```

집합

집합은 순서가 없고 중복이 없는 컬렉션이다. 수학과 같이 합집합, 차집합, 교집합 연산을 할 수 있다. 집합을 표기하는 문법은 중괄호이다.

```
color = {'red', 'black', 'blue', 'red', 'blue', 'red', 'blue'}

print(color)                    # 예상 출력은 {'blue', 'black', 'red'}
```

집합 또한 객체이므로 set( ) 생성자 메소드 호출을 통해서도 객체를 생성할 수 있다.

```
alphabet = set("abcde")         # set() 생성자 메소드를 호출하여 집합 객체 생성

print(alphabet)                 # 예상 출력은 {'c', 'e', 'b', 'a', 'd'}
```

사전

파이썬 리스트에서 인덱스는 저장된 순서인 숫자로 고정되어 있다. 다른 형식의 인덱스를 사용할 수는 없을까. 파이썬 사전은 인덱스를 임의로 지정할 수 있는 컬렉션이다. 사전의 각 원소는 키(key)와 값(value)의 쌍으로 구성된다. 키로는 임의의 숫자나 문자열을 사용할 수 있고 키와 값 사이는 콜론으로 구분한다. 사전을 표기하는 문법은 집합처럼 중괄호이다.

```
tel = {'halla': 4787, 'sooyun': 6314, 'jimin': 8612}      # 사전 객체 생성

print(tel['halla'])                                       # 출력은 4787
```

사전 컬렉션 또한 객체이므로 dict( ) 생성자로 사전 객체를 생성할 수 있다.

```
beerPrice = dict(hite=2000, cass=1800, terra=2200)       # 사전 객체 생성
print(beerPrice)          # 출력은 {'hite': 2000, 'cass': 1800, 'terra': 2200}
```

찾아보기